燃动

——体育跨学科学习课程

（水平二）

李有强　沈　洪　主编

朱　政　张　丹　副主编

上海教育出版社
SHANGHAI EDUCATIONAL
PUBLISHING HOUSE

前　言

2022 年 4 月，教育部发布了最新的义务教育课程方案和各学科课程标准（2022 年版）。为了落实核心素养培养目标，这一版课程方案和课程标准突出强调从知识为中心的碎片化学习转向问题解决的整体性学习，注重学科之间的交叉融合，不仅在一般的知识和技能学习中倡导跨学科思维，而且在每一学科课程标准中专门纳入跨学科主题学习部分，并要求各门课程原则上至少要用 10% 的课时设计跨学科主题学习。《义务教育体育与健康课程标准（2022 年版）》指出："跨学科融合一直是学生提高运动能力、学习健康知识和传承中华优秀传统体育的重要方式和途径。体育与健康课程应融合多门课程，充分发挥育人功能，促进学生全面发展"。《义务教育体育与健康课程标准（2022 年版）》同样设有跨学科主题学习板块，提供具体的跨学科案例，为体育教师实现体育与德育、智育、美育、劳动教育和国防教育的融合提供参考，同时也鼓励体育教师参考课程标准中的样例进行创造性的设计。

在此背景下，编写团队对体育与健康教学经验进行了总结反思，在充分讨论体育与健康课程跨学科融合潜在方向的基础上，将健康教育、体能和跨学科主题学习作为落实课程方案和课程标准（2022 年版）的着力点，并最终开发了燃动体育（Ignited to Move）课程。本课程之所以命名为燃动体育，其背后的教育理念是：体育是生命中的火焰，能够给学生的学习、生活和终身发展带来持续不断的动力与热情，但这团火焰若要燃烧得更旺，需要多学科知识和方法的助燃，需要用跨学科的知识和思维方式持续点燃学生的运动热情，使其通过知识结构的改变和统整，塑造并维持终其一生的健康生活方式。

本课程主要依据"知信行"这一健康行为改变理论模型，紧密结合《义务教育体育与健康课程标准（2022 年版）》中对于塑造儿童青少年健康行为具有重要影响的健康教育、体能等相关知识，以水平二阶段相关板块的内容要求和学业质量评价作为依据，参考同水平相关学科课程标准中的学习内容要求，采用项目化学习和跨学科学习相结合的方式，提升学生体育与健康课程学习的知识内化、情境应用和健康行为能力。

本课程整体上分为"运动中的身体奥秘""科学运动我做主""让运动大显身手"三个强调跨学科学习的项目：前两个项目主要结合课程标准中健康教育和体能板块的相关知识，其中的每一章为一课时，五课时构成一个项目化学习；第三个项目则主要结合课程标准中跨学科主题学习中所提供的方向指引，每一章为三课时构成的跨学科主题学习。

在具体的课程内容呈现中，我们着眼于教师用书的具体需求，提供多种可供体育教师锚定、反思和拓展的辅助材料，既有指向课标的语文、数学、英语、科学、道法等学科的具体知识融入，也有颇具设计感、符合学生身心发展规律的体育游戏活动。第一至第十六章，每一章都提供指向核心素养发展的课程地图、课程任务、情境导入和驱动性问题，便于体育教师确定课标依据、教学内容结构化和进行任务驱动式教学。第一至第十章，每一章还配有"智慧图谱"，以中英文双语的形式简练直观地呈现重要的体育健康知识，便于教师向学生展示和宣传栏内张贴。

尽管本课程是知识本位的课程模式，但身体活动仍然是课程开展的主要形式，即便是以健康教育为主的前十个章节，我们也力图开发出能够结合体育活动开展的课程授课形式。跨学科是本次课程方案和课程标准中的一大新变，虽然我们在课程开发中每一章节都尽量锚定体育实践课程进行编写设计，但在具体授课中，我们由衷期待使用本课程的体育教师能够创新课程教学形式，拓展出更加适合发展学生核心素养、别具特色的教学形式。

本课程的具体编写分工为：第一章，孙健、唐丽燕；第二章，王裕斐、孙国宝；第三章，孙国宝、唐丽燕；第四章，韩云辉、魏来来；第五章，王裕斐、陈希；第六章，赵珊、丁灵；第七章，王润菲、孙健；第八章，魏来来、丁灵；第九章，韩云辉、赵珊；第十章，王润菲、陈希；第十一章，唐丽燕、李志威；第十二章，唐丽燕、王润菲；第十三章，魏来来、丁灵；第十四章，唐丽燕、赵珊；第十五章，王润菲、程月梅。在编写过程中，唐丽燕参与了本书的统稿工作，钱俏伲、郑晶晶参与了课程书稿校对工作，上海市实验学校的李知仪小朋友为本课程绘制了"智慧图谱"。

目　录

第一单元
运动中的身体奥秘

第一章　运动与身体形态

学科教学目标

认知目标： 能够了解身体形态的概念，认知常见的不良身体姿态类型、成因和影响，并通过对身体形态的探索，认识运动对于保持良好身体形态的重要性。

技能目标： 能够运用 BMI 和 WHR 的计算方法对身体形态进行初步判定，并能够针对不良身体姿态进行有针对性的体育锻炼。

情感目标： 能够在小组合作中提高分工协作、互帮互助与沟通交流的人际交往能力，按照规则和要求定期参与体育活动，培养善于观察、乐于思考、敢于解决问题的良好品质。

跨学科教学目标

> 把我们的国民都锻炼成为身体健康、精神愉快的人。
>
> ——朱德

认知目标： 能够运用英语中"方位"词组、英文字母字形、计算器运算、规则意识等相关知识，了解身体形态的具体内容与测试方法，强化体育游戏中的规则意识。

技能目标： 能够学会 BMI 和 WHR 的计算公式，并运用数学能力计算自己的 BMI 值和 WHR 值，结合身体姿态矫正的练习方法，掌握并巩固英语中的 26 个字母和表示"方位"的词组。

情感目标： 能够对本节课融入的数学、英语、科学、道德与法治等跨学科知识充满兴趣，乐于运用跨学科知识了解和探究体育相关问题，对体育跨学科学习能力充满信心。

教学重点、难点与跨学科知识点

教学重点：学会 BMI 值和 WHR 值的计算方法，能够初步判断自己的身体形态，并能够对身体姿态类型进行初步区分。

教学难点：能够掌握不同类型不良身体姿态的体育锻炼方法。

跨学科知识点：融合数学乘除法运算和计算器使用，计算自己的 BMI 值和 WHR 值；融合英语中 26 个字母的形状和表示"方位"的词组，针对不良身体姿态进行锻炼；融合科学中"地球内部运动引起地形变化"的现象，开展提升身体形态的闯关游戏；融合道德与法治中规则的相关知识，增强规则意识，提高团队精神和凝聚力。

课程地图

主题学习名称：运动与身体形态（小学水平二）			
学科	**英语**	**数学**	**道德与法治**
课程目标	了解身体形态的概念及重要性；通过学习 BMI 和 WHR 的计算方法，掌握自身身体形态状况；能对不同身体姿态类型进行区分，积极思考不良身体姿态的成因，并能够进行有针对性的锻炼；在体育游戏情境中强化规则意识，提高团队精神和凝聚力。		
关键问题	什么是身体形态？	不良的身体姿态有哪些？	如何改善不良的身体姿态？
内容	1. 学会运用英语中表示"方位"的词组进行燃脂性身体活动练习； 2. 学会运用英语中 26 个字母的形状，结合不良的身体姿态进行有针对性的练习。	1. 学会 BMI 和 WHR 的计算方法； 2. 能够使用计算器计算自身的各项身体形态相关数值。	1. 在游戏过程中强化规则意识； 2. 提高团队精神和凝聚力。
能力	理解能力；表达能力；想象能力。	理解能力；计算能力。	交际能力；思维能力；合作能力。
课程主题	**核心素养指向**		
在认识自身身体形态的过程中，了解不良身体姿态的类型、成因和改善不良身体姿态的锻炼方法。	运动能力：在日常体育活动中能够针对不良身体姿态进行锻炼。 健康行为：了解身体姿态的相关知识，在改善不良身体姿态中养成良好的锻炼习惯，培养健康行为。 体育品德：在体育游戏中表现出遵守规则、尊重裁判和公平竞争的体育品德。		

课程任务

子任务1：感受身体运动——热身活动 —— 燃脂性身体活动练习

子任务2：了解不良身体姿态——类型、成因和锻炼方法
- 了解不良身体姿态类型、成因和危害
- 针对不良身体姿态进行科学锻炼

统领性任务

子任务3：计算身体形态指标——BMI和WHR各项数值
- 学习BMI和WHR的计算方法
- 根据计算结果判断自身的胖瘦程度

子任务4：改善身体形态——体育游戏 —— 燃脂性身体活动练习

应用本课学习的知识与练习方法，以《卡路里》为背景音乐，自主设计一套能够改善身体形态的健身操，要求包含8个八拍，第1、2个八拍为全身运动，第3、4个八拍为颈部运动，第5、6个八拍为脊柱运动，第7、8个八拍为髋关节运动。

场地器材

场地器材： 田径场、计算器、身高体重测量仪、音响、标志桶、皮尺、体操垫等。

智慧图谱：

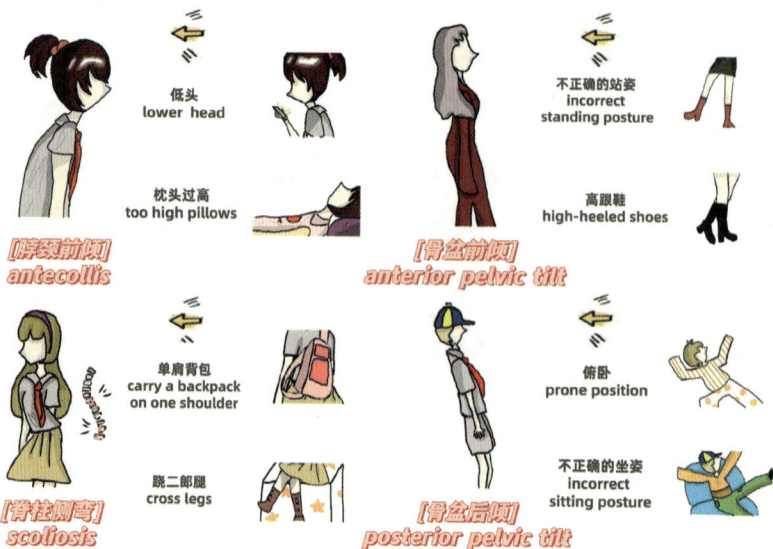

低头 lower head

枕头过高 too high pillows

[脖颈前倾] antecollis

不正确的站姿 incorrect standing posture

高跟鞋 high-heeled shoes

[骨盆前倾] anterior pelvic tilt

单肩背包 carry a backpack on one shoulder

跷二郎腿 cross legs

[脊柱侧弯] scoliosis

俯卧 prone position

不正确的坐姿 incorrect sitting posture

[骨盆后倾] posterior pelvic tilt

燃动体育

4

情境导入和驱动性问题

情境导入： 博尔特是目前男子百米世界记录的保持者，在 2009 年 8 月的柏林田径世锦赛上，博尔特以 9 秒 58 的成绩打破了世界记录，成为百米飞人大战中首个跑进 9 秒 6 大关的人。但这样一位传奇人物却患有先天性脊柱侧弯，这给博尔特的运动生涯带来了很大的困扰，除了经常性腰痛还存在非常高的大腿肌肉拉伤风险。

驱动性问题： 由于博尔特是正处于巅峰状态的职业运动员，无暇进行手术，长期脊柱侧弯对他的身体造成了很大的危害。请同学们思考：出于对自身职业的热爱而不顾疾病带来的风险是否值得？

教学主要内容

■ 感受身体运动——热身活动

智慧加油站： 教师使用英语中表示"动作方位"的词组（move forward、move backward、turn left、turn right）作为口令，带领学生进行燃脂性热身活动。

体能练习：

1. 毛毛虫爬：教师发出 get ready、move forward、move backward、stay put 口令，学生做出相应的动作。

Get ready（准备）：站在起点处，双脚打开，与肩同宽，脚尖向前，双手在身体前方撑地，膝盖伸直，臀部向上拱起，变成一只毛毛虫。

Move forward（前进）：双脚脚尖踩地，双手向前爬，直到身体成平面状态，边爬边说"一二三四"；双手撑地不动，膝盖伸直，双脚向前爬，尽量贴到手，边爬边说"一二三四"。

Move backward（后退）：双脚脚尖踩地，双手向前爬，直到身体成平面状态，边爬边说"一二三四"；双脚撑地不动，膝盖伸直，双手往后爬，尽量贴到脚，边爬边说"一二三四"。

Stay put（原地不动）：无论处于什么位置都保持静止。

2. 抬膝转体：教师通过 turn left、turn right 口令控制学生的转体方向。

Turn left（向左）：直立准备，双脚开立与胯同宽，双臂置于身体两侧；上抬双臂，掌心向下，指尖向前，曲肘并使大小臂成 90 度夹角；收腹提起左膝，同时右手手肘向左膝靠近，尽量接触到膝盖。

Turn right（向右）：直立准备，双脚开立与胯同宽，双臂置于身体两侧；上抬双臂，掌心向下，指尖向前，曲肘并使大小臂成 90 度夹角；收腹提起右膝，同时左手手肘向右膝靠近，尽量接触到膝盖。

■ 了解不良身体姿态——类型、成因和锻炼方法

智慧加油站： 教师组织学生针对不良身体姿态进行科学锻炼，学生两人一组，通过身体动作和造型组合成任意一个英文字母（可以适当改变练习站位），最后根据合成的英文字母拼成任意一个英文单词。

锻炼方式：

1. 颈部前倾：每个动作 20 秒，2 组。

胸锁乳突肌拉伸。找到锁骨内侧，用三根手指压住肌肉往下滑 5 毫米，再将左手放在右手手指上保持不动，向侧后方仰头 45 度，左右交替进行。

颈背肌功能锻炼。直臂画圈：身体直立，双脚打开与胯同宽，双臂侧平举，与地面平行，掌心向下。双臂以肩膀为圆心，向前或后画小圈。"W"式伸展：身体直立，双脚打开与肩同宽，双臂经体侧向上举起，掌心向前；双臂屈肘于体侧缓慢下拉成"W"型。

2. 骨盆前倾：跪姿后拉、臀桥练习，每个动作 20 秒，2 组。

3. 骨盆后倾：俯卧挺身、高抬腿，每个动作 20 秒，2 组。

4. 脊柱侧弯："猫"伸展、侧桥，每个动作 20 秒，2 组。

每组练习结束后，学生两人一组，根据练习动作组合成任意一个英文字母，可以适当改变动作站位，组成的字母越多越好。所有练习结束后，学生 15 人一组，将之前组合的英文字母拼凑起来形成英文单词，拼成的单词越多越好。

■ 计算身体形态指标——BMI 和 WHR 各项数值

智慧加油站： 教师指导学生根据 BMI 的计算公式将自己的身高体重数值代入公式进行计算，得出自己身体质量指数；根据 WHR 的计算公式，将自己的腰围、臀围数值代入公式进行计算，得出自身腰臀比。

计算方法：

BMI 即身体质量指数，又称体重指数，是衡量是否肥胖和标准体重的重要指标。计算公式为 BMI= 体重 / 身高^2（kg/m^2）。

WHR 即腰臀比，腰臀比是腰围和臀围的比例，是判断中心性肥胖的重要指标。计算公式为 WHR= 腰围 / 臀围。

儿童及青少年 BMI 值和 WHR 值界定

BMI	性别	年龄（岁）	超重	肥胖
	男生 / 女生	8.0—	17.8 / 17.6	19.7 / 19.4
		8.5—	18.1 / 18.1	20.3 / 19.9
		9.0—	18.5 / 18.5	20.8 / 20.4
		9.5—	18.9 / 19.0	21.4 / 21.0
		10.0—	19.2 / 19.5	21.9 / 21.5
		10.5—	19.6 / 20.0	22.5 / 22.1
		11.0—	19.9 / 20.5	23.0 / 22.7

WHR	性别	年龄（岁）	超重	肥胖
	男生 / 女生	8	0.91 / 0.90	0.96 / 0.93
		9	0.91 / 0.88	0.96 / 0.92
		10	0.89 / 0.85	0.95 / 0.90
		11	0.88 / 0.83	0.94 / 0.88

■ 改善身体形态——体育游戏

智慧加油站： 教师通过介绍"地球内部运动引起地形变化"的科学知识，使学生认识到日常生活习惯会引起身体形态的变化，不同的生活习惯塑造不同的身体形态，对于标准的身体形态要继续保持，不良的身体形态需要及时改正，并通过闯关游戏让学生体会规则的重要性。

游戏设置：

▲教具：1. 标志线（代表游戏起始位置）；2. 小卡片（由裁判对学生进行提问）；3. 体操垫（学生练习器材）；4. 标志桶（位于 30 米转弯处）。

▲规则：本次比赛时间为 10 分钟，比赛距离为往返 60 米。学生在标志线后成四路纵队，以纵队为单位进行游戏。每支队伍选出两名队员作为本次比赛的裁判，裁判 1 负责监督另一队伍的比赛过程（保证整场比赛在游戏规则下有序进行），裁判 2 作为提问者站在 15 米处，针对卡片内容进行提问，回答正确且练习动作标准者放行，回答错误者则返回起点。每队学生一至二报数，单数的学生跑至 15 米处回答问题，回答正确则选择任一颈部前倾的锻炼方式练习 10 秒，随即跑至标志桶返回；偶数的学生则跑至 15 米处回答问题，回答正确则选择任一脊柱侧弯的锻炼方式练习 10 秒，随即跑至标志桶返回。首先完成任务的队伍获胜。

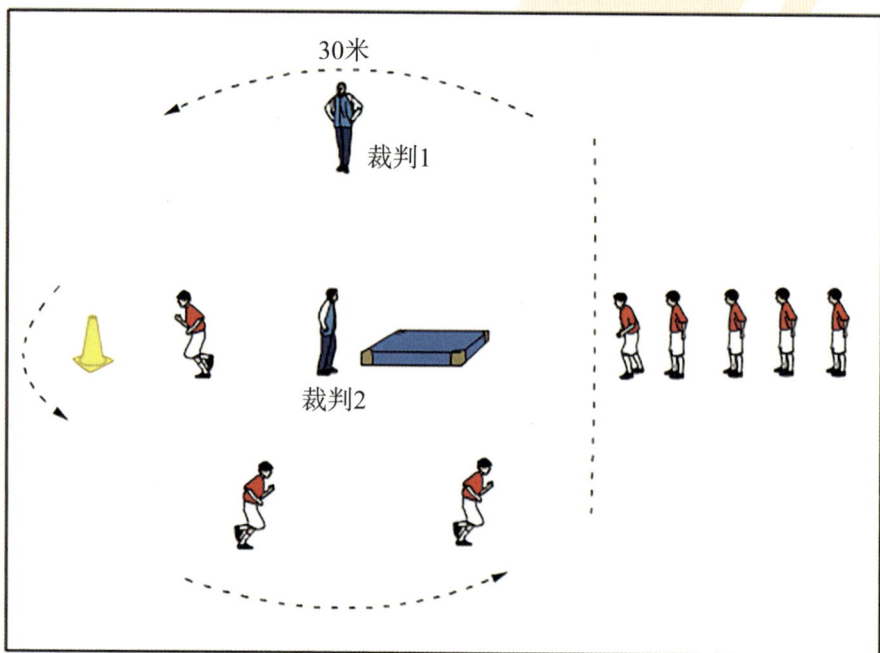

30米

裁判1

裁判2

教学过程示例

（一）课堂常规（建议 3 分钟）

师生问好，教师进行课堂常规整队和考勤，检查学生着装是否规范，安排见习生。教师宣布本节课教学目标与内容，提醒学生在准备活动和整理活动中做好充分拉伸，在体能练习和体育游戏中要量力而行，保持合理距离，注意环境安全。

（二）新课导入（建议 5 分钟）

教师：同学们，大家认真观察过自己的身体吗？知道如何科学评估身体形态吗？（学生自由回答）

问题

教学提示：身体形态是指人体外部的形态和特征，体现在生活的各个方面，行、坐、站、卧等动作形态都是身体形态的外在表现。常用的身体形态评估指标主要有 BMI 和 WHR，在临床实践中经常以此作为评估肥胖的标准。

教师：目前青少儿肥胖已经是常见的问题了，肥胖不仅会对我们的身体产生危害，增加患有心血管疾病、糖尿病和肌肉骨骼疾病的风险，而且会对我们的身体姿态产生影响，如腰椎前凸过度、背后凸过度和颈椎前凸过度等。那么接下来就跟随老师一起学习更多的知识，了解自己的身体形态，并进行有针对性的锻炼吧！

（三）教学活动（建议 22 分钟）

▲ 活动一：感受身体运动——热身活动（建议 4 分钟）

教师🔊：跟随老师一起进行简单的热身活动，在热身过程中，同学们要配合英语中表示"方位"的词组进行燃脂性身体活动。

教学提示：教师讲解并示范正确的动作，提醒学生根据教师的口令变换相应动作，能够快速、准确进行练习，并在练习过程中注意安全，保证动作质量。

▲ 活动二：了解不良身体姿态——类型、成因和锻炼方法（建议 6 分钟）

问题

教师🔊：同学们，大家在日常生活中有跷二郎腿、瘫坐等行为吗？大家知道这些行为会对我们的身体姿态造成哪些影响吗？（学生自由回答）

教师🔊：跷二郎腿会导致脊柱侧弯，瘫坐会导致骨盆后倾，这些身体姿态是由于平时不良生活习惯造成的。除了脊柱侧弯和骨盆后倾，在生活中还存在其他不良身体姿态。

教学提示：教师向学生展示"智慧图谱"，引导学生辨别一些不良的身体姿态，并向学生介绍其成因。颈部前倾主要是由睡觉时枕头过高、长时间低头玩电子产品等不良生活习惯引起的，导致胸锁乳突肌过于紧张，影响颈部活动，甚至导致头痛头晕；骨盆前倾主要是由于不正确的站姿（站立时将重心放在一条腿上）引起的，导致髂腰肌过于紧张而腹肌薄弱；骨盆后倾主要是由趴着睡觉、不正确的坐姿（瘫坐）等习惯引起的，这可能会产生含胸驼背、腰痛腰酸等问题；脊柱侧弯主要是由背单肩包、跷二郎腿等习惯引起的，这可能会产生高低肩、长短腿等问题。

教师🔊：既然我们了解了常见的一些不良身体姿态，在日常生活中就可以进行一些有针对性的练习改善这些问题，下面跟随老师一起进行练习。

教学提示：教师讲解示范动作的要领，引导学生发散思维，思考更多有针对性的练习方式，并且在练习过程中提醒学生注意安全。

▲ 活动三：计算身体形态指标——BMI 和 WHR 各项数值（建议 5 分钟）

问题

教师🔊：同学们，除了日常生活中的一些不良生活习惯会对我们的身体姿态产生影响，其实肥胖也是影响我们身体姿态发生变化的原因之一。通过之前的了解，大家已经知道 BMI 和 WHR 可以作为评估肥胖的标准，那我们如何计算各个指标的数值呢？（学生自由回答）

教学提示：教师讲解 BMI 和 WHR 指标的含义，以及在生活中如何灵活运用。

教师🔊： 为了使我们的计算结果更准确，在进行计算前，同学们分别用身高体重测量仪和皮尺测出自己的身高、体重、腰围和臀围的各项数值。测量完毕后就可以计算自己的 BMI 和 WHR 的数值分别是多少，再根据标准值进行比对，判断一下自己的结果是否在正常范围内。

教学提示： 教师代入自身数值，先给学生举例示范计算方法，并带领学生计算自己各项指标的数值，提示学生按照步骤进行。

▲ 活动四：改善身体形态——体育游戏（建议 7 分钟）

教师🔊： 不良的身体形态会影响我们的身心健康，同时也会降低我们生活的幸福感。因此，拥有一个良好的身体形态不仅能够改善健康状况，而且能增强自信心。接下来我们一起做改善身体形态的闯关游戏，一起感受身体各部位的变化吧。

教学提示： 教师讲解具体的游戏规则，并且提醒学生在游戏中注意安全、防止受伤，要有团队合作精神。

（四）放松整理小结（建议 5 分钟）

教师🔊： 同学们，让我们一起跟随音乐的节拍、呼吸的节奏，放松我们的全身，拉伸我们的脊柱和肌肉吧。

教学提示： 教师带领学生做肌肉、韧带和脊柱的拉伸活动，并提示学生注意量力而行，有针对性地放松身体酸痛部位。

> **问题**
>
> **教师🔊：** 通过这节课的学习，同学们收获了什么？是否还存在疑问呢？（学生自由回答）

教学提示： 教师带领学生一起回顾 BMI 和 WHR 的计算公式，了解不良身体姿态类型以及如何预防。布置相应的课后练习。

<h1 style="text-align:center">● 课后作业 ●</h1>

健康知识小测试（fitness knowledge test）

1. 小明今年 10 岁，身高 1.4 米，体重为 40 千克，通过教师的讲解，他计算了自己的 BMI 值为 20.4，目前已经属于超重状态，小明意识到自己需要锻炼了，以下哪种练习方式可以有效控制体重？（　　）

A. 慢跑　　　　　B. 爬山　　　　　C. 游泳　　　　　D. 以上都是

2. 放学回家的路上，小华看到同学背上的双肩包一高一低，觉得可能是脊柱侧弯。以下哪些是青少年脊柱侧弯的原因？（　　）

A. 经常单侧背书包

B. 不正确的坐姿、站姿

C. 缺乏运动，肌肉不能有效支持脊椎

D. 以上都是

跨学科知识作业（interdisciplinary homework）

根据教师教授的 BMI 计算公式和计算器的使用方法，为家人计算该数值，判断是否属于超重状态或者肥胖，并帮助家人判断是否存在不良的身体姿势。

表　WHO、亚太、中国对成年人 BMI 值的界定

	WHO	亚太地区	中国
正常体重	18.5—24.9	18.5—22.9	18.5—23.9
超重	≥ 25—29.9	≥ 23—24.9	≥ 24—27.9
肥胖	≥ 30	≥ 25	≥ 28

体育活动作业（physical activity homework）

应用本节课学习的知识和练习方法，以《卡路里》为背景音乐，自主设计一套能够改善身体形态的健身操，要求包含 8 个八拍，第 1、2 个八拍为全身运动，第 3、4 个八拍为颈部运动，第 5、6 个八拍为脊柱运动，第 7、8 个八拍为髋关节运动。

教师自评与教学反思

姓名(   ) 性别(   ) 年龄(   ) 职称(   ) 任职年限(   )

教师教学效果自评				
类别	A. 优良	B. 较好	C. 有待提高	自评等级
课中问答	大部分学生能正确和完整地回答教师的提问，包括本节课所传授的知识和学过的知识。	大部分学生能较正确和完整地回答本节课所传授的知识。	大部分学生回答课堂教学知识不全面或回答错误。	( )
课堂气氛	课堂气氛活跃，师生互动性强，大部分学生积极参加课堂讨论和体育游戏，有很好的分享、合作氛围。	课堂气氛一般，师生互动尚可，一半学生参加课堂讨论和体育游戏，有一定的分享、合作氛围。	课堂气氛沉闷，师生互动较少，少部分学生参加课堂讨论和体育游戏，缺乏尊重、分享、合作氛围。	( )
作业反馈	大部分学生能完成教师布置的各项课后作业，作业表现优异。	大部分学生基本能完成教师布置的各项课后作业，作业表现尚可。	大部分学生不能完成教师布置的各项课后作业，作业表现较差。	( )
教学反思				
课程核心素养落实	教学探索： 改进措施：			
跨学科知识融入	教学探索： 改进措施：			
教学方法应用	教学探索： 改进措施：			
授课中印象深刻的小故事				

燃动
体育

12

教学拓展

本章主题为"运动与身体形态"，本课的核心任务是通过将身体练习与相应的概念性知识相结合的方式，激发学生对运动中身体形态变化的探索兴趣，了解自身的身体形态情况，学会BMI值和WHR值的计算方法，了解不良身体姿态的类型、成因以及对应的锻炼方法。教师可充分利用情境化、游戏化、图示化等方式帮助学生理解课程知识，但要处理好概念性知识与身体练习的时间分配，根据小学生心理特点开发探究式、合作式等学习方式，引导学生多思、多练。

知识窗——身体形态

◇ 世界卫生组织（WHO）承认肥胖是常见的代谢性疾病，是一种营养失调，并将其称为21世纪的全球灾难。这种代谢性现象也影响到儿童和青少年，可能会引发运动系统的许多功能障碍。

◇ 肥胖是能量供应与消耗之间不平衡的自然结果。通常过多的饮食摄入，加上缺乏体育活动，会增加体内脂肪组织从而促使体重增加。过度的体重会明显地导致异常的运动发育，影响敏捷性和整体动作的协调，对骨骼关节系统的发展产生危害并可能导致姿势缺陷。

科学实证——儿童身体形态

儿童肥胖是一种全球性流行病，是21世纪最严重的公共卫生挑战之一。这一问题不仅影响到高收入国家，而且现在正在影响许多低收入和中等收入国家。据估计，到2030年，将有2.54亿5岁至19岁的肥胖者。在高收入国家（特别是北欧），肥胖和超重儿童人数的增长开始趋于平稳，但在亚洲和非洲，由于不健康食品的营销、体育活动的减少以及城市化进程的加快，肥胖和超重儿童人数的增长正在加速。2018年，大约四分之三的5岁以下超重儿童生活在亚洲和非洲。在英国，5岁到19岁的年轻人中有近三分之一超重或肥胖。

世卫组织欧洲儿童肥胖监测倡议（COSI）对世卫组织欧洲区域学龄儿童超重和肥胖的趋势进行了10多年的测量。在纳入世卫组织的国家中，严重肥胖的患病率各不相同，其中南欧的严重肥胖患病率最高，近50%的希腊学龄儿童被定义为超重或肥胖。

图A 按年龄组划分的肥胖

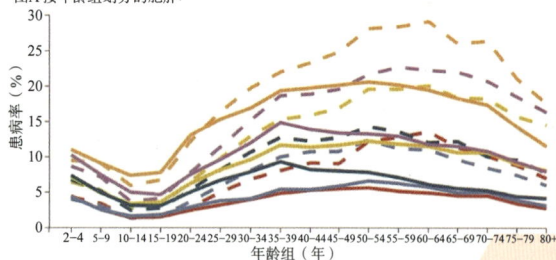

图B 按年份划分的儿童肥胖

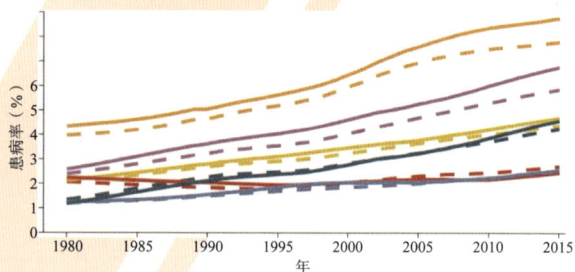

根据社会人口统计指数（SDI）的全球肥胖患病率

上图中显示的是 2015 年全球不同年龄人群的肥胖症患病率及趋势（图 A），以及 1980 年至 2015 年儿童的肥胖症患病率（图 B）。

科技前沿——体态评估仪

简单、科学、准确、易操作、易掌握的智能体态评估系统，可应用于儿童青少年脊柱侧弯、高低肩、"XO"型腿等体态的筛查，以及孕期体态健康、产后体形恢复的辅助评估等领域。该系统是基于机器视觉自动识别身体基准点，无需手动描点，只需简单拍摄即可预测十余种体态问题。评估时被评估者无需脱去衣物，只需要注意不要穿过于宽松的衣物，五官不要有遮挡、站姿自然放松、目视前方、两手自然下垂于体侧即可。评估者操作"Right Gait & Posture 体态评估系统"，分别采集被评估者正面、侧面、背面图像。采集后自动上传，即刻生成"体态评估报告"。

第二章　运动与体重变化

学科教学目标

认知目标: 能够在体育活动情境中了解体重的概念以及饮食与健康、运动与体重的关系等方面的知识,初步掌握改善体重的相关锻炼知识。

技能目标: 能够结合具体运动情境下的抗阻练习和有氧练习,初步掌握有效控制体重的锻炼方法。

情感目标: 能够积极参与课堂中的身体活动练习,感受锻炼带来的乐趣,提升勇敢、自信、果断等意志品质,培养乐于交流、团结协作的能力。

跨学科教学目标

> 健全的精神寓于健全的身体。
>
> ——洛克

认知目标: 能够运用数学乘法运算、科学中的体重与饮食健康、道德与法制中的规则遵守等知识,了解体重的构成及合理膳食对改善体重的重要性。

技能目标: 能够计算体重质量指数(BMI)和最佳燃脂心率,提高数学运算能力,通过完成游戏和体能练习,加深对饮食与健康相关知识的理解。

情感目标: 能够对运动与体重变化相关知识产生兴趣,提高参与意识和挑战精神,增强体育游戏中的规则意识。

教学重点、难点与跨学科知识点

教学重点: 了解正常体重的判断标准和运动控制体重的方法。

教学难点: 理解不同锻炼方式对体成分变化的影响。

跨学科知识点: 融合数学乘法运算知识,学习如何计算最佳燃脂心率;融合科学中的饮食与健康知识,了解体重的构成及合理膳食对改善体重的作用;融合道德与法治中的规则遵守知识,培养体育活动中的规则意识。

<h1 align="center">● 课程地图 ●</h1>

主题学习名称: 运动与体重变化（小学水平二）			
学科	数学	科学	道德与法治
课程目标	了解体重的概念及体成分的构成、合理膳食的选择、运动与体重的关系等知识,通过结合运动情境的抗阻练习和有氧练习,初步掌握控制体重的体育锻炼方法。		
关键问题	什么是最佳燃脂心率?	如何通过食物营养搭配控制体重?	如何用规则推动游戏的开展?
内容	1. 最佳燃脂心率的概念; 2. 计算最佳燃脂心率。	了解饮食与健康的关系。	强化规则意识,保证游戏的顺利进行。
能力	理解能力;计算能力。	分析能力;认知能力。	合作能力;执行能力。
课程主题	核心素养指向		
了解体重的概念及体成分构成要素,体验维持正常体重的运动锻炼方法。	运动能力:体验有氧运动和抗阻练习的多种锻炼方法,能够在日常运动中有针对性地进行练习。 健康行为:了解体重、体成分、合理膳食等健康知识,并运用于日常生活中,养成健康的生活习惯。 体育品德:积极参与练习,遵守活动规则和要求,在活动中表现出文明礼貌、团结互助等品质。		

<h1 align="center">● 课程任务 ●</h1>

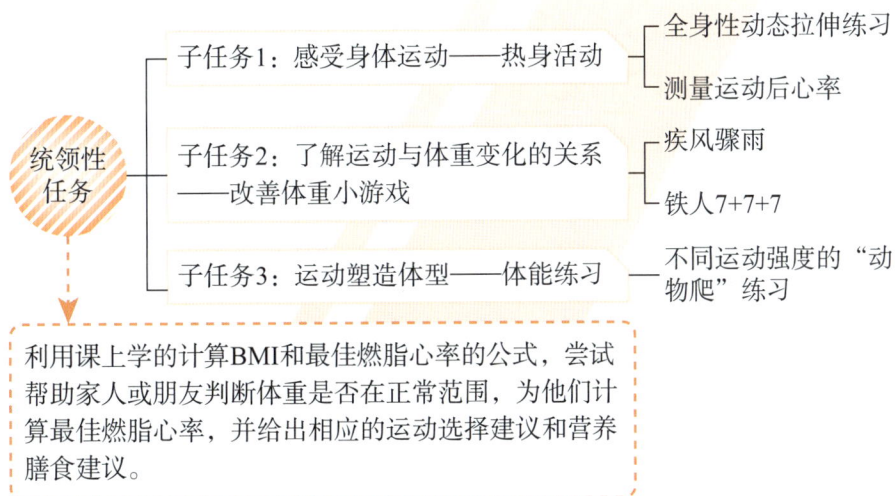

利用课上学的计算BMI和最佳燃脂心率的公式,尝试帮助家人或朋友判断体重是否在正常范围,为他们计算最佳燃脂心率,并给出相应的运动选择建议和营养膳食建议。

场地器材

场地器材：足球场、音响、秒表、体操垫、体重秤等。

智慧图谱：

增加营养摄入 increase nutrition intake		
高强度，力量练习 high intensity，strength exercise	瘦 thin	标准 standard	胖 fat	消耗 > 摄入 consumption > intake
		低强度，有氧运动 low intensity，aerobic exercise

情境导入和驱动性问题

　　情境导入：迭戈·马拉多纳生于阿根廷布宜诺斯艾利斯，是世界足球史上传奇球星之一。2001 年，马拉多纳被评为"世纪球王"。退役之后的马拉多纳一直身体状况欠佳，曾多次因心脏问题住院。不健康的生活方式和体重超标被认为是其心脏疾病的主要诱因。为了解决肥胖带来的健康问题，马拉多纳十年间做了几次减重手术，但每次手术都是迫不得已的无奈选择，而且也未能按照术后指导进行运动和饮食控制。虽然手术一定程度减轻了肥胖给他带来的危害，延长了他的生命，但并未达到理想的效果。

　　驱动性问题：请同学们思考，体重超标会对我们的身体带来哪些影响？我们有哪些方法可以维持正常体重？

教学主要内容

■ 感受身体运动——热身活动

智慧加油站：教师在热身活动后指导学生测量桡动脉脉搏 10 秒，将所测脉搏次数乘以 6，计算出每分钟心率，并引导学生思考心率快慢与热量消耗的关系。

热身练习：配合音乐，在体操垫上进行全身性动态拉伸练习。

● 原地踏步提膝

练习动作：双脚分开，与肩同宽，双腿保持伸直，脚尖朝前，站立于地面。摆臂踏步提膝，支撑腿积极下压蹬踏，摆动腿积极屈髋、膝、踝，动作协调发力，保持高质量动作的同时逐渐提高速度，动作过程中躯干保持稳定，配合进行有节奏的呼吸。

训练量：每组练习 30 秒钟，1—2 组。

● 弓箭步侧伸展（左、右）

练习动作：站立姿势准备，在单腿向前跨出弓箭步的基础上，将前弓步腿同侧手臂向下伸直，对侧手臂向上伸展，躯干向前弓步腿一侧伸展。另一只手臂保持不动，保持弓箭步平衡及躯干竖直，髋关节保持不动。

训练量：每侧练习 30 秒钟，1 组。

● 俯身支撑登山

练习动作：俯身手撑地面，手臂垂直支撑，躯干平直稳定，双腿并拢伸直，两腿交替提膝蹬伸，躯干稳定，保持匀速。

训练量：每组练习 30 秒钟，1 组。

■ 了解运动与体重变化的关系——改善体重小游戏

智慧加油站：教师指导学生根据 BMI 指数判断自身体重是否在正常范围内，计算最佳燃脂心率，根据自身体重选择相应的游戏，了解饮食与健康的关系，学会合理膳食，通过运动维持合理体重。

● 疾风骤雨——有氧运动小游戏

体育游戏脚本：假设我们是身体中的脂肪。雨天将至，主人没有带伞，打算淋雨跑回家。这时候需要我们全力工作，燃烧自己，提供能量，保证主人能够维持体温，安全到家。

1. 小雨来啦，原地小步跑拍肩，维持体温。

2. 中雨来啦，后踢腿击掌跑，提高功率。

3. 大雨来啦，全力高抬腿快跑，燃烧脂肪。

每组动作练习 30 秒，练习 3 组。

● 铁人 7+7+7——抗阻力量小游戏

体育游戏脚本：我们是身体中的肌肉，过多的脂肪破坏了体重的平衡，侵占我们的领地，给我们带来很大的烦恼，同时给身体带来了巨大的负担。我们需要进行力量练习，扭转当前的形势，赶走多余脂肪，维持体重正常。

1. 俯卧撑 ×7 次。

2. 深蹲 ×7 次。

3. 分腿蹲 ×7 次。

循环练习 5 次，组间无休息。

■ 运动塑造体型——体能练习

智慧加油站：教师通过组织学生开展动作速度变化的体能练习活动，使学生体会并理解改变身体能量供应的方式。

体能练习：

● 原地毛毛虫爬行

练习动作准备姿势：双脚分开，与肩同宽，双腿伸直，脚尖朝前，站立于地面。

1. 双脚保持不动，双手向上伸展，身体前屈，双手向下触脚尖向前爬行，直至爬到手臂垂直于地面支撑位置，过程中躯干保持稳定，配合动作有节奏地呼吸。

2. 下肢和躯干保持稳定，在双腿伸直的基础上屈髋提臀收腹，双手向后原路爬回，直至回到准备姿势。注意整个过程中，身体应舒适地完成动作，注意呼吸节奏。

训练量：每组练习 30 秒钟，1—3 组。

● 蜘蛛爬

练习动作准备姿势：坐在操场上，膝盖弯曲，双手支撑于肩部下方，抬起臀部，直至膝盖与胸部处于水平位置。

1. 向脚尖方向前进，将一只手与对侧脚同时向前迈进。

2. 将另一只手与对侧脚同时向前迈进。

重复 1、2 的步骤前进。

训练量：每组练习 30 秒钟，1—3 组。

● 熊爬

练习动作准备姿势：双手与肩同宽撑于地面，大约在身体前方 1 步的距离；臀部抬高，背部挺直，膝盖略微弯曲。

1. 先右手向前爬，接着左腿跟上。

2. 之后换左手向前，再接着右腿向前走。以这样的方式一直向前爬行。

训练量：每组练习 30 秒钟，1—3 组。

教学过程示例

（一）课堂常规（建议 2 分钟）

师生问好，教师进行课堂常规整队和考勤，检查学生着装是否规范，安排见习生。教师宣布本节课教学目标与内容，提醒学生在准备活动和整理活动中做好充分拉伸，在体能练习和体育游戏中要量力而行，保持合理距离，注意环境安全。

（二）新课导入（建议 5 分钟）

教师：人的体重由哪些部分构成？如何判断我们的体重是否符合标准？（学生自由回答）

教学提示：人的体重由脂肪重量和瘦体重（也叫去脂体重，包括骨骼、肌肉、器官和体液）组成，是反映人体骨骼、肌肉的发育程度以及肥胖程度的指标，也是反映体型的一项指标。通过计算 BMI 可以判断体重是否符合标准。

影响体重的主要因素：遗传因素、生活环境、营养状况、体育锻炼等。

（三）教学活动（建议 24 分钟）

▲ 活动一：感受身体运动——热身活动（建议 6 分钟）

教师：在正式上课前，同学们先跟随老师做全身性动态拉伸，充分活动关节和肌肉，避免受伤，拉伸结束后请大家测量自己的心率。

教学提示：教师讲解并示范正确动作，热身活动后指导学生测量桡动脉脉搏，计算出每分钟心率。

通过测量心率，引导学生思考心率快慢和热量消耗的关系。

教师：请大家思考，为什么我们安排全身性动态拉伸作为热身？热身后心率增加与热量消耗的关系是什么？（学生自由回答）

教学提示：全身性动态拉伸可以很好地舒展身体，有利于完成后续课程中的游戏和体能练习，提高肌肉的伸展性与收缩性，促进血液循环，使肌肉增长和运动减肥事半功倍。运动强度与心率存在线性关系，运动时心率的高低可以表示不同的运动强度。在相同运动时间，心率越高，运动强度越大，所消耗的热量就越多。

▲ **活动二：了解运动与体重变化的关系——改善体重小游戏（建议10分钟，任选其一）**

● *疾风骤雨——有氧运动小游戏*

教师问：同学们，如果我们的体重超标，我们应该怎样减轻体重？（学生自由回答）

教学提示：应选择低强度、长时间的有氧运动，此时脂肪供能比例较大。若用心率表示的话，最大心率60%—80%区间被认为是最佳的燃脂区间，因此，最佳燃脂心率计算公式为：

$$最佳燃脂心率 = （220-年龄数）\times 60\%—80\%$$

合理选择食物同样重要，当每天的摄入热量大于消耗热量，体重就会增加。因此，要了解食物的营养价值，合理选择健康的食物，避免过多地摄入肥肉、油炸食品、腌制食品、高糖类的甜品等。

教师问：同学们回答得非常棒，我们可以通过一些有氧运动达到减重的目的，那么接下来跟随老师一起进行"疾风骤雨"的小游戏。

教学提示：教师讲解游戏规则，引导学生了解规则的重要性，提醒学生在游戏过程中注意安全，防止受伤。每一组练习后，带领学生测试心率，通过心率判断当前的运动强度是否适当，能否满足减重燃脂的目的。

● *铁人7+7+7——抗阻力量小游戏*

教师问：如果我们的体重不足，导致我们看起来很弱小，我们应该怎么办呢（学生自由回答）

教学提示：抗阻力量练习可以增强肌肉力量，增加瘦体重，提高基础代谢，对维持体成分的平衡有重要作用。偏瘦人群的健康营养食品应选择蛋白质含量丰富的食物，如瘦肉、鱼类、蛋类、奶制品等。

教师问：拥有一个良好的身体形态和体重状况对维持身体健康很重要，我们也需要进行一些抗阻力量练习来改善我们的体重状况。下面跟随老师来进行"铁人7+7+7"的小游戏，感受力量练习。

教学提示：教师讲解游戏规则，引导学生了解规则的重要性，提醒学生在游戏过程中注意安全，防止受伤。

▲ 活动三：运动塑造体型——"动物爬"体能练习（建议8分钟）

教师❓: 同学们，通过刚才的学习，我们知道了低强度有氧运动有利于脂肪燃烧，高强度的力量训练可以增加肌肉含量，两者对于改善体成分均有帮助，那么请大家思考一下，有没有哪项趣味运动，既能够提高力量，又能有助于我们改善体重？

教学提示: "动物爬"是一项趣味十足且颇有难度的体能练习，可以训练四肢和核心肌力，对维持躯干平衡，增强全身协调性有良好的训练效果，还有助于身体塑形，控制体重。教师在练习前应进行简单的示范，并观察学生的运动能力，适当增加或减少练习数量。

教师❓: 若是提高爬行速度，我们人体的供能方式会有哪些改变？

教学提示: 运动强度提高，身体会从以脂肪供能为主过渡到以无氧糖酵解供能为主。因此，合理选择运动强度对减脂和增重均有非常重要的意义。

（四）放松整理小结（建议5分钟）

教师❓: 跟随音乐和呼吸的节奏，放松我们的全身，拉伸我们的肌肉。

教师❓: 除了今天练习的动作，我们还可以选择哪些形式的有氧运动或无氧运动改善自己的体重？（学生自由回答）

教学提示: 改善体重常进行的有氧运动包括游泳、慢跑、踩单车、跳绳、下蹲、爬楼梯、跑步、爬山等；改善体重常进行的无氧运动包括短跑、举重、投掷、跳高、跳远、拔河、俯卧撑、抗阻力量训练等。

课后作业

健康知识小测试（fitness knowledge test）

文文是一名肥胖患者，最近她下定决心要加强体育锻炼，科学减肥，热心的同学们为她提供了一些减肥的建议。那么，在同学们给出的减肥建议中错误的是（　　）。

A. 体育运动减肥必须选择酷热天气进行

B. 注意合理膳食

C. 选择适宜的运动，并根据自身情况合理选择运动时间与运动负荷

D. 体育运动减肥是一个长期的过程，应因人而异，循序渐进

跨学科知识作业（interdisciplinary homework）

小明的爸爸想要促进身体健康，减掉自己的大"啤酒肚"，以下哪种方式能有效帮他达成锻炼目标？（　　）

A. 连续多日进行高强度的锻炼，控制饮食

B. 连续多日进行大运动量的锻炼，不控制饮食

C. 隔日进行高强度的锻炼，控制饮食

D. 隔日进行低强度、长时间的锻炼，控制饮食

体育活动作业（physical activity homework）

利用课上学的计算 BMI 和最佳燃脂心率的公式，尝试帮助家人或朋友判断体重是否正常，为他们计算最佳燃脂心率，并给出合理的运动和饮食的建议。

教师自评与教学反思

姓名（　　　　） 性别（　　　　） 年龄（　　　　） 职称（　　　　） 任职年限（　　　　）

类别	A. 优良	B. 较好	C. 有待提高	自评等级
教师教学效果自评				
课中问答	大部分学生能正确和完整地回答教师的提问，包括本节课所传授的知识和学过的知识。	大部分学生能较正确和完整地回答本节课所传授的知识。	大部分学生回答课堂教学知识不全面或回答错误。	（　　　）
课堂气氛	课堂气氛活跃，师生互动性强，大部分学生积极参加课堂讨论和体育游戏，有很好的分享、合作氛围。	课堂气氛一般，师生互动尚可，一半学生参加课堂讨论和体育游戏，有一定的分享、合作氛围。	课堂气氛沉闷，师生互动较少，少部分学生参加课堂讨论和体育游戏，缺乏尊重、分享、合作氛围。	（　　　）
作业反馈	大部分学生能完成教师布置的各项课后作业，作业表现优异。	大部分学生基本能完成教师布置的各项课后作业，作业表现尚可。	大部分学生不能完成教师布置的各项课后作业，作业表现较差。	（　　　）

教学反思		
课程核心素养落实	教学探索：	
	改进措施：	
跨学科知识融入	教学探索：	
	改进措施：	
教学方法应用	教学探索：	
	改进措施：	
授课中印象深刻的小故事		

教学拓展

本章的主题为"运动与体重变化"，本课的核心任务是了解体重的构成，并通过游戏的方式加深对身体成分构成要素的理解，知晓体重变化的原因及如何根据自身 BMI 采取不同运动方式改善体成分，打造有趣且高效的体育课堂，充分激发学生的学习兴趣，提高身体活动能力。教师可充分利用情境化、游戏化等方式，帮助学生理解课程知识，处理好概念性知识与身体练习的时间分配，将知识融入练习的过程之中，根据小学生的心理特点开发探究式、合作式等学习方式，引导学生多思、多练。

知识窗——运动与体重变化

◇ 人的体重是由脂肪重量和瘦体重组成，是反映人体骨骼、肌肉的发育程度以及肥胖程度的指标，也是反映人体体型的一项指标。影响体重的主要因素：遗传因素、生活环境、营养状况、体育锻炼等。

◇ 体成分指的是身体脂肪组织和非脂肪组织的含量在体重中所占的百分比。通常情况下，人的身体主要由水、蛋白质、脂肪和无机物四种成分构成，体成分的平衡是实现人体成分均衡和维持身体健康状况的一个最基本的条件。

◇ 有氧和无氧运动本质上是根据人体的供能系统所占的比重来区分的。高强度、短时间的运动，以 ATP-CP 或糖酵解为主要供能方式，属于无氧运动；低强度、长时间的运动以脂肪供能为主，属于有氧运动。

◇ 当我们每天的摄入热量大于消耗热量，我们的体重就会增加；摄入热量小于消耗热量，体重就会下降；摄入热量与消耗热量持平，我们的体重就会达到动态平衡。

科学实证——神奇的脂肪

在许多人的印象里，脂肪不断积累会导致我们的身材走形，代谢失常，乃至引发疾病。但《细胞》出版社旗下的 Developmental Cell 发表了一项颠覆常识的研究——理应静静呆着不动的脂肪细胞，竟然会主动出击，帮助治愈伤口！

在研究中，来自英国的科学家最初只是想了解愈伤过程中的免疫反应。他们利用激光在果蝇的蛹上切出了一个小口子，想看看哪些细胞会参与伤口的修复。不出意料，在显微镜下，果蝇体内的免疫血细胞率先对伤口做出了反应。原本在体内漫步的它们一旦发现伤口，就会像"救火队员"那样前去应急。但研究人员也发现了一些奇怪的现象——在观察中，他们发现视野里出现了一些巨大的阴影，形状看上去就像是脂肪细胞。"我好奇这些阴影是不是脂肪细胞"，该研究的第一作者 Anna Franz 博士说道："但理论上脂肪细胞不应该运动，它们不是可动的细胞。"但后续研究确切地证实，这些阴影就是脂肪细胞！

会不会是这些伤口造成了压力的变化，把脂肪细胞给吸了过来？研究人员们很快排除了这个可能性。他们使用基因改造技术，让脂肪细胞里负责牵引收缩的蛋白质失活。一个简单的处理，就让脂肪细胞失去了运动能力。这一结果也清楚地表明，脂肪细胞是有意识地主动前往伤口！但我们知道，在伤口处，脂肪细胞会利用自己庞大的体型，像塞子一样堵住伤口，直到愈合。

科技前沿——虚拟照进现实：体感游戏"健身＋冒险"

《健身环大冒险》新推出了主打体感健身＋冒险的 NS 游戏，该游戏以专业的健身内容结合有趣的游戏体验受到了玩家的欢迎。其最大的特色就在于体感设备——健身环。该健身环内安装了力学感应器，再搭配 Joy-Con 手柄自身的感应器，可以探知玩家手臂、肩膀、胸部、腹部、背部、臀部、腿部等部位的力度和动作幅度，另外手柄底部的 IR 摄像头可以测出玩家的心率。在冒险游戏中，玩家只要开始踏步，腿部固定带便会感应到动作，游戏内的主角便会前进。游戏中有着丰富且有趣的锻炼内容，例如，游戏中仅健身动作就分为增肌系、韵律系、瑜伽系三大类别，多达 60 种动作。这种体感类健身游戏大大增加了健身减肥的趣味性。

第三章　运动与心肺耐力

学科教学目标

认知目标： 能够在体育活动情境中认识气体交换、心脏泵血、氧气运输等心肺功能方面的基本知识，了解人体运动时会因能耗增大、氧气需求升高而出现呼吸加重、心跳加快的生理现象。

技能目标： 能够将本节课学到的心肺耐力知识应用到体育课程学习和课外体育活动中。

情感目标： 能够体验锻炼心肺耐力的乐趣，以心肺运动知识结合趣味练习的方式提升运动兴趣，增强团结协作、勇于挑战的意志品质。

跨学科教学目标

> 我们力求使学生深信，由于经常性的体育锻炼，不仅能发展身体的美和动作的和谐，而且能形成人的性格，锻炼意志力。
>
> ——苏霍姆林斯基

认知目标： 能够运用气体交换、心脏泵血、氧气运输等心肺功能方面的知识描述运动时身体机能的变化。

技能目标： 能够感受富有韵律的英文音乐，根据节奏调整身体运动状态，并能运用数学方法快速计算每分钟呼吸频率、心率。

情感目标： 能够对本节课融入的语文、数学、英语、音乐等跨学科知识充满兴趣，乐于运用跨学科知识了解和探究体育相关问题，对自己的体育跨学科学习能力充满自信。

教学重点、难点与跨学科知识点

教学重点: 感受运动中心跳快慢、呼吸缓急等身体变化。

教学难点: 了解并掌握心肺耐力的生理学依据,学会锻炼心肺耐力的简便方法。

跨学科知识点: 融合三年级上学期语文课本中"花的学校","雨一来,他们便放假了"这一句式,将学生更好地代入故事情境;融合数学中乘法计算的内容,感受运动前后的呼吸频率;融合三年级英语10以内数字的表达,教师在体能练习时与学生一起巩固英语正计数和倒计数。

课程地图

主题学习名称: 运动与心肺耐力(小学水平二)			
学科	数学	语文	英语
课程目标	认识气体交换、心脏泵血、氧气运输等心肺功能方面的基本知识;了解人体运动时会因能耗增大、氧气需求升高而出现呼吸加重、心跳加快的生理现象;了解心肺耐力的生理学依据,学会锻炼心肺耐力的简便方法。		
关键问题	什么是心肺耐力?	心肺功能是如何运作的?	运动对心肺耐力的影响及如何提高心肺耐力?
内容	1. 运动前后呼吸和心跳频率的测试及计算; 2. 根据呼吸和心跳频率计算最佳心率区间,判断自身运动强度。	代入语文课本《花的学校》中"雨一来,他们便放假了"的句式进行"气体交换跑"的游戏。	运用英语10以内数字的表达进行体能练习。
能力	理解能力;计算能力。	理解能力;表达能力。	记忆能力;表达能力。
课程主题	**核心素养指向**		
体验并学会发展心肺耐力的多种练习方法,提升学生的运动兴趣。	运动能力:积极参加体育活动和比赛,能够在日常体育活动中进行有针对性的心肺耐力练习。 健康行为:了解心肺功能方面的基本知识,了解心肺耐力的锻炼方法,养成健康生活方式。 体育品德:按规则和要求参与提高心肺耐力的锻炼活动,具有克服困难、奋勇拼搏、相互尊重、乐于助人的品质。		

课程任务

子任务1：感受身体运动——热身活动
- 运动前后呼吸和心跳频率的测试
- 热身性体能活动

统领性任务

子任务2：了解心肺耐力——"气体交换跑"游戏
- 血液的旅行1
- 血液的旅行2

子任务3：锻炼心肺耐力——体能练习
- 不同运动强度的"动物爬"练习

利用课上学的心肺耐力体能练习方法，尝试为自己制订一份提高心肺功能的日常锻炼方案，并在练习结束后测量自己的心率，看一看是否在中高强度心率区间。

场地器材

场地器材： 田径场、标志桶、音响、秒表、心肺卡片、CO_2 与 O_2 小卡片、足球、篮球等。

智慧图谱：

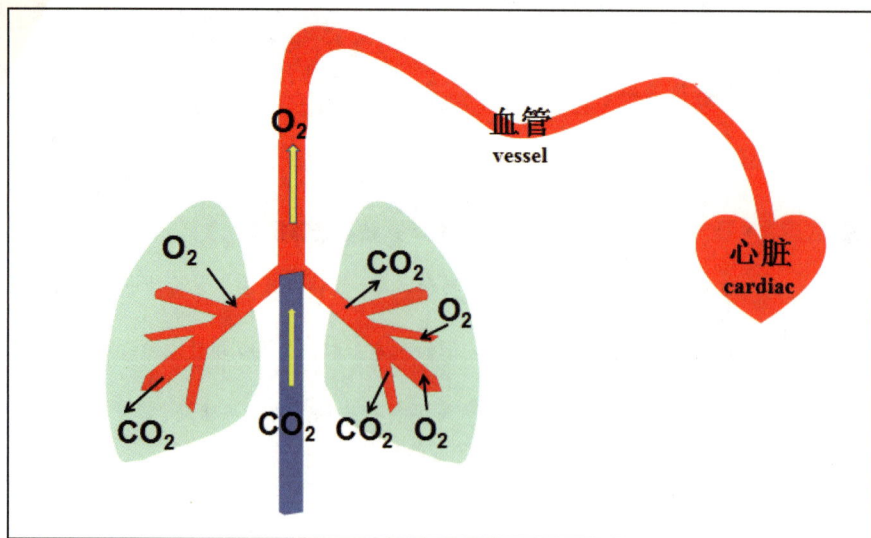

情境导入和驱动性问题

情境导入： 你的肺活量能打几行"8"？有一种游戏曾风靡一时。憋气时能打出几个数字"8"，并通过"8"的多少来判断肺活量是否正常。通过该游戏进行肺活量自我测试的方法：一边憋气，一边用手机在朋友圈发帖中不停地输入"8"，憋气时间越久，打出的"8"就越多。据说"正常人能打5行，超人能打出9行以上，而打不到5行的就应该去看看医生了"。然而，专家表示仅靠憋气输入"8"的数量来判断肺活量并不科学，憋气时间长短和肺活量大小之间不成正比，并提醒长得瘦瘦高高、"竹竿"体型的人少憋气，否则有可能会引发气胸。肺活量是小学生必测的体质测试项目，学校利用肺活量测试仪进行测试是较为可取的方法，而不是采用憋气打"8"游戏。

驱动性问题： 请仔细思考，如果想要提高肺活量测试成绩，在日常生活中我们可以通过哪些体育活动提高肺活量，增强我们的心肺耐力呢？

教学主要内容

■ 感受身体运动——热身活动

智慧加油站： 教师组织学生在运动前后将食指放在"人中"处，数出自己6秒内的呼气次数，并乘以10，得到一分钟呼吸次数，让学生感受运动后呼吸频率明显加快这一变化。

体能练习： 伴随英文儿歌 *1, 2, 3, 4, 5 Once I Caught a Fish Alive* 进行热身性体能活动，感受运动中心跳快慢和呼吸缓急的身体变化。

1, 2, 3, 4, 5 Once I Caught a Fish Alive

One two three four five. Once I caught a fish alive.

Six seven eight nine ten. Then I let it go again.

Why did you let it go? Because it bit my finger so.

Which finger did it bite? This little finger on the right.

One two three four five. Once I caught a crab alive.

Six seven eight nine ten. Then I let it go again.

Why did you let it go? Because it bit my finger so.

Which finger did it bite?   This little finger on the right.

One two three four five. Once I caught a fish alive.

Six seven eight nine ten. Then I let it go again.

Why did you let it go?   Because it bit my finger so.

Which finger did it bite?   This little finger on the right.

任务一：原地跑 ×20 次 + 原地左右后踢腿 ×10 次 + 原地左右后踢腿跑 ×20 次。

任务二：原地叉腰开合跳 ×20 次 + 原地开合跳 ×10 次 + 原地叉腰前后跳 ×20 次。

■ 了解心肺耐力——"气体交换跑"游戏

智慧加油站： 教师运用三年级上学期语文课本中"花的学校"，"雨一来，他们便放假了"这一句式，让学生展开叙事想象。学生分成四组，后一位同学双手搭在前面同学的肩膀上，按照教师的口令要求向终点行进，并由教师带回起点。

血液的旅行 1——情境脚本： 我们是流淌在某位同学身体里的一滴滴血液。刚刚这位同学做了几组俯卧撑，此时我们刚经过他的肱二头肌，肱二头肌工作后产生了很多二氧化碳需要我们打包带走。

1. 二氧化碳来了，我们便累得蹲下来前进。

我们拖着疲惫的身躯继续向前走，终于来到了肺部，肺里面有很多我们需要的氧气呀，赶紧把二氧化碳都扔掉，换成我们想要的氧气。

2. 氧气来了，我们便开心地跳着前进。

接着，我们来到了心脏，心脏看到我们所有的血液获得了大量的氧气，于是决定使用泵血装置将我们输送到身体内其他有需要的地方。

3. 心跳来了，我们便激动地跑着前进。

最后，我们又回到了肱二头肌，开始了新一圈的旅行（回到起点处）。

血液的旅行 2——游戏设置：

▲教具：1.足球，篮球，红色氧气卡，蓝色二氧化碳卡（如果没有卡片，可以用接力棒来代替，接力棒红端代表氧气，白端代表二氧化碳）；2.标志桶（代表肺泡，气体交换中转站）；3.起点线（游戏起始位置）。

▲规则：游戏共分两轮，第一轮采用接力跑的形式。学生扮演血液中红细胞的角色，以小组为单位进行比赛，任务为运输氧气和二氧化碳。手持二氧化碳卡从起点线出发按指定路线跑至标志桶（肺泡），换取氧气卡（表示将二氧化碳运送至肺泡处交换回新鲜的氧气），并将氧气卡运回出发点（代表完成一次气体交换任务），然后下一位组员继续进行气体交换，组内成员全部完成任务且用时最短的小组获胜。第二轮采用带球绕标志桶的方式，篮球代表二氧化碳，足球代表氧气，具体规则同上。

■ 锻炼心肺耐力——体能练习

智慧加油站：教师利用 10 以内数字的英语单词表达作为口令，在体能练习时与学生一起用英语正计数和倒计数。

注意事项：教师在练习前应进行简单的示范，并根据学生的运动能力适当增加或减少练习组数。

体能练习：

任务一：高抬腿 ×20 次。

任务二：开合跳 ×20 次。

任务三：胯下击掌 ×20 次。

任务四：简易波比跳 ×10 次。

教学过程示例

（一）课堂常规（建议 3 分钟）

师生问好，教师进行课堂常规整队和考勤，检查学生着装是否规范，安排见习生。教师宣布本节课教学目标与内容，提醒学生在准备活动和整理活动中做好充分拉伸，在体能练习和体育游戏中要量力而行，保持合理距离，注意环境安全。

（二）新课导入（建议 5 分钟）

问题

教师： 同学们，大家知道我们的心脏和肺部在身体的哪个位置吗？（学生自由回答）

教师： 你们知道心脏和肺部有什么重要作用吗？这两个器官为什么是不可或缺的呢？（学生自由回答）

教学提示： 心脏在我们人体的左侧胸腔内，约三分之二位于胸骨正中线的左侧；肺部位于人体胸腔内，纵隔旁、膈肌上、胸骨下，左右各一。心脏的最大功能是泵血，能持续不断地为身体内的各器官和组织输送富有氧气的新鲜血液；肺部是进行气体交换的场所，血液在肺部得到氧气，并通过肺部将人体代谢产生的二氧化碳排出体外。

教师向学生展示并介绍"心肺气体交换图"。

（三）教学活动（建议 22 分钟）

教师向学生介绍心肺耐力的概念，讲述如何将氧气运输到身体各部位，身体活动用到呼吸系统与血液循环系统，主要的器官是肺部与心脏。

教师： 在热身活动前，我们先测试一次运动前的呼吸和心跳频率。

教学提示： 教师讲解呼吸和心跳频率的测试方法，并进行计时。

心跳频率	（ ）次 /6 秒	（ ）次 /1 分钟
呼吸频率	（ ）次 /6 秒	（ ）次 /1 分钟
运动强度	中高强度心率区间＝（220- 年龄）×60%—80%，以 10 岁儿童为例，其中高强度心率区间为 126—168 次 / 分钟；课程标准（2022 年版）推荐中高强度心率区间在 140—160 次 / 分钟。	

▲ **活动一：感受身体运动——热身活动（建议 6 分钟）**

教师🔊：跟随老师做一组热身活动，注意保持距离，循序渐进，避免受伤。

> **问题** **教师🔊：**通过刚才的热身练习，相信大家已经达到热身效果了，那么我们一起测试一下运动后的呼吸和心跳频率，看看大家的呼吸和心跳有什么变化？（教师计时，学生自由回答）

教学提示：教师先进行动作示范，随后跟随英文儿歌 *1，2，3，4，5 Once I Caught a Fish Alive* 进行两组练习。

教学提示：人体在运动时需要更多的氧气维持能量的消耗，因此呼吸会加快、加重，心跳也会加快。教师找出三位运动前后呼吸和心跳频率变化较小的学生，请他们谈一谈自己喜欢的体育运动与锻炼习惯，介绍适度运动对心肺耐力的影响。

▲ **活动二：了解心肺耐力——"气体交换跑"游戏（建议 8 分钟，任选其一）**

● *血液的旅行 1*

教师🔊：同学们还记得三年级学过的语文课文"花的学校"吗？其中有一句："雨一来，他们就放假了。"让我们通过这个句式一起来感受心肺功能运作的流程，接下来就跟随老师的口令进行游戏吧。我们分成四组，每组的后一位同学双手搭在前一位同学的肩膀上。

教学提示：教师讲解情境脚本，让学生跟随情境脚本做出相应的动作，可以引导学生一起说出下一步骤的内容，在游戏中直观感受气体跟随血液在身体内的交换过程。

● *血液的旅行 2*

教师🔊：通过之前的学习，大家已经了解了心脏和肺部的功能，我们接下来一起做一个"物物交换"的小游戏。请同学们手持蓝色的二氧化碳卡片，跑至"气体交换中转站"换取红色的氧气卡片后，原路跑回起点线，完成气体交换任务。

教学提示：教师讲解具体的游戏规则，引导学生说出肺部的作用，并且提醒学生在游戏中注意安全，避免受伤，发扬团队合作的精神。

▲ **活动三：锻炼心肺耐力——体能练习（建议 8 分钟）**

> **问题** **教师🔊：**你们知道哪些运动可以提高心肺耐力吗？（学生自由回答）

教师🕒： 游泳、慢跑、快走、跳绳、爬山、太极拳、骑自行车、跳舞、瑜伽等有氧运动能很好地增强我们的心肺耐力，其效果比大强度的运动更好，而且科学研究表明心肺耐力的增强能够显著降低上呼吸道感染率。下面让我们学习一些能够增强心肺耐力的体能练习方法吧。

教师🕒： 同学们可以说出 10 以内的英文单词吗？我们做练习的时候，同学们可以一起跟老师用英文计数，"one, two, three ... nine, ten""ten, nine ... three, two, one"。

教学提示： 练习中，如果教师发现学生的英语基础较好，可以尝试用 100 以内 7 的倍数（seven, fourteen, twenty one, twenty eight ...）或 8 的倍数（eight, sixteen, twenty four, thirty two ...）增加挑战难度。教师先给学生示范"高抬腿""开合跳""胯下击掌""简易波比跳"等体能练习动作，并带领学生一起配合英文计数进行练习。

（四）放松整理小结（建议 5 分钟）

教师🕒： 同学们，让我们一起跟随音乐的节拍，调整呼吸节奏，放松我们的全身，拉伸我们的肌肉吧。

教学提示： 教师带领学生做肌肉、韧带拉伸活动，并提示学生注意量力而行，有针对性地放松身体酸痛部位。

问题

教师🕒： 通过这节课的学习，同学们收获了什么呢？（学生自由回答）

教学提示： 教师带领学生一起回顾心肺的位置以及功能，包括心肺系统工作的流程。给学生布置相应的课后练习。

课后作业

健康知识小测试（fitness knowledge test）

假期中，爸爸妈妈带小明去旅游爬山。爬到一半时小明就气喘吁吁，爬不动了。爸爸告诉小明要加强身体锻炼，发展心肺耐力。以下练习方式可以发展心肺耐力的是（   ）。

A. 长跑（慢跑）   B. 踢足球   C. 游泳   D. 以上都是

跨学科知识作业（interdisciplinary homework）

1. 根据教师上课所教内容，尝试用彩笔画出气体交换的流程图。

注：标出心脏、肺的位置，并用箭头指出氧气、二氧化碳流动的大致方向。

2. 融合小学英语知识，在下列"心血管通讯录"中找到如下单词：HEART、SWIM、SUGAR、BIKING、YOGURT、CALORIES、YOGA、SODIUM、WALKING、ACTIVE、EXERCISE、HEALTHY、RUN、PLAY、SKIP

心血管通讯录

H	E	A	R	T	S	K	I	P	L
C	Y	S	W	I	M	G	E	R	W
A	O	S	Y	O	G	A	X	H	A
L	G	U	P	L	A	Y	E	E	L
O	U	G	I	A	S	B	R	A	K
R	R	R	C	C	O	I	C	L	I
I	T	A	M	T	D	K	I	T	N
E	X	I	R	I	I	I	S	H	G
S	W	O	U	V	U	N	E	Y	C
S	A	T	N	E	M	G	E	A	X

体育活动作业（physical activity homework）

利用课上学的心肺耐力体能练习方法，尝试为自己制订一份增强心肺功能的日常锻炼方案，并在练习结束后测量自己的心率，看一看是否在自己的中高强度心率区间。

教师自评与教学反思

姓名（　　　）　性别（　　　）　年龄（　　　）　职称（　　　）　任职年限（　　　）

		教师教学效果自评		
类别	A. 优良	B. 较好	C. 有待提高	自评等级
课中问答	大部分学生能正确和完整地回答教师的提问，包括本节课所传授的知识和学过的知识。	大部分学生能较正确和完整地回答本节课所传授的知识。	大部分学生回答课堂教学知识不全面或回答错误。	（　　　）
课堂气氛	课堂气氛活跃，师生互动性强，大部分学生积极参加课堂讨论和体育游戏，有很好的分享、合作氛围。	课堂气氛一般，师生互动尚可，一半学生参加课堂讨论和体育游戏，有一定的分享、合作氛围。	课堂气氛沉闷，师生互动较少，少部分学生参加课堂讨论和体育游戏，缺乏尊重、分享、合作氛围。	（　　　）
作业反馈	大部分学生能完成教师布置的各项课后作业，作业表现优异。	大部分学生基本能完成教师布置的各项课后作业，作业表现尚可。	大部分学生不能完成教师布置的各项课后作业，作业表现较差。	（　　　）
		教学反思		
课程核心素养落实	教学探索： 改进措施：			
跨学科知识融入	教学探索： 改进措施：			
教学方法应用	教学探索： 改进措施：			
授课中印象深刻的小故事				

教学拓展

本章的主题为"运动与心肺耐力"，本课的核心任务是通过将身体练习与相应的概念性知识相结合的方式，激发学生对运动中身体状态变化的探索兴趣，帮助学生感受和理解运动对呼吸系统、心肺系统的影响。教师可充分利用情境化、游戏化、图示化等方式帮助学生理解课程知识，但要处理和设计好概念性知识与身体练习的时间分配，根据小学生心理特点开发探究式、合作式等学习方式，引导学生多思、多练。

知识窗——心肺耐力

◇ 心肺耐力主要通过低强度、长时间的有氧运动进行锻炼。

◇ 有氧运动可以使心脏变得强壮，让肺活量越来越大，提升身体的运动能力。心肺运动被视为其他运动的基础。

◇ 坚持进行心肺运动，我们将获得如下益处：降低发病概率、降低体脂率、提升身体素质……

科学实证——心肺耐力

科学研究表明运动与上呼吸道感染之间存在一定的关系，然而这一关系并不是我们想象中的简单线性关系。

Nieman（1994）提出的"J"形模型（J-shape model）描述了有规律的运动与上呼吸道感染发生率之间的关系：进行中等强度运动的人上呼吸道感染的发生率要低于不运动的人群，而进行高强度训练的运动员感染率却明显增加。

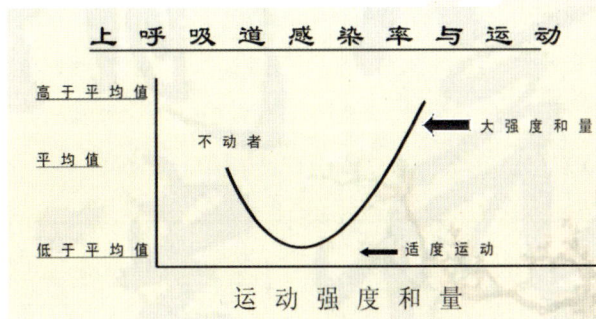

注意：如果患有心脏病、高血压、高血脂、糖尿病或平时有胸闷、心悸、气喘的人需要经过心内科专业人士评估后才能做中等强度及以上的运动。

安全提示

运动与上呼吸道感染"J"形模型

科技前沿——心肺耐力测量

最大摄氧量测试是国际公认衡量心肺耐力的黄金标准，反映一个人身体利用氧气的能力。其测试数据可用于评估当前体能状况和制订合适的训练计划，在顶尖运动员层面一直受到广泛的应用。

运动员一般需要在特定客观环境，如温度和湿度受到控制的实验室进行单车机或跑步机的测试。整个测试时长约 10—20 分钟，起初的强度十分低，但随着时间延长会逐步加强（如提高单车机的阻力，增加跑步机的速度和加大斜度），一直加到实验者极限为止。测试期间需要戴上面罩收集气体，透过精密感应器来计算摄入和呼出的氧气量，并监测身体消耗的糖分和脂肪。

第四章　运动与肌肉力量

学科教学目标

认知目标: 能够了解常用的肌肉名称和位置,了解肌肉收缩和舒张时的形态变化,以及体育锻炼对于增强肌肉力量的重要作用。

技能目标: 能够掌握不同部位肌肉力量的锻炼方法,能够在日常生活中进行有针对性的肌肉力量训练。

情感目标: 能够体验到锻炼肌肉力量的乐趣,能够通过学习肌肉相关知识提升运动兴趣,能够在练习中互帮互助,培养不怕困难、坚持不懈的意志品质。

跨学科教学目标

> 世上没有比结实的肌肉和新鲜的皮肤更美丽的衣裳。
>
> ——马雅可夫斯基

认知目标: 能够运用字形构造、英语运动词汇、弹簧形变原理等知识,了解肱二头肌、肱三头肌、腹肌、股四头肌等肌肉的名称和功能。

技能目标: 能够根据汉字的字形、字义关联,指出肱二头肌、肱三头肌、腹肌、股四头肌的具体位置,通过学习体育活动的英语名称了解相应的肌肉力量锻炼方法。

情感目标: 能够在体育跨学科学习中充满信心,与他人团结协作,共同克服困难,陶铸乐于思考、多角度分析问题的良好品质。

教学重点、难点与跨学科知识点

教学重点: 了解肱二头肌、肱三头肌、腹肌、股四头肌的位置和名称。

教学难点: 感受肌肉的收缩与舒张,学会一些锻炼肱二头肌、肱三头肌、腹肌、股四头肌力量的方法。

跨学科知识点： 融合语文字形构造知识，帮助学生理解汉字偏旁与含义之间的联系，加深学生对肌肉名称的记忆；融合科学知识，以弹簧形变现象为例，帮助学生理解肌肉收缩与舒张时的形态变化；融合英语体育活动名称表述，使学生了解不同部位肌肉力量的锻炼方法。

课程地图

主题学习名称：运动与肌肉力量（小学水平二）			
学科	**语文**	**科学**	**英语**
课程目标	认识到肌肉力量薄弱不利于身体健康；了解肌肉的功能以及体育锻炼可以增强肌肉力量的作用；了解常用肌肉的名称和位置；能够描述肌肉收缩和舒张时发生的形态变化；能够采取针对性锻炼选择发展不同部位肌肉力量。		
关键问题	我们身上有哪些肌肉？	肌肉收缩时发生了怎样的变化？	怎样提高我们的肌肉力量？
内容	1. 运用语文中一些具有相同偏旁的字，讲解这个偏旁的意义； 2. 加强学生对汉字字形、字义的理解和记忆。	结合科学中弹簧形变知识，帮助学生理解同样具有弹性的肌肉在收缩时的形态变化。	1. 结合体育活动的英语名称了解肌肉力量锻炼的方法； 2. 鼓励并引导学生用英语口语完成挑战。
能力	识字能力；理解能力。	探索能力；实践能力。	记忆能力；表达能力。
课程主题	**核心素养指向**		
了解肌肉力量对健康生活的重要性以及一些肌肉的基础知识，学会锻炼不同部位肌肉的方法。	运动能力：积极参加体育游戏和锻炼肌肉力量的体能练习，增强力量素质，提高运动能力。 健康行为：了解关于肌肉的基本知识和锻炼方法，并将其运用到日常生活中。 体育品德：按照规则和要求参与体育活动，面对具有一定难度的体能练习能够表现出不怕困难、勇敢顽强的意志品质。		

课程任务

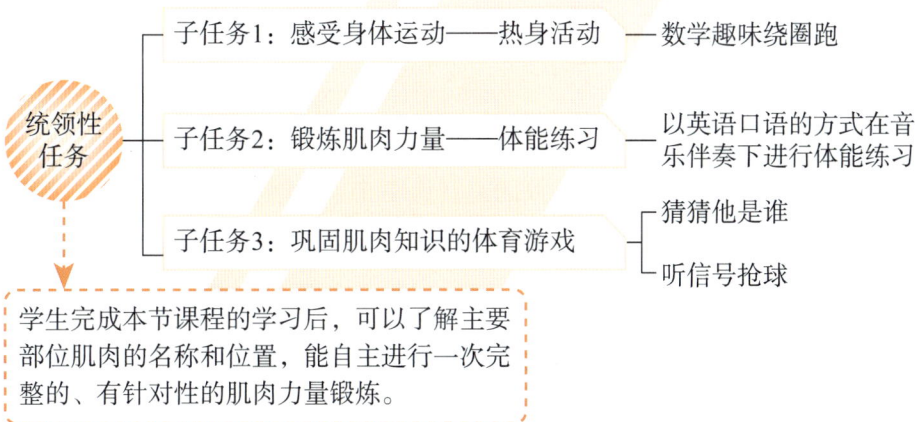

场地器材

场地器材: 田径场、标志桶、音响、秒表、小足球、瑜伽垫、手臂肌肉模型等。

智慧图谱:

情境导入和驱动性问题

情境导入: 李明在体育课上慢跑时,瘦瘦的他经常会摔倒。即便不是在体育课上,他平常走路的时候有时也会重心不稳,摇摇晃晃,有几次上楼时险些受伤。体育老师了解情况后告诉大家,这是李明腿部肌肉力量不足导致的。在课堂上,体育老师为李明安排了独特的锻炼方式。经过一段时间的锻炼,李明摔倒的次数越来越少了,最后他可以像大家一样在操场上愉快地奔跑了。

驱动性问题: 肌肉力量不足会影响我们的健康,使我们的生活充满危险。你知道肌肉力量不足还会给我们带来哪些影响吗?怎样可以提升肌肉力量?

教学主要内容

感受身体运动——热身活动

智慧加油站： 教师带领学生根据图片显示的特殊图形（等腰三角形、等边三角形、直角三角形和长方形、正方形），它们的边数（三边、四边）以及图形的颜色（红、黄、绿）进行趣味热身活动。

热身练习：

★ 任务：原地跑 20 秒，开合跳 20 秒，弓步跳 20 秒，后踢腿跑 20 秒，提膝触肘 20 秒，原地踏步 20 秒。

锻炼肌肉力量——体能练习

智慧加油站： 教师运用语文学科汉字造字法的知识，向学生介绍并讲解常见人体肌肉的名称，引导学生把肌肉想象成弹簧，收缩时变粗，舒张时变细，从而使学生体会肌肉收缩时发生的形态变化。

注意事项： 在练习前教师应进行简单的示范，并观察学生的运动能力，适当增加或减少练习数量。

体能练习： 跟随音乐 *Give Me Ten* 进行体能练习，和同伴一起感受肌肉力量练习带来的酸爽感！

★ 任务一：俯卧撑 10 个，1—3 组。

★ 任务二：俯撑交替摸肩 10 个，1—3 组。

★ 任务三：仰卧起坐 10 个，1—3 组。

★ 任务四：深蹲 10 个，1—3 组。

巩固肌肉知识的体育游戏

智慧加油站： 教师组织学生开展"猜猜他是谁"的游戏活动，使其学会描述一个人或物的特征；引导学生把课上学到的肌肉知识融入游戏情境，加强学生对肌肉知识的记忆。

● *游戏一：猜猜他是谁*

游戏规则： 所有人保持间距排成四列队，每队排头先站到 10 米处的标志桶，作为提问的学生保持不动。当游戏开始时，每队新的排头立刻加速跑向提问的学生处并与其击掌，提问的学生用双手随机指向自己身上今天学过的肌肉，如股四头肌，要求回答的学生依次从肌肉的位置、肌肉力量锻炼方法、名称三个方面回答（比如，它的位置是大腿前面，它的锻炼方法有深蹲等，它的名字叫股四头肌），回答正确后再次击掌并加速跑返回队伍与下一位学生接力，以此类推，直到所有人完成游戏。无法回答或回答错误一个要点，则要原地转一圈。四个队伍分出一、二、三名，第四名的队伍要做 5 个深蹲。

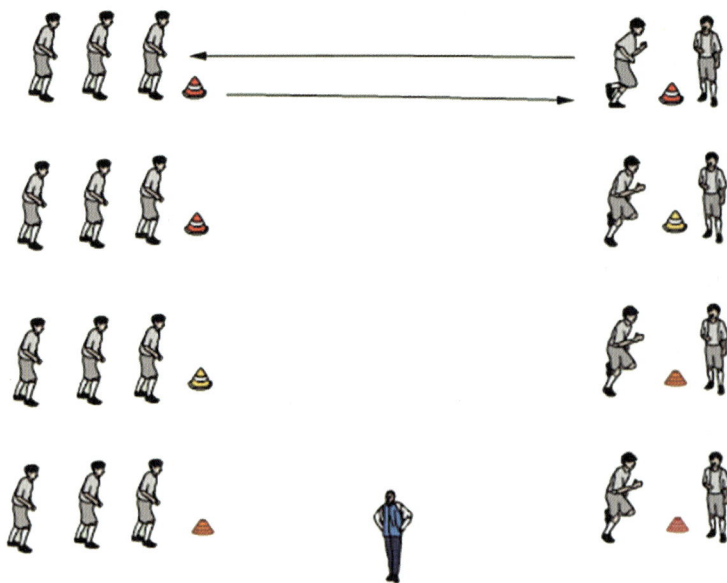

● 游戏二：听信号抢球

游戏规则：两位学生为一组，面对面站立并保持半蹲姿势，中间放一个球。所有学生认真听教师的口令，根据教师的口令用双手摸自己身上相应的部位。教师的口令可以中英文结合（头—head、眼睛—eye、球—ball 等），再结合本节课所学的肌肉名称。当教师喊到"球"时看谁先拿到球，先拿到的学生获胜。失败的学生要做 5 个深蹲。

教学过程示例

（一）课堂常规（建议 3 分钟）

师生问好，教师进行课堂常规整队和考勤，检查学生着装是否规范，安排见习生。教师宣布本节课教学目标与内容，提醒学生在准备活动和整理活动中做好充分拉伸，在体能练习和体育游戏中要量力而行，保持合理距离，注意环境安全。

（二）新课导入（建议 5 分钟）

> **教师**：关于肌肉的知识大家知道多少呢？肌肉力量不足会对我们造成哪些影响？（学生自由回答）

教学提示：肌肉分布在全身各处，人体大约有 600 多块肌肉，占人体体重的 35%—45%，人体进行任何运动都需要肌肉的参与。如果肌肉力量不足，一方面会增加体育运动中受伤的概率，影响正常生活和学习；另一方面，肌肉力量薄弱本身就反映我们的体质较差，不利于身体健康成长。运动可以增强肌肉力量，可以采取不同的方法锻炼不同部位的肌肉。

（三）教学活动（建议 22 分钟）

▲ 活动一：感受身体运动——热身活动（建议 6 分钟）

教师：同学们围成一个圆，每人对应一个标志桶站好，注意识别各自标志桶上贴纸的图片，如果老师的口令与你图片上的信息一致，你就要出列顺时针绕圈跑一周并回到原处。同学们明白了吗？下面我们开始！

教学提示：教师讲解练习注意事项，可以做一次演示。教师可以报的口令有图形（等腰三角形、等边三角形、直角三角形、长方形、正方形）、图形边数（4、5）和颜色（红、黄、绿），以提高挑战性和增加运动趣味。

▲ 活动二：锻炼肌肉力量——体能练习（建议 8 分钟）

教师：通过刚才的热身练习，我们已经达到热身的效果，可以安全锻炼了，接下来请同学们模仿老师的动作，我们一起认识一下今天要学习的肌肉。

教学提示：教师引导学生立正站好、掌心向前，介绍肌肉名称和位置。主要介绍肱二头肌

（大臂前面）、肱三头肌（大臂后面）、腹直肌（肚子前面正中处）、股四头肌（大腿前面），并结合语文知识（"月"字在古文中形似"肉"，因而在与身体相关部位的表达中多用"月"字作偏旁，如胸、腹、脑、肱、股、肝、肺等），解释肱和股的意思（肱表示大臂，股表示大腿），帮助学生加强对肌肉名称的记忆。

问题

教师❸： 现在同学们已经能认识这几块肌肉的名称并找到它们的位置了，非常棒！肌肉的功能是使我们的身体进行运动，这个过程也叫肌肉收缩；相反，当我们停下运动时肌肉放松的过程叫肌肉舒张。同学们知道肌肉收缩和舒张时发生了哪些变化吗？

教学提示： 教师向学生展示科学小实验的手臂肌肉模型，牵动机关对肱二头肌进行收缩和舒张；讲解科学中弹簧形变的现象，肌肉也具有弹性，收缩时会变粗变短，舒张时会变细变长。

教师❸： 同学们，运动可以增强肌肉力量，我们学习了四块肌肉的名称和位置，下面我们学习一下锻炼肌肉力量的方法吧！

教学提示： 教师向学生展示肌肉力量练习的"智慧图谱"，有针对性地选择可以发展不同部位肌肉力量的锻炼方法进行介绍。例如，哑铃弯举、引体向上可以发展肱二头肌的力量，俯卧撑、臂屈伸可以发展肱三头肌的力量，仰卧起坐、悬垂举腿可以发展腹肌的力量，深蹲、跑步可以发展股四头肌的力量。教师带领学生在音乐 *Give Me Ten* 的伴奏下，进行不同部位的肌肉力量锻炼。

▲ 活动三：巩固肌肉知识的体育游戏（建议8分钟，二选一）

● 游戏一：猜猜他是谁

教师❸： 同学们还记得三年级语文课本中的游戏"猜猜我是谁"吗？现在我们结合刚才学习和锻炼的内容一起玩个游戏，看看同学们记住了多少知识。所有人站成四队，听老师的口令准备开始。

教学提示： 教师介绍游戏规则，提醒学生遵守课堂纪律，营造良好有序的课堂氛围。教师可以给学生示范游戏玩法，帮助学生理解。

● 游戏二：听信号抢球

教师❸： 通过刚才的学习，同学们知道了一些肌肉的名称、位置和锻炼方法，接下来我们玩一个游戏，看看谁的反应最快，找到的部位最准确！

教学提示： 教师介绍游戏规则，提醒学生遵守课堂纪律，营造良好有序的课堂氛围。

（四）放松整理小结（建议 5 分钟）

教师🔊：同学们跟随音乐节奏，调整呼吸，放松身体，拉伸我们的肌肉。

教学提示：教师进行拉伸的动作示范，在拉伸过程中向学生强调拉伸的重要性，即运动后对运动肌肉进行拉伸放松，可以促进全身的血液循环，消除乳酸，缓解肌肉酸痛，增加肌肉的柔韧性，有助于肌肉力量的增长。

问题

教师🔊：通过这一节课的学习，同学们收获了哪些关于肌肉的知识？（学生自由回答）

教学提示：教师总结本节课学习内容、学生的学习情况和课堂学习氛围，布置课后作业。

课后作业

健康知识小测试（fitness knowledge test）

股四头肌是我们身上的大肌肉群之一，收缩时可以产生很大的力量，在日常生活和锻炼中使用的频率较高。强壮、有力的股四头肌是我们进行健康生活和保持身体活力的重要保证，下面哪种锻炼方式可以有效增强股四头肌力量?（   ）

    A. 俯卧撑　　　　B. 引体向上　　　　C. 深蹲跳　　　　D. 仰卧起坐

跨学科知识作业（interdisciplinary homework）

1. 与家人分享"股四头肌""肱二头肌"对应的"肱"与"股"所表示的意思，并分享这两块肌肉的锻炼方法。

2. 运动离不开我们身体的参与，比如，我们会用手去打篮球、打排球、打乒乓球，细心的同学会发现"扌"字旁的字似乎都与用"手"完成某个动作有关，如"拉""推""扔""托"等。请你想一想，哪些字组成的词语可以表示用脚（足）完成的运动项目或动作？把它组成词语，看谁组词多（如踢足球、蹲马步等）。

体育活动作业（physical activity homework）

结合所学内容，制订一份锻炼某块肌肉的计划，要求有一个完整的过程，包括准备活动、锻炼肌肉的方式以及最后的放松活动，下节课请同学们分享。

教师自评与教学反思

姓名(　　　) 性别(　　　) 年龄(　　　) 职称(　　　) 任职年限(　　　)

教师教学效果自评

类别	A. 优良	B. 较好	C. 有待提高	自评等级
课中问答	大部分学生能正确和完整地回答教师的提问,包括本节课所传授的知识和学过的知识。	大部分学生能较正确和完整地回答本节课所传授的知识。	大部分学生回答课堂教学知识不全面或回答错误。	(　　　)
课堂气氛	课堂气氛活跃,师生互动性强,大部分学生积极参加课堂讨论和体育游戏,有很好的分享、合作氛围。	课堂气氛一般,师生互动尚可,一半学生参加课堂讨论和体育游戏,有一定的分享、合作氛围。	课堂气氛沉闷,师生互动较少,少部分学生参加课堂讨论和体育游戏,缺乏尊重、分享、合作氛围。	(　　　)
作业反馈	大部分学生能完成教师布置的各项课后作业,作业表现优异。	大部分学生基本能完成教师布置的各项课后作业,作业表现尚可。	大部分学生不能完成教师布置的各项课后作业,作业表现较差。	(　　　)

教学反思

| 课程核心素养落实 | 教学探索: |
| | 改进措施: |

| 跨学科知识融入 | 教学探索: |
| | 改进措施: |

| 教学方法应用 | 教学探索: |
| | 改进措施: |

| 授课中印象深刻的小故事 | |

教学拓展

　　本章主题为"运动与肌肉力量"，本课的核心任务是通过将其他学科知识融入"运动与肌肉力量"的体育课堂，提高学生对体育学习和锻炼的兴趣，正确认识运动与肌肉发育的关系并有针对性地发展肌肉，帮助学生学会正确的锻炼方式、养成健康的锻炼习惯。教师在教学过程中可以采用多种教学方式帮助学生理解课程知识，根据学生身心特点引导学生积极思考、爱上运动，帮助学生形成对自身健康的正确认识。

知识窗——肌肉

　　◇ 人体是一个庞大而复杂的综合体，它由很多个系统构成，包括运动系统、消化系统、呼吸系统、泌尿系统、生殖系统、内分泌系统、免疫系统、神经系统和循环系统等。肌肉不是一个单独的系统，它和骨、关节共同构成运动系统。

　　◇ 肌肉由数以千计，具有收缩能力的肌细胞所组成，并由结缔组织覆盖和接合在一起。

　　◇ 健壮、优美的肌肉是长时间持续锻炼出来的，即使你已经有了肌肉，但如果你丢掉了锻炼习惯，自律和健康的身体也会离你而去。

　　◇ 我们的心脏也是一种肌肉，并且一直处于不断的跳动中，从而将含有营养成分的血液送到全身各处，心脏跳动是人生命活动的标志。

科学实证——肌肉和寿命的关系

　　由于科学技术进步，生存空间、医疗、物质条件的改善大大降低了人的死亡率。人们对于健康有了新的认识，生命在于运动、运动是良药、运动治未病等观念深入人心，运动成为促进健康的手段。越来越多的研究表明，运动可以提高健康水平，延年益寿。

　　Taina Rantanen 等（1999）对人的寿命和握力之间的关系进行了研究，发现了握力可以作为预测人寿命的一个因子。握力能够反映人体多个部位的肌肉力量，但最主要的是前臂肌群的力量，可以通过侧弯举、正握腕弯举、反握腕弯举、捏握力器等锻炼方式有效增强握力。

　　Taina Rantanen 等（2011）对2239名男性进行了长达44年的跟踪调查，发现62岁时肌肉力量良好、运动量大、不吸烟、无慢性疾病的人的寿命比不具备上述因素者长 1—3 年（见下页图影响响人寿命的因素）。这表明长寿与肌肉力量、运动习惯、健康生活方式密切相关。

基线检查后存活数年比较

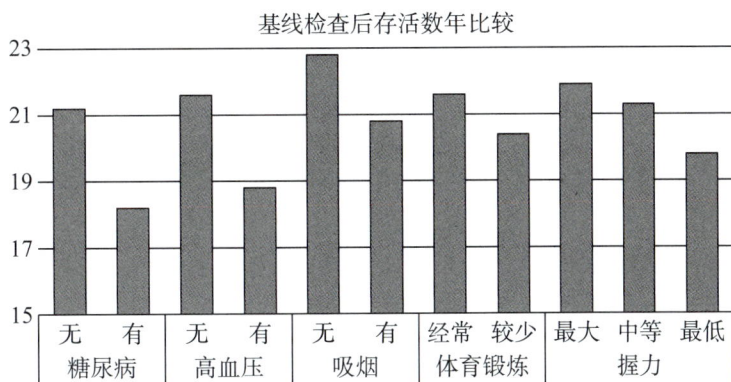

影响人寿命的因素（Taina Rantanen 等）

科技前沿：力量训练的即时反馈——Gymaware 功率测试系统

Gymaware 是一款体积小、易携带、准确度高的线性编码器，用来附着在杠铃杆和挂片式推举器械上测量输出功率。它是一种训练监控设备，借助平板电脑手持装置的可移动性及互联网技术记录数据，主要应用于力量训练领域。

Gymaware 的功能主要应用于 VBT 训练（基于速度的力量训练），进行视频动作捕捉、分析，可以即时提供运动员训练时的动作质量反馈，如动作的速度、功率、角速度等指标，提示运动员应该做出适当调整，以激励运动员达到更高标准，避免无效训练。此外，它还有监控运动员的疲劳程度和统计分析数据的功能，便于教练员调整训练计划和总结训练方案。

第五章　运动与身体素质

学科教学目标

认知目标： 能够在体育活动情境中了解身体素质的相关知识，认识到运动锻炼对于改善身体素质的重要作用。

技能目标： 能够结合投掷、变向跑、平衡性训练等练习方法，发展自身的力量、速度、灵敏性、柔韧性、协调性等身体素质。

情感目标： 能够积极参与各项游戏和练习，感受锻炼带来的乐趣，提升自信、果断等意志品质，培养乐于交流、团结协作的能力，增强安全意识。

跨学科教学目标

> 夫完全人格，首在体育。
>
> ——蔡元培

认知目标： 能够通过数学运算、英语单词识别以及道德与法治的规则遵守等知识的学习，加深对身体素质概念及构成要素的理解，知道运动与身体素质的关系。

技能目标： 能够结合身体素质练习的游戏，提高数学运算能力，熟练掌握并运用与身体素质相关的英语单词。

情感目标： 能够对身体素质锻炼产生浓厚兴趣，增强参与体育活动的积极性和主动性，富有挑战精神。

教学重点、难点与跨学科知识点

教学重点： 了解身体素质的概念及构成要素，通过不同的运动形式，感受力量、速度、灵敏性、柔韧性、协调性及平衡能力。

教学难点： 理解身体素质的构成要素及不同身体素质的练习方法。

跨学科知识点：融合数学运算、与身体素质相关的英语词汇及道德与法治中的规则遵守知识，结合体育运动的场景，了解力量、速度、灵敏性、柔韧性、协调性和平衡能力等身体素质的知识及锻炼方法，并能够安全有序地开展体育游戏活动。

课程地图

主题学习名称：运动与身体素质（小学水平二）			
学科	数学	英语	道德与法治
课程目标	了解身体素质的概念及构成，在身体活动情境中体验力量、速度、柔韧性、灵敏性、协调性；知道身体素质各构成要素在运动中的作用及锻炼方法。		
关键问题	如何做到在运动中快速计算？	与身体素质相关的英语单词有哪些？	如何用规则推动游戏的开展？
内容	回顾并熟记数学运算法则；在运动中集中精力，尝试"看、听、算、动"同步进行。	了解身体素质相关的英语单词，并准确、快速识别。	强化规则意识，保证游戏的顺利进行。
能力	计算能力；反应能力。	识别能力。	合作能力；执行能力。
课程主题	核心素养指向		
了解身体素质的概念及构成要素，体验不同身体素质要素在运动中的作用及锻炼方法。	运动能力：体验力量、速度、柔韧性、灵敏性等身体素质的锻炼方法，能够在日常运动中有针对性地进行练习。 健康行为：了解身体素质及其构成的知识，知道相关锻炼方法并积极参与校内外体育活动。 体育品德：积极参与体育游戏活动，遵守规则和要求，在活动中表现出文明礼貌、团结互助等意识和行为。		

课程任务

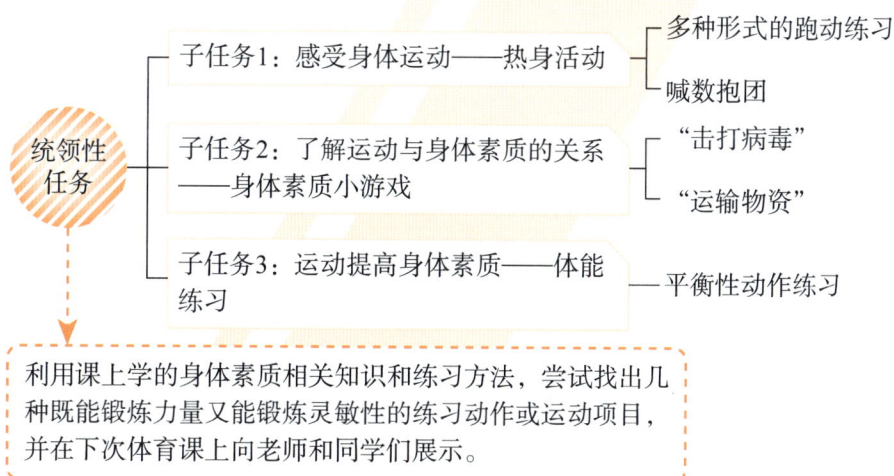

场地器材

场地器材：足球场、KT 板、音响、英语单词卡片、沙包、标志桶、秒表等。

智慧图谱：

```
柔韧性              力量
flexibility         strength

灵敏性      身体素质      速度
agility     physical     speed
            fitness

协调性              耐力
coordination        endurance
```

情境导入和驱动性问题

情境导入：橄榄球运动是一项对运动员身体素质要求非常高的运动项目，强大的身体素质为技术的超常发挥提供了支撑。每年美国职业橄榄球大联盟（NFL）都会举行为期一周的综合考察营。综合考察营作为 NFL 选秀前的团体面试，是大学生球员进入 NFL 的第一步，从 20世纪 70 年代的小具规模，已逐渐演变为如今的系统化体能测试。32 支 NFL 球队的高管、教练、球探以及队医，会观看新秀们在这场测试中的表现，测试结果甚至会影响其薪资和职业生涯。每年的体能测试都会有一些天才少年技惊四座。

驱动性问题：为什么选拔职业运动员时如此注重身体素质？进行身体素质练习对于处于生长发育中的青少年有什么好处？

教学主要内容

■ 感受身体运动——热身活动

智慧加油站：教师通过喊数抱团的游戏，引导学生"观察、倾听、计算、运动"同步进行，

燃动
体育

60

帮助其提高反应速度。

热身练习：听教师口令，在足球半场范围内自由跑动，并根据教师口令变换跑姿（向前跑、后退跑、侧滑步跑、交叉步跑等）。当教师以口令随机给出算术题目时，学生以最快的速度喊出计算结果并与附近同学进行抱团，抱团不成功者，原地蛙跳 3 次。

训练量：每种跑姿的练习时间不超过 20 秒，练习次数不低于 2 次。

■ 了解运动与身体素质的关系——身体素质小游戏

智慧加油站：教师结合身体素质相关英语单词（strength，speed，endurance，flexibility，agility，coordination），引导学生在身体活动情境中体会力量、速度、灵敏性和协调性，帮助学生了解身体素质各构成要素的相关知识及锻炼方法。

● "击打病毒" ——体会力量素质

游戏脚本：新冠疫情反复，学生化身为抗击疫情小卫士，将手中的"武器"又快又准地投向病毒，看谁击中的病毒数量多！

游戏设置：学生排成纵队，依次使用小沙包击打固定位置的"病毒"（KT 板）。教师选择 4 名学生手持贴有英语单词的 KT 板，在距离投掷者 10 米处横向移动和躲闪，投掷沙包的学生根据教师的指令将沙包投向相应英语单词的 KT 板，若成功击中目标，该"变异病毒"将会被消灭。

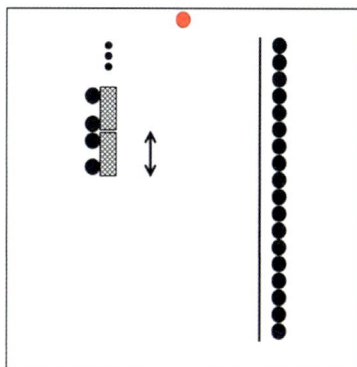

● "运输物资" ——速度与灵敏性素质

游戏脚本：新冠疫情期间，外省市支援的抗疫物资已经运到啦，志愿者需要争分夺秒地将居民紧缺的物资送到各家各户。时间紧急，身为志愿者的我们，需要克服层层障碍，实现物资的精准投放。

游戏设置：学生手持货物（英语单词卡片），利用预先设计的关卡，以最快的速度将英文卡片放在 KT 板上正确的中文释义下面，实现物资的运输和精准投放。

1. 沿球门线、底线或基线，将若干标志桶排列成一条直线，彼此相隔 5 米。

2. 将一个标志桶放在 1 号和 3 号标志桶之间的前方 7 米，另一个标志桶放在 3 号和 5 号标志桶之间的前方 7 米，以此类推。

3. 学生手持英文卡片，从 1 号标志桶开始，向前冲刺到 2 号标志桶，然后快速完成侧身滑步到 3 号标志桶。

4. 继续向前冲刺到 4 号标志桶，快速完成交叉步到 5 号标志桶，最后冲刺跑到 KT 板前，将卡片贴到 KT 板上相应的中文下面。

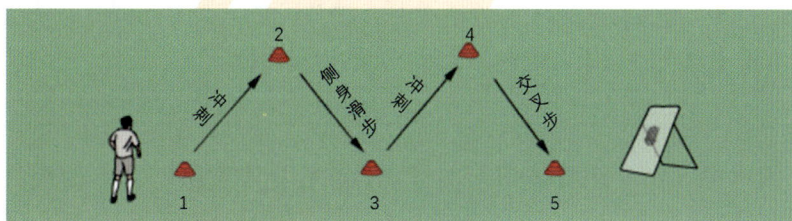

智慧加油站：融合生理学知识，通过多组平衡性动作的练习，引导学生感受柔韧性、协调性和平衡性的重要性，帮助学生提高运动时身体的稳定性，降低受伤风险。

● 飞机式平衡

1. 双脚并拢站立，重心放在右腿，身体向前倾，左腿向后抬起，直至身体与地面平行。

2. 其间保持左脚尖朝向地面，膝盖轻微弯曲。

3. 放下左腿，换边练习。

训练量：20 秒每组，共 2 组。

● 俯卧侧转

1. 双手撑地做平板撑，右手先移至身体中线处，身体向左侧旋转。左脚旋转后叠放在右脚上，胯部与天花板在同一平面，左手臂向外侧伸直抬起，直至指尖朝向天花板。

2. 保持双脚并拢，坚持 5 秒，然后恢复至起始平板撑动作，换边练习。

训练量：左右各旋转一遍为一组，共 6 组 6 次。

● 弓步起跳

1. 双脚分开与肩宽，右腿向后迈出，慢慢下蹲，直至右膝呈约 90 度。

2. 右腿蹬地，向斜上方抬起（其间摆动手臂助力），起跳，左腿伸直；右腿落地向后恢复至弓步，动作尽量轻缓。

训练量：每条腿各进行 8 次为一组，共 2 组。

● 教学过程示例 ●

（一）课堂常规（建议 2 分钟）

师生问好，教师进行课堂常规整队和考勤，检查学生着装是否规范，安排见习生。教师宣布本节课教学目标与内容，提醒学生在准备活动和整理活动中做好充分拉伸，在体能练习和体育游戏中要量力而行，保持合理距离，注意环境安全。

（二）新课导入（建议 5 分钟）

教师问题：同学们，我们经常说"养成运动习惯，提高身体素质"，大家有没有思考过，什么是身体素质？（学生自由回答）

教学提示：教师向学生介绍身体素质的概念，讲解身体素质的基本构成。身体素质的强弱，是衡量一个人体质状况的重要标志之一。不同方式的运动可以锻炼不同的身体素质，如体操可以锻炼人的柔韧性和协调性，短跑可以发展爆发力等。身体素质的发展对增强体质和保持健康有重要意义。

（三）教学活动（建议 24 分钟）

▲ 活动一：感受身体运动——热身活动（建议 6 分钟）

教师🗣： 在正式上课前，同学们先随老师在足球场半场范围内进行自由跑步热身，并听从老师的口令变换跑姿。跑动过程中，老师会随机喊出一道有关加减乘除的数学题，需要大家快速计算出答案，并根据答案提示，与附近的同学进行抱团。

教学提示： 提示学生集中注意力，尝试在运动中同步进行观察、倾听、计算、运动；保持合理距离，注意安全；抱团不成功者，原地蛙跳 3 次。

> **问题**
>
> **教师🗣：** 通过热身练习，发现有些同学在跑动中能够很快地改变方向、变换姿态，请问这需要哪些方面的身体能力？快速抱团成功，需要用到了哪些方面的运动能力？（学生自由发言）

教学提示： 在运动中快速变换动作，与灵敏性、协调性有关；快速找到同伴抱团，与反应速度及动作速度有关。

▲ 活动二：了解运动与身体素质的关系——身体素质小游戏（建议 10 分钟，任选其一）

● *"击打病毒"——力量素质*

> **问题**
>
> **教师🗣：** 请同学们思考，如果我们想又快又准地投中目标，需要用到哪些方面的身体素质？（学生自由回答）

教学提示： 投掷游戏对爆发力、腰腹力量及上下肢协调性要求较高，若想投掷得又快又准，需要加强力量素质方面的练习，由此引出有关力量、协调性等方面的知识。

● *"运输物资"——速度与灵敏性素质*

> **问题**
>
> **教师🗣：** 请同学们思考，若想快速将物资安全送达，需要用到哪些方面的身体素质？（学生自由回答）

教学提示：快速运送物资需要速度、灵敏性相关的身体素质。速度是人进行快速运动的能力或短时间完成运动的能力，其中又包括反应速度、动作速度和位移速度；灵敏性则是运动技能和各种素质在运动过程中的综合表现，可在急停、躲闪及多变的环境中迅速改变身体位置时表现出来。

▲ 活动三：运动提高身体素质——体能练习（建议 8 分钟）

教师🕒：请同学们思考，人体的平衡能力受哪些因素的影响？良好的平衡能力可以给人带来哪些好处？

问题

教学提示：人体平衡能力与耳、眼、皮肤压力感受器、肌肉本体感受器、肌肉力量和协调用力能力等多种因素有关。较好的平衡能力对于完成各种运动技术、提高生活质量具有良好作用。通过运动提高平衡能力，可减少儿童青少年对身体不稳定或运动摔倒的恐惧。

（四）放松整理小结（建议 5 分钟）

教师🕒：跟随音乐和呼吸的节奏，放松全身，拉伸我们的肌肉。

问题

教师🕒：在进行投掷、变向跑和平衡性动作的练习时，老师已经告诉大家这些项目可以发展哪些身体素质。请大家思考，若是我们开展球类、体操和长跑这类运动，可以锻炼我们哪些方面的身体素质？（学生自由回答）

教学提示：参与不同的运动项目可以锻炼不同的身体素质，如进行球类运动可以提高力量、速度、灵敏性方面的身体素质，进行体操类运动可以很好地锻炼柔韧性和协调性方面的身体素质，参与长跑运动可以提高耐力水平。

燃动
体育

课后作业

健康知识小测试（fitness knowledge test）

小潼是小学舞蹈班的一名学生，她的每个舞蹈动作都能做到上下肢协调配合，动作准确到位、舒展漂亮，给人以美感，那是因为小潼平时很注重柔韧素质的练习。柔韧素质是人体关节活动幅度或范围的大小，也是学生必备的重要身体素质之一。下列哪种练习方式最适宜发展柔韧素质？（　　　）

A. 瑜伽　　　　B. 引体向上　　　　C. 投掷实心球　　　　D. 立定跳远

跨学科知识作业（interdisciplinary homework）

连连看：尝试从下面的单词中找出对应的英文单词。

力量　　　　　　　　　　　　　endurance

速度　　　　　　　　　　　　　agility

耐力　　　　　　　　　　　　　coordination

柔韧性　　　　　　　　　　　　flexibility

灵敏性　　　　　　　　　　　　strength

协调性　　　　　　　　　　　　speed

体育活动作业（physical activity homework）

利用课上学的身体素质相关知识和练习方法，尝试找出几种既能锻炼力量又能锻炼灵敏性的练习动作或运动项目，并在下次体育课上进行展示。

教师自评与教学反思

姓名(　　　)　性别(　　　)　年龄(　　　)　职称(　　　)　任职年限(　　　)

教师教学效果自评				
类别	A. 优良	B. 较好	C. 有待提高	自评等级
课中问答	大部分学生能正确和完整地回答教师的提问,包括本节课所传授的知识和学过的知识。	大部分学生能较正确和完整地回答本节课所传授的知识。	大部分学生回答课堂教学知识不全面或回答错误。	(　　　)
课堂气氛	课堂气氛活跃,师生互动性强,大部分学生积极参加课堂讨论和体育游戏,有很好的分享、合作氛围。	课堂气氛一般,师生互动尚可,一半学生参加课堂讨论和体育游戏,有一定的分享、合作氛围。	课堂气氛沉闷,师生互动较少,少部分学生参加课堂讨论和体育游戏,缺乏尊重、分享、合作氛围。	(　　　)
作业反馈	大部分学生能完成教师布置的各项课后作业,作业表现优异。	大部分学生基本能完成教师布置的各项课后作业,作业表现尚可。	大部分学生不能完成教师布置的各项课后作业,作业表现较差。	(　　　)
教学反思				
课程核心素养落实	教学探索:			
	改进措施:			
跨学科知识融入	教学探索:			
	改进措施:			
教学方法应用	教学探索:			
	改进措施:			
授课中印象深刻的小故事				

教学拓展

本章的主题为"运动与身体素质"，本课的核心任务是了解身体素质的构成，并通过游戏的方式加深对身体素质的理解，打造有趣且高效的体育课堂，充分激发学生的体育学习兴趣，提高身体活动能力。教师可充分利用情境化、游戏化等方式，帮助学生理解课程知识，处理好概念性知识与身体练习的时间分配，将知识融入练习的过程之中，抓住小学生的心理特点，开发探究式、合作式等学习方式，引导学生多思、多练。

知识窗——身体素质

◇ 身体素质是人体在遗传的基础上，在长期的生活、工作和运动中逐渐形成的身体能力要素，其发展水平不仅取决于骨骼、肌肉本身的结构和功能特点，而且与肌肉工作时的能量供应、内脏器官的机能以及神经调节能力有关，是人体各器官系统的功能在肌肉工作中的综合反映。

◇ 身体素质通常包括人体在活动中所表现出来的力量、速度、灵敏性、柔韧性、协调能力等方面的机能。

◇ 良好的身体素质既是健康状况和体适能良好的标志，也是掌握运动技能、提高运动成绩以及进行其他特殊专业训练的基础。

科学实证——力量素质"敏感期"真的敏感吗？

随着体育运动的蓬勃发展，"敏感期"渐渐与儿童青少年身体素质的发展训练联系到了一起。苏联学者将"敏感期"称为"sensitive period"或"critical period"（关键期），并将青少年在生长发育中身体素质发展快速的阶段定义为身体素质发展敏感期。欧美国家将"敏感期"称为某项素质的"加速适应窗口"，即在这个年龄段青少年的生长速度是最快的，这是"敏感期"常见的称谓，也有一部分学者称其为"机会之窗"，但是"敏感期"真的敏感吗？

最初有学者提出一种"激发假说"（trigger hypothesis），这种"假说"认为青少年动作表现能力的提高（包括力量的发展）是激素作用的结果。这种改变源于青春初期激素水平的调节，而在"敏感期"之前体育锻炼对动作表现及力量几乎没有影响或影响很小。

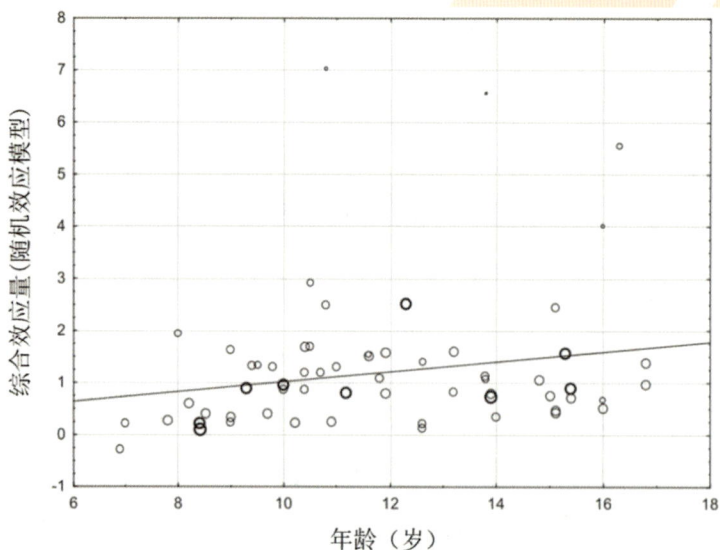

青春期前后青少年力量训练能力模型与年龄阶段的相关性

但大部分研究则持有另一种观点，即在青春期激素水平变化之前，儿童青少年通过体育锻炼可以使神经系统适应性得到改善，从而促进力量水平的提升和瘦体重的增加。而青春期后期则是由于睾酮水平提升促进了肌肉形态改善和神经适应性的提高，两者的共同作用提升了青少年的力量水平。由此可见，不同年龄段青少年力量增长的机制是存在差异的，但通过训练力量都会得到增长，并且青春期前后力量增长的幅度并没有显著性差异（见上图）。因此，所谓的力量素质的"敏感期"并不会引起特殊的"敏感"效应。

科技前沿——马拉松"破2"背后的高科技跑鞋

2019年10月，马拉松世界纪录保持者基普乔格以1∶59∶40的成绩"破2"成功，成为人类历史上首位马拉松"破2"的运动员。除依靠自身强大的身体素质支撑外，其成功"破2"还得益于高科技的因素。基普乔格所穿着的升级款跑鞋受到广泛关注。加厚的ZoomX鞋中底，在跖趾关节处增加的气垫和多层碳板结构，是运动鞋能量回弹、提升跑步经济性的新科技。

该跑鞋原型技术由美国科罗拉多大学Rodger Kram教授团队研发。2018—2019年，该团队持续比较了该跑鞋原型（NP）与已有的两种马拉松跑鞋的区别，采集不同跑速下每款鞋的最大摄氧量、二氧化碳量和平均能耗。研究发现，当鞋的重量相当时，穿NP在3种跑速下的平均能耗比另两款鞋分别下降4.16%和4.01%。机械测试发现，NP的最大形变量约是Nike Zoom Streak跑鞋（NS）和Adidas adizero Adios BOOST 2跑鞋（AB）的2倍（11.9 mm vs.6.1 mm vs. 5.9 mm），释放弹性能比例也更大（87% vs.75.9% vs. 65.5%），证实了NP相比其他市售跑鞋节省约4%的能耗，为运动员突破极限提供重要的科技助力。

燃动
体育

第二单元
科学运动我做主

第六章　运动安全事项

学科教学目标

认知目标： 能够知道体育课上热身活动的重要性，了解正确穿戴运动装备的必要性，懂得体育活动中应遵守的规则，能举例说出运动安全事项。

技能目标： 能够掌握运动热身的方法，运动中穿着合适的运动服饰，依据自身运动水平循序渐进地增加运动量，学会在运动前进行场地环境及器械安全的检查。

情感目标： 能够在体育活动中表现出勇敢顽强、克服困难的意志品质，按照规则和要求参与体育活动，能关注自己情绪的变化。

跨学科教学目标

> 身体的健康因静止不动而被破坏，因运动练习而长期保持。
>
> ——苏格拉底

认知目标： 能够识记英语中表示热身的词汇，结合数学计数进行体育游戏，了解体育活动应遵守的规则。

技能目标： 能够在体育游戏中运用英语词汇识记运动安全 BREAKS 原则，能够运用英语对数学计数值进行恰当表述，能够在集体游戏中快速进行数学运算，能够结合艺术设计方法，绘制运动安全注意事项的宣传海报。

情感目标： 能够对本节课所融入的英语、数学、美术等学科知识充满兴趣，乐于运用跨学科知识进行体育游戏并探究相关问题，对体育跨学科学习充满信心。

教学重点、难点与跨学科知识点

教学重点： 了解热身活动的重要性与具体方法，知道体育活动中的安全原则，依据自身身体情况合理运动。

教学难点： 将不同学科知识与体育活动教学融合，能够说出体育活动中的安全注意事项。

跨学科知识点： 融合英语中表示"热身"的词语，在体育活动前进行充分的热身；融合数学的计数方法，在体育游戏中对小组所掷沙袋价值进行计数；融合简单的加减乘除运算，在集体游戏中认识运动中的安全事项；融合美术知识，通过绘制图画帮助身边的人认识体育活动中的安全事项。

课程地图

主题学习名称：运动安全事项（小学水平二）			
学科	**英语**	**数学**	**艺术**
课程目标	了解体育活动中的安全事项；列举体育活动中的不安全行为；在体育活动中表现出主动规避运动伤害的行为。		
关键问题	运动前进行热身的意义是什么？	体育活动中应该遵守哪些活动规则？	体育活动中应该注意哪些安全事项？
内容	1. 结合英语中表示"热身"的词汇来进行热身； 2. 了解热身活动的意义。	1. 能够进行数学计数及简单的数学运算； 2. 在数字投掷游戏中了解遵守规则的重要性。	1. 结合所学运动安全事项，绘制运动安全海报； 2. 帮助身边的人认识运动安全的注意事项。
能力	理解能力；表达能力。	计算能力；决策能力。	绘画能力；传播能力。
课程主题	**核心素养指向**		
了解运动过程的安全注意事项，列举其要点。	运动能力：积极参与多种运动项目游戏，能够在日常生活中学练体能和多种运动项目的知识与技能。 健康行为：列举体育活动中的安全注意事项，表现出主动规避运动伤害和危险的行为。 体育品德：按规则和要求参与体育活动竞赛，在活动中表现出文明礼貌、乐于助人的行为。		

课程任务

统领性任务

- 子任务1：了解运动中的安全事项
  - 讲解运动中的安全小贴士
  - 了解运动中的安全知识

- 子任务2：运动前的热身——英文热身活动
  - 了解热身在提高运动表现、减少运动受伤中的作用
  - 识记简单的英文热身词语、能够运用简单的英文句式

- 子任务3：了解运动中的安全规则——"投掷价值沙袋"游戏
  - 遵守体育游戏活动的规则，避免运动受伤
  - 融入数学计数，运用英语描述所掷沙袋的价值

- 子任务4：了解体育活动中的安全注意事项——"沙滩球数学"集体游戏
  - 能够运用简单的数学运算进行体育游戏
  - 学会检查活动场地与运动器械的安全，合理放置随身携带的尖锐物品

- 子任务5：课程小结与回顾
  - 回顾课程教学内容，布置课后作业

利用本节课程所学的运动安全事项完成一次800米慢跑练习，并以"运动安全我做主"为主题绘制图画，分享运动中的安全事项。

场地器材

场地器材：小箱子、音响、卡片、沙包、沙滩球、记号笔等。

智慧图谱：

运动安全BREAKS原则
BREAKS for Sports Safety

B BODY — Warm up; Cool down 要进行热身和放松运动

A ABILITY — Consider Your Ability 运动时要量力而行

R RULES — Obey the Rules 要遵守比赛的运动规则

K KIT — Wear the Appropriate Gear 记得戴上适当的装备

E EQUIPMENT — Attention to Equipment 留心体育器材的安全性

S SURFACE — Evaluate the Environment 评估场地环境

◉ 情境导入和驱动性问题 ◉

情境导入： 在某学校三年级的一节体育课上，学生们跟着教师学习攀爬综合器械。热身活动后，教师讲解并示范不同器械的攀爬方法，强调运动中的安全注意事项，并对学生进行分组，让学生按小组开展活动。教师对爬云梯的学生再次讲解了攀爬要点，同时强调一次只能一名同学攀爬。然而，云梯组的同学并没有按照教师要求开展活动，早早爬满了云梯。由于攀爬上去的人过多，其中两位同学从云梯上摔下来崴到了脚。

驱动性问题： 在课内外的体育活动中应该怎样避免类似事件的发生？

◉ 教学主要内容 ◉

■ 了解运动中的安全事项

知识点：运动安全小贴士

1. B-Body：运动前充分热身，运动后认真进行整理活动。

2. R-Rules：体育活动及体育竞赛中遵守活动竞赛的规则。

3. E-Equipment：运动前认真检查运动器材，消除安全隐患。

4. A-Ability：根据自身身体素质条件，选择有利于增强体质的运动负荷。

5. K-Kit：运动中佩戴头盔、护膝、护目镜等必备运动装备。

6. S-Surface：运动前认真检查运动场地的安全性，避免运动损伤。

■ 运动前的热身——英文热身活动

智慧加油站： 教师结合英语中的热身词汇，通过英语热身活动让学生了解简单英文句式在日常生活中的运用；教师通过英文热身活动，使学生了解热身在减少运动受伤、提高运动表现中的意义。

游戏设置：

▲教具：1. 音响；2. 英文卡片；3. 口哨。

▲游戏规则：教师向学生展示 "Pumpkin Workout" 英文卡片，讲解英文热身活动的游戏规则与动作要点。当教师说 "P" 时，学生说 "P is for Push Ups"，同时做 10 次俯卧撑；当教师说

"U"时，学生说"U is for Up and Down Squats"，同时做 10 次下蹲；当教师说"M"时，学生说"M is for March"，同时做 30 秒的原地跑；当教师说"P"时，学生说"P is for Plank Hold"，同时做 10 秒的平板支撑；当教师说"K"时，学生说"K is for Kicking Legs"，同时做 10 次前踢腿；当教师说"I"时，学生说"I is for Invent"，同时原地自由跳动 30 秒；当教师说"N"时，学生说"N is for Ninety Run"，同时原地跑动 90 秒。

■ 了解运动中的安全规则——"投掷价值沙袋"游戏

智慧加油站：教师引导学生运用"个、十、百、千"的计数方法，在"投掷价值沙袋"游戏中进行计数，结合英语计数的词汇，通过英语词汇描述相应的计数值，通过游戏让学生了解体育活动中的安全规则，不随意在运动场地内穿梭。

游戏设置：

▲教具：标记有"Ones、Tens、Hundreds、Thousands"的箱子；口哨；足够数量的沙袋；黑色记号笔。

▲游戏规则：教师提前准备足够的箱子，并在每个箱子上标出 Ones（个）、Tens（十）、Hundreds（百）、Thousands（千），同时按照"个、十、百、千"的顺序由近及远依次摆放箱子。完成后，教师将学生按 6 人一组进行分组，学生在起点线后站立，依次将自己手中的沙袋投掷到对应计数值的箱子中（每人有 1 次投掷机会）；投掷中，小组成员每出现一次在投掷场内穿梭的行为，则扣减一百分；投掷结束后，小组同学准确计算本组投掷入箱的沙袋价值，没有进入箱子的沙袋不进行计数，计数值最大的小组获胜。例如：在标记"千"的箱子中有 1 个沙袋，在标记"百"的箱子中有 2 个沙袋，在标记"十"的箱子中有 2 个沙袋，在标记"个"的箱子中有 1 个沙袋，那么最终的计数应为 1221。通过"投掷价值沙袋"游戏，让学生学习遵守运动规则。

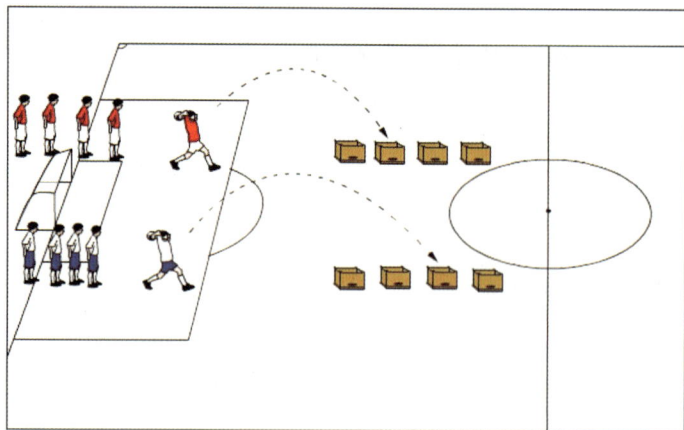

▲注意事项：教师在游戏中强调遵守游戏规则的重要性，提醒学生不能随意在投掷场内穿梭，避免被投掷物体击中。

■ 了解体育活动中的安全注意事项——"沙滩球数学"集体游戏

智慧加油站：教师指导学生通过数学加、减、乘、除的简单运算，在游戏中快速计算出沙滩球上的对应数字值，让学生在游戏中了解体育活动中的安全注意事项，在运动中不佩戴校徽等尖锐物品，口袋中无小刀等锋利物品，同时能够列举体育活动中的安全事项。

游戏设置：

▲教具：球体表面带数字的沙滩球；口哨；黑色记号笔。

▲游戏规则：教师将学生按 10 人一组进行分组，各组学生在操场内围成一个圆圈，其中一名学生位于圆圈的中间。游戏开始前，组间进行运动装备安全检查，发现对方小组有携带尖锐锋利物品的应立即劝说将其放置于安全处。游戏开始后，位于圆圈正中的同学轻轻将沙滩球扔给圈内的任意同学，接球同学双手接球并快速对双手大拇指所触及的沙滩球数字进行加减乘除运算。完成运算后将球扔给圆圈中间的同学，圆圈中间同学再次把球扔给其他同学，以此循环直至教师停止游戏。规定时间内来回抛球次数最多的小组获胜。游戏结束后，每组选派 1—2 名同学阐述体育活动中的安全注意事项，列举运动中的危险行为，其他同学对其列举的运动安全注意事项进行点评。

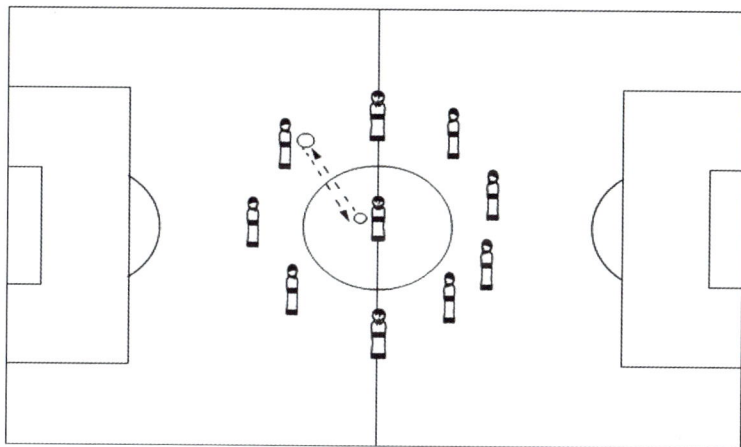

🔴 教学过程示例 🔴

（一）课堂常规（建议 3 分钟）

师生问好，教师进行课堂常规整队和考勤，检查学生着装是否规范，安排见习生。教师宣布本节课教学目标与内容，提醒学生在准备活动和整理活动中做好充分拉伸，在体能练习和体育游戏中要量力而行，保持合理距离，注意环境安全。

（二）新课导入（建议 5 分钟）

教师：同学们，大家了解体育活动中的安全事项吗？（学生自由回答）

教学提示：体育活动的安全事项包括充分热身、适时休息、及时补水、遵守活动规则、场地与器械安全检查、合理放置随身物品等。

（三）教学活动（建议 22 分钟）

▲ 活动一：了解运动中的安全事项（建议 2 分钟）

教师：同学们，下面让我们一起了解运动中的安全事项。

教学提示：教师向学生介绍运动安全事项，帮助学生了解运动中的安全小贴士。

▲ 活动二：运动前的热身——英文热身活动（建议 4 分钟）

教师：同学们，我们在运动前为什么要进行热身活动？你们知道如何进行热身吗？（学生自由回答）

教学提示：运动前热身可以通过提高身体温度来增加肌肉活性，避免运动损伤；有效的热身运动能提高心率和呼吸频率，增加血液流量，进而增加氧气和营养物质的运输；热身的主要方法包括静态拉伸运动和积极的热身运动。

教师：同学们，下面让我们一起跟随老师手中的英文卡片进行积极的热身活动。

▲ 活动三：了解运动中的安全规则——"投掷价值沙袋"游戏（建议 8 分钟）

教师：同学们，通过英文热身活动，我们了解到运动前充分热身有助于减少运动受伤。那么，在体育活动中我们应该遵守哪些活动规则？（学生自由回答）

教学提示：遵守体育活动规则可以减少运动受伤的发生，例如：在投掷实心球时不能随意在运动场内穿行。

教师：同学们，下面让我们一起进行"投掷价值沙袋"游戏。

燃动
体育

76

教学提示： 教师提示学生按照游戏规则进行游戏，活动中听从教师指令，不随意在活动场地内穿梭；通过"投掷价值沙袋"游戏，帮助学生了解体育活动的规则，准确计数，运用英语表述"价值沙袋"的数值。

▲ 活动四：了解体育活动中的安全注意事项——"沙滩球数学"集体游戏（建议 8 分钟）

教师🔊： 同学们，除了遵守体育活动规则外，我们还需要注意哪些运动安全事项？（学生自由回答）

教学提示： 教师引导学生学会检查运动场地与器械的安全，正确放置随身携带的物品。

教师🔊： 同学们，下面让我们一起进行"沙滩球数学"集体游戏。请同学们认真检查活动场地与器材安全，确保沙滩球无破损，同时正确放置随身携带的物品；在游戏中，同学们要听从教师指令，注意安全。

教学提示： 教师通过数学运算的融入提高游戏的趣味性，帮助学生了解运动中的安全事项。

（四）放松整理小结（建议 5 分钟）

教师带领学生进行放松整理活动，回顾并小结本节课程的学习内容，布置课后作业。

教师🔊： 通过本节课的学习，同学们了解了哪些运动安全事项？在课内外的体育活动中，我们该如何遵守体育活动中的安全事项？（学生自由回答）

教学提示： 教师带领学生回顾运动安全小贴士，帮助学生了解体育活动中的安全事项，减少运动损伤的发生；给学生布置相应的课后作业。

课后作业

健康知识小测试（fitness knowledge test）

请仔细观察下面每一项体育活动的具体图示，然后在你认为正确穿戴安全装备（如头盔或护膝）的图示下方的方框中打勾。

跨学科知识作业（interdisciplinary homework）

请根据下列英文词汇创编一套简单的英文热身运动，帮助同学进行充分的热身运动，减少运动损伤的发生。

A List of Warm-Up Exercises（热身活动练习）

A. Arm Swings   B. Wide Legs   C. Toe Touches

D. Side Reaches   E. Lunges   F. Spot Jogging

体育活动作业（physical activity homework）

结合运动安全小贴士完成一次 800 米慢跑活动。完成后，以"运动安全我做主"为主题绘制图画，分享慢跑活动中应注意的运动安全事项。

教师自评与教学反思

姓名(　　　) 性别(　　　) 年龄(　　　) 职称(　　　) 任职年限(　　　)

教师教学效果自评				
类别	A. 优良	B. 较好	C. 有待提高	自评等级
课中问答	大部分学生能正确和完整地回答教师的提问,包括本节课所传授的知识和学过的知识。	大部分学生能较正确和完整地回答本节课所传授的知识。	大部分学生回答课堂教学知识不全面或回答错误。	(　　　)
课堂气氛	课堂气氛活跃,师生互动性强,大部分学生积极参加课堂讨论和体育游戏,有很好的分享、合作氛围。	课堂气氛一般,师生互动尚可,一半学生参加课堂讨论和体育游戏,有一定的分享、合作氛围。	课堂气氛沉闷,师生互动较少,少部分学生参加课堂讨论和体育游戏,缺乏尊重、分享、合作氛围。	(　　　)
作业反馈	大部分学生能完成教师布置的各项课后作业,作业表现优异。	大部分学生基本能完成教师布置的各项课后作业,作业表现尚可。	大部分学生不能完成教师布置的各项课后作业,作业表现较差。	(　　　)
教学反思				
课程核心素养落实	教学探索:			
	改进措施:			
跨学科知识融入	教学探索:			
	改进措施:			
教学方法应用	教学探索:			
	改进措施:			
授课中印象深刻的小故事				

教学拓展

　　本章的主题为"运动安全事项"，本课的核心任务是通过与英语、数学、美术等学科知识的融合激发学生的体育活动兴趣，帮助学生了解运动中的安全事项，尽可能减少平时体育活动中运动损伤情况的发生。

知识窗——运动前热身

　　◇ 运动安全是指在日常体育运动和体育锻炼中可能会遇到的危及人身安全的问题。在运动前一定要了解相关注意事项，熟悉运动的准备要素，掌握运动中的安全注意事项以及事故处置措施。

　　◇ 运动技能练习前的静态拉伸与动态热身具有同样的效果，如果热身活动包括静态拉伸，那么应在拉伸运动前进行一段基于运动技能的中高强度运动。

　　◇ 积极热身主要指主动热身，包括慢跑、躯干旋转、动态伸展等运动，积极热身可以促进机体血液流动，激活中枢神经系统活性，积极的热身方法包括绕肩、膝关节旋转、腰部绕环、腿部摆动、半蹲运动等。

科学实证——热身与女篮运动员踝关节损伤预防

　　踝关节是竞技运动中最常见的受伤部位，尤其是女篮运动员。踝关节扭伤将导致髌骨肌腱病发生，造成脚踝双侧平衡性降低，增加再次扭伤的风险。研究发现，训练前有针对性的热身可降低持续性脚踝扭伤的发生风险。

　　Padua（2019）等对女篮运动员进行了一项研究，将 28 名女篮运动员随机分到实验组和对照组。在为期 10 周的热身训练中，实验组和对照组在热身开始阶段均进行 7 分钟的慢跑。随后，实验组进行综合热身训练，具体包括 2 分钟的平衡热身训练（闭眼赤脚单腿站立）、核心稳定性训练（4 组，每组 25 秒）、脚背屈伸的踝关节灵活性热身（左右各 1 分钟）；对照组进行常规热身训练，具体包括 2 分钟的步行传球以及 6 分钟的瑞士球练习。热身后，实验组和对照组进行相同内容的篮球训练。实验结果由自由步态传感器 Medica 以及脚踝背屈长度测试 DLT 来测试。10 周实验后的研究结果表明，实验组运动员的右脚脚踝背屈有显著改善（$p<0.001$，$r=0.61$），对照组未见改善（$p=0.11$，$r=0.34$）（如图 A 所示）；实验组运动员的左脚脚踝背屈有显著改善（$p<0.05$，$r=0.57$），对照组未见改善（$p=0.12$，$r=0.34$）（如图 B 所示）。

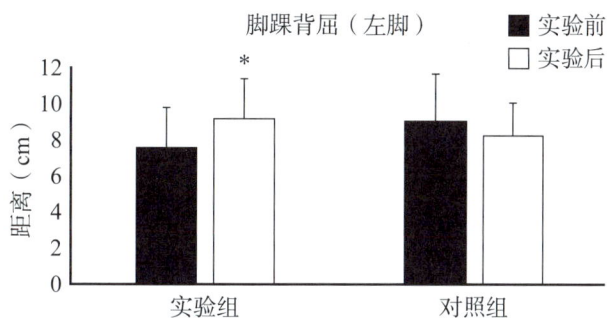

图 A 实验组与对照组在实验前后的右脚脚踝背屈长度

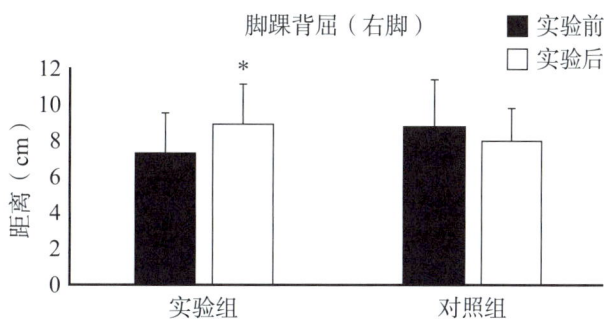

图 B 实验组与对照组在实验前后的双脚脚踝背屈长度

由以上实验可以看出，与常规的热身训练相比，包括脚踝热身的综合热身训练有效改善了运动员脚踝关节的背屈活动范围。因此，在热身训练中加入脚踝背屈、核心稳定性以及赤足平衡训练可有效改善女篮运动员脚踝关节的背屈活动范围，减少运动中脚踝受伤的发生。

科技前沿——训练技术探测器 TTP 与运动热身

训练技术探测器（Training Technology Probes，简称 TTP）是一种用于监测开放式体育活动的可穿戴技术，其通过外部的超声波信息来反映身体及人体运动的相关信息（如动作速度、身体位置等）。TTP 在过去主要用于马戏团演员的训练，目前又被探索性地应用于运动的热身训练。关于 TTP 在热身运动中的干预性运用主要包括以下三个方面：

1. 运动 TTP，主要使用电路板进行热身游戏的监测。运动 TTP 通过监测运动加速度的变化来提高运动中的速度，为运动热身者提供视觉和听觉方面的反馈信息。当运动者静止或者以恒定的速度移动时，电路板中的嵌入式发光二极管 LED 呈绿色，设备发出离散式的低频蜂鸣声；当运动者以加速度进行移动时，电路板中的嵌入式发光二极管 LED 变为红色，设备发出连续的高频蜂鸣声。

2. 激光 TTP，主要通过激光控制来提高佩戴者的身体活动水平。激光 TTP 通过一个现成的激光指针与开关来实现其相关功能，开关通过自制的磁性带扣连接到弹性带上。激光 TTP 通过将光投射到不同物体表面（如地板、设备等）将动作可视化。如在接球热身游戏中，学生佩戴由远程遥控器控制的激光 TTP 背心，伴随着激光灯颜色的改变呈现特定的动作。

3. 带支架的 TTP，包括一个币形的电池供电 LED 灯。带支架的 TTP 通过遥控器进行控制，并可连接到可模压金属丝上，可作为手环佩戴于运动热身者的手腕部。如在热身游戏中，学生佩戴带支架的 TTP，通过地板上所画的线条进行移动。

第七章　运动损伤应对

学科教学目标

认知目标： 能够了解常见的肌肉拉伤、扭伤、骨折等运动损伤类型，了解运动损伤发生的原因以及急性运动损伤的处理知识。

技能目标： 能够在校内、外体育活动中进行充分的热身活动，了解预防运动损伤的方法，初步掌握急性运动损伤的处理步骤。

情感目标： 能够在情境游戏中提高学练兴趣，提高规避与应对运动损伤风险的意识，强化规则意识，在日常体育活动中能积极地应对挫折，保持良好的心态。

跨学科教学目标

> 运动太多和太少，同样地损伤体力；饮食过多与过少，同样地损伤健康；唯有适度可以产生增进、保持体力和健康。
>
> ——亚里士多德

认知目标： 能够识记急性运动损伤 PRICE 原则所代表的相关英语单词及含义，结合安全教育知识和语文课文情境，了解常见运动损伤的具体表现和发生原因。

技能目标： 能够感受语文课文"手术台就是阵地"的情境，在学习英文单词的过程中，能应用 PRICE 原则处理急性运动损伤。

情感目标： 能够更好地关注自身运动状态，缓解对运动损伤风险的畏惧心理，对运动充满自信。

教学重点、难点与跨学科知识点

教学重点： 了解和掌握常见运动损伤的类型、产生原因及处理方法。

教学难点： 急性运动损伤处理方法与其他学科的融合与运用。

跨学科知识点: 融合三年级下学期科学课本中"物体的运动"中运动与摩擦力的知识,帮助学生了解肌肉粘滞性的概念,以及热身活动对降低运动损伤风险的作用;融合英语学科中"PRICE原则"每个字母所对应的单词及含义,帮助学生掌握运动损伤对应的处理方法。

课程地图

主题学习名称: 运动损伤应对(小学水平二)			
学科	**科学**	**道德与法治**	**英语**
课程目标	认识常见的运动损伤,如肌肉拉伤、扭伤、骨折;了解运动损伤发生的原因以及如何通过PRICE原则处理急性运动损伤。		
关键问题	为什么热身活动能够降低运动损伤风险?	导致运动损伤的原因有哪些?	如何处理急性运动损伤?
内容	1. 结合科学中运动与摩擦力的知识,帮助学生了解肌肉粘滞性的概念; 2. 了解热身活动对降低运动损伤风险的作用。	1. 结合生活安全知识,学习可能导致运动损伤的原因; 2. 了解运动损伤的主要类型。	1. 结合英文单词,学习PRICE原则,了解每个字母所对应的单词及含义; 2. 开展情境游戏,强化对知识点的掌握与运用。
能力	理解能力;表达能力。	理解能力;分析能力。	识记能力;应用能力。
课程主题	**核心素养指向**		
运用运动损伤相关知识和PRICE原则,预防和处理运动损伤。	运动能力:积极参与多种运动项目游戏,感受运动乐趣。 健康行为:了解运动伤病、安全避险等健康知识和方法,并将其运用于日常生活中。 体育品德:能够在有一定难度的体育活动中,围绕PRICE原则进行体育游戏,并表现出克服困难、遵守规则、相互尊重等良好品质。		

课程任务

统领性任务
- 子任务1:感受身体的变化——热身活动
  - 热身前后的站立体前屈测试
  - 《兔子舞》韵律活动
- 子任务2:了解常见运动损伤的类型及发生原因
  - 观察教师展示的图片
  - 了解导致运动损伤的原因
- 子任务3:学习急性运动损伤的处理方法——PRICE原则
  - 学习PRICE原则各个字母对应的英文词汇及对应的处理方法
- 子任务4:"战地医疗官"情境游戏
  - 了解故事背景及游戏规则
  - 按照规则进行游戏

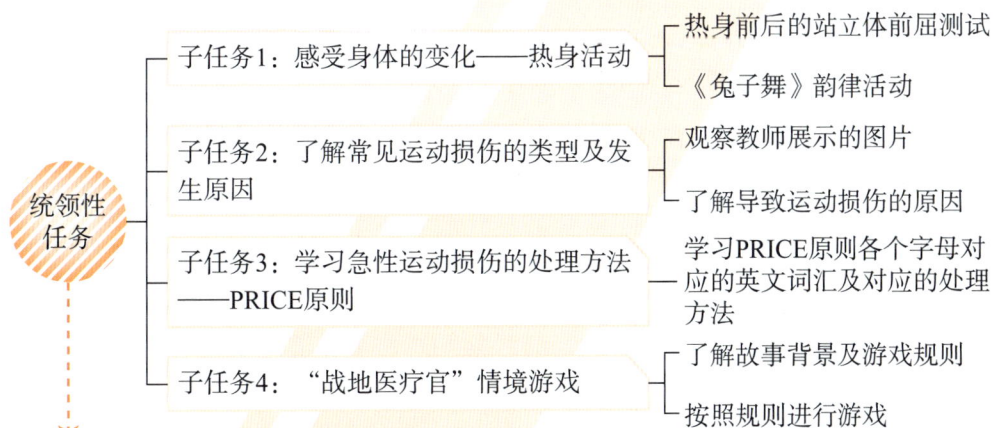

通过本节课的学习,学生能够在课内外体育活动中通过积极的热身活动降低运动损伤的风险,在面临急性运动损伤时不过度慌乱,能运用PRICE原则正确处理。

场地器材

场地器材： 田径场、音响、扁鼓、运动损伤卡片、体操垫、瑜伽砖、绷带、冰敷袋、标志桶、小栏架、绳梯等。

智慧图谱：

情境导入和驱动性问题

情境导入： 2004 年雅典奥运会中，刘翔在 110 米跨栏中夺冠并创造了新的奥运记录，成为中国体育发展的新标志。但是在 2008 年北京奥运会中，刘翔因为跟腱炎不得不退赛，这让许多热情的观众心痛不已。根据新闻发布会提供的信息，刘翔患的是跟腱部位的末端病。跟腱部位末端病在运动性损伤中比较常见，多是由于反复多次的大量运动形成的累积性损伤。运动损伤是导致运动员运动寿命缩减的一个重要原因，让许多运动员不得不遗憾退役。

驱动性问题： 根据以上情境，请同学们认真思考，我们应该怎样降低运动损伤的风险？如果突发意外出现了急性运动损伤，我们又该如何处理呢？

教学主要内容

■ 感受身体的变化——热身活动

智慧加油站：教师引入科学课本中"常见的力"章节中摩擦力的知识，帮助学生理解骨骼肌粘滞性的概念，通过形象化的语言或道具展示，让学生了解进行充分热身准备活动后，肌肉温度升高，能有效降低肌肉粘滞性，提高肌肉的伸展性和弹性，从而降低运动损伤的风险。

体能练习：利用英文儿歌《兔子舞》，引导学生进行热身活动。

Left left right right

Go turn around go go go

Left right left left right right

Left left right right go go go

Left left right right

Go turn around go go go

Jumping grooving dancing everybody

Rooling moving singing night&day

Let's fun fun together

Let's play the penguing's game

Smacking beating clapping all together

Rocking bumping screaming all night long

Let's go everybody and play again this song

★ 任务一：搭肩向前纵跳，纵跳次数随鼓声次数而变。

教师按"1、2、123"的节奏击打鼓面，学生根据鼓声节奏向前纵跳。在练习过程中，教师可随机变换节奏。

★ 任务二：搭肩行进间侧踢腿＋前后纵跳，随着音乐歌词变换动作。

"left left"向旁边踢左腿 2 次，"right right"向旁边踢右腿 2 次，"go"向前纵跳 1 次，"turn around"向后纵跳 1 次，"go go go"向前纵跳 3 次。

■ 了解常见运动损伤的类型及发生原因

● 常见的运动损伤类型

1. 扭伤：扭伤的实质是韧带部分或完全撕裂。当关节超出正常范围的运动就会造成扭伤，严重的扭伤常常伴有骨折和脱位的发生。

2. 肌肉拉伤：肌肉拉伤是肌肉或肌腱在运动中急剧收缩或过度牵拉引起的损伤，通常发生在肌肉与肌腱的结合处。

3. 应力性骨折：应力性骨折是由于骨骼受到重复的应力作用，使骨骼上出现了小的骨裂或骨折。应力性骨折的标志是有轻微的疼痛感、局部压痛、肿胀。

● 导致运动损伤的主要原因

1. 在运动前，准备活动不当或不充分。

2. 运动过程中，运动强度过大、持续时间过长、无视规则等，以及由于错误运动模式导致的动作不标准、用力不均匀等，均容易造成运动损伤。

3. 在运动后，没有进行充分的拉伸活动，导致运动损伤风险增高。

4. 场地环境与气候不适宜、运动装备配备不当等也是导致运动损伤发生的重要因素。如进行球类、田径运动时，不仅要选择安全规范的场地，穿着合适的运动服与运动鞋，而且要考虑气候条件，避免运动者出现失温、中暑等情况。

■ 学习急性运动损伤的处理方法——PRICE 原则

智慧加油站：教师通过讲解 PRICE 原则中每个字母所对应的英文单词及含义，帮助学生更好地识记和掌握 PRICE 原则的步骤及方法。

1. P（protection）：保护

当运动员疑似受伤时，不管是什么活动导致的损伤，应该让他立即停止当前的活动。继续活动可能造成进一步损伤、延迟愈合、增加痛疼和刺激出血。

2. R（rest）：休息

除了根据需要停止活动之外，休息还包括减少负重。如果一条腿受伤了，运动员应该使用拐杖将肢体的压力减至最低。

3. I（ice）：冰敷

受伤后尽快将冰袋敷在受影响的部位。冰敷要交替进行，先敷 5—10 分钟，然后停 5—10 分钟。数个回合为一个疗程。在受伤后的 2—3 天中，每天至少重复上述整个过程 3 次。

4. C（compression）：压迫

压迫受伤部位，帮助减少肿胀。可以使用弹性缠绕物、特殊靴子、透气护套和夹板压迫受伤部位，且必须小心实施压迫，保证血液循环不受影响。

5. E（elevation）：抬高

在可能的情况下，应将肢体抬高至心脏水平以上，让重力作用压迫更多血液回流到心脏，从而减轻肿胀。

■ "战地医疗官"情境游戏

体育游戏情境脚本：

▲游戏情境：三年级的语文课本"手术台就是阵地"一文讲述了伟大的战地医生白求恩的故事。白求恩是一名国际主义战士，中国抗日战争爆发时期，他率领一支医疗队到中国解放区工作了近两年，直至以身殉职。在战争中，即使敌机轰鸣，战火遍地，白求恩仍然坚守阵地争分夺秒救治伤员。他的这种跨越国界、毫无利己的奉献精神让人们深深感动。毛泽东在"纪念白求恩"一文中就称赞这种把中国人民的解放事业当作自己的事业的精神为共产主义精神，号召每一名中国共产党员乃至每一个中国人都要学习这种精神。

▲游戏教具：绳梯、小栏架（分别用于切步跑和行进纵跳）；标志线（代表基地，游戏起始位置）；标志桶（代表医疗室，游戏终点）。

▲游戏规则：学生在标志线后成四列纵队，以横排为单位依次进行游戏。学生将自己代入背负救治伤员使命的"战地医疗官"身份，其主要任务是穿越敌人层层封锁前往医疗室。

学生（医疗官）从标志线出发，在绳梯处进行左右腿交替切步跑（表示以敏捷的步伐躲避袭击的子弹），在小栏架处进行纵跳（表示通过跳跃躲避障碍），然后进行快速冲刺跑抵达标志桶（医疗室），向标志桶处的同学（"伤员"）口述 PRICE 原则（代表完成救治任务）。最后，相互替换位置，"伤员"回到标志线队列末尾，进行下一轮游戏。

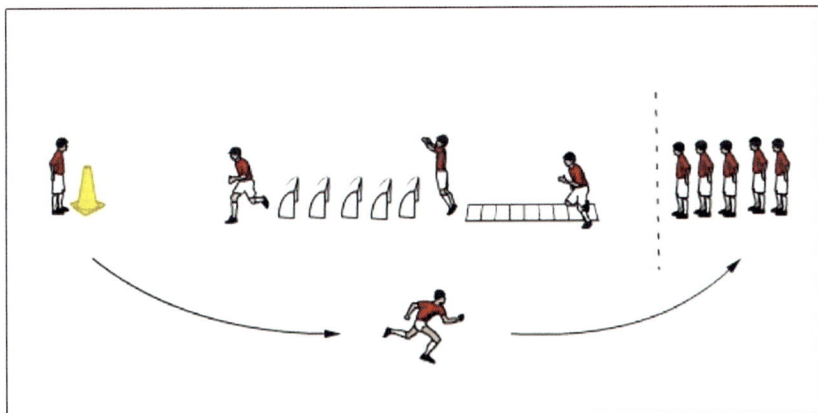

● 教学过程示例 ●

（一）课堂常规（建议 3 分钟）

师生问好，教师进行课堂常规整队和考勤，检查学生着装是否规范，安排见习生。教师宣布本节课教学目标与内容，提醒学生在准备活动和整理活动中做好充分拉伸，在体能练习和体育游戏中要量力而行，保持合理距离，注意环境安全。

（二）新课导入（建议 3 分钟）

问题

> **教师**：同学们，你们知道在进行热身活动之后身体会有什么变化吗？（学生自由回答）

教学提示： 引导学生从呼吸的深浅、心跳的快慢、体温的升降等方面进行回答，为学生更好地理解热身活动的生理效果作铺垫。

（三）教学活动（建议 25 分钟）

▲ 活动一：感受身体的变化——热身活动（建议 5 分钟）

问题

> **教师**：在热身活动前、后我们都需要进行一次站立式体前屈的测试，在这两次测试的过程中，同学们要认真感受，当你进行充分的热身活动之后，完成这一测试时是否变得更轻松呢？

教师：接下来按照队列，将双手搭在前一位同学肩上，配合老师的鼓声和音乐歌词，我们进行热身活动。

教学提示： 教师带领学生练习并进行动作示范，随后播放歌曲《兔子舞》，通过击鼓引导学生练习。在热身活动前、后分别要求学生进行站立位的体前屈，并总结热身活动的意义。

教师：在热身后，相信同学们能感受到身体的变化，比如心跳加快、呼吸变深、体温升高等。现在我们再进行一次站立体前屈的测试，相信热身充分的同学会比上一次完成得更加轻松！

问题

> **教师**：老师又要考你们了，为什么充分热身之后，我们做这个动作会更轻松呢？（学生自由回答）

教学提示： 教师结合科学中运动与摩擦力的相关知识，帮助学生理解肌肉粘滞性概念与运动损伤相关知识。

教师：我们在进行充分热身活动之后，皮肤血流量变大，肌肉温度上升，肌肉粘滞性降低，延展性增强，肌肉之间摩擦产生的阻力也就减小，进而起到让运动变得更轻松和预防运动损伤的作用。就像生活中的粉笔和皮筋，粉笔刚性大、易折，而皮筋延展弹性好、不易断裂。

▲ 活动二：了解运动损伤的类型及发生原因（建议 3 分钟）

教师🔊：在日常体育活动中也存在发生运动损伤的可能性，常见的运动损伤有软组织挫伤、扭伤、拉伤、骨折等，现在请同学们观察老师手中的图片，判断它代表哪一种运动损伤。

教学提示：教师向学生展示图片并进行讲解。

教师🔊：现在请同学们进行思考分析，探讨导致运动损伤的原因有哪些。

教师🔊：运动时受伤的原因，大多与运动前的热身运动不当以及在运动过程中运动强度过大、时间过长、用力不均匀、防护措施不到位等因素相关。而在体育教学环境中，无视规则，以危险的方式进行运动也是导致运动损伤的重要因素。

▲ 活动三：学习急性运动损伤的处理方法——PRICE 原则（建议 5 分钟）

教师🔊：同学们，虽然通过热身活动可以降低运动损伤风险，但是如果突发意外，出现急性运动损伤，我们也不要慌张和害怕，现在老师教给同学们正确处理的方法，即 PRICE 原则。大家要认真聆听并观察老师的讲解示范，本课的游戏将围绕这一知识点开展哦！

教学提示：教师向学生展示"智慧图谱"，并请一位同学假扮成脚踝扭伤的伤员，让他躺在体操垫上，使用事先准备的瑜伽砖、绷带和冰敷袋讲解 PRICE 原则并按其步骤进行示范操作。

▲ 活动四："战地医疗官"情境游戏（建议 12 分钟）

教师🔊：同学们，了解战地医生白求恩的故事后，我们准备开展游戏！

教学提示：教师讲解情境脚本，示范并引导学生在游戏情境中完成三种障碍闯关环节。

（四）放松整理小结（建议 4 分钟）

教师🔊：跟随音乐的旋律和呼吸的节奏，放松全身，拉伸我们的肌肉。

教学提示：教师播放英文儿歌 *How Many Fingers*，引导学生感受舒缓的音乐节奏，放松呼吸和肌肉，采用规定拉伸套路，分别进行颈、肩、背、手臂、腿部的放松。

问题

> **教师🔊**：通过本课的学习，请问同学们有什么收获呢？（学生自由回答）

教学提示：教师带领学生一起回顾运动损伤的类型及 PRICE 原则，并给学生布置相应的课后练习。

课后作业

健康知识小测试（fitness knowledge test）

在篮球课上，小明没有认真跟随教师进行手腕、脚踝的热身操，后来在运球跑的过程中将脚踝扭伤了，请问出现这种情况他不应该怎样处理？（　　　）

A. 休息，不再活动

B. 使用夹板或者敷料对伤处进行保护

C. 立刻用热毛巾热敷消肿，促进血液循环

D. 用冰袋敷在伤处，抬高下肢

跨学科知识作业（interdisciplinary homework）

以小组为单位，回忆教师上课教授的 PRICE 原则的五个步骤，并查阅资料，共同设计一份运动安全宣传图或宣传标语。教师审阅宣传图式或宣传标语后，可将其贴于学校体育场馆处，以丰富校园体育文化，帮助更多的人了解运动安全与损伤知识。内容可以包括但不限于：运动安全注意事项、运动损伤的类型、运动损伤产生的原因、急性运动损伤处理原则（PRICE）等。

运动安全宣传设计小组任务表

组长： 组员：	
宣传形式	☐ 宣传海报　☐ 宣传标语
所选择的 宣传内容	
选择原因 （我们的发现）	
设计构思	
任务分工	

体育活动作业（physical activity homework）

模拟急性运动损伤情境，让家长扮演成脚踝扭伤的患者，运用 PRICE 原则进行处理。学生在家中用合适的物资替代处理过程中所使用的道具（如绷带、冰敷等）。完成处理后，请学生和家长一起交流探讨：在参加体育活动时，怎样才能有效降低发生运动损伤的风险？

教师自评与教学反思

姓名(   ) 性别(   ) 年龄(   ) 职称(   ) 任职年限(   )

教师教学效果自评				
类别	A. 优良	B. 较好	C. 有待提高	自评等级
课中问答	大部分学生能正确和完整地回答教师的提问,包括本节课所传授的知识和学过的知识。	大部分学生能较正确和完整地回答本节课所传授的知识。	大部分学生回答课堂教学知识不全面或回答错误。	( )
课堂气氛	课堂气氛活跃,师生互动性强,大部分学生积极参加课堂讨论和体育游戏,有很好的分享、合作氛围。	课堂气氛一般,师生互动尚可,一半学生参加课堂讨论和体育游戏,有一定的分享、合作氛围。	课堂气氛沉闷,师生互动较少,少部分学生参加课堂讨论和体育游戏,缺乏尊重、分享、合作氛围。	( )
作业反馈	大部分学生能完成教师布置的各项课后作业,作业表现优异。	大部分学生基本能完成教师布置的各项课后作业,作业表现尚可。	大部分学生不能完成教师布置的各项课后作业,作业表现较差。	( )
教学反思				
课程核心素养落实	教学探索: 改进措施:			
跨学科知识融入	教学探索: 改进措施:			
教学方法应用	教学探索: 改进措施:			
授课中印象深刻的小故事				

教学拓展

本章的主题为"运动损伤应对",本课的核心任务是通过将各学科知识、体育健康知识融入课堂,设计智慧图谱和情境游戏,激发学生的学练兴趣,帮助学生在情境中运动并掌握运动损伤的类型、降低运动损伤风险的方法,以及处理急性运动损伤的 PRICE 原则。本次课教师首先应该紧紧抓住各学科的结合点,抓住学生的心理、身体素质发展特点,判断学生所处的知识水平,避免传递的知识过于浅显或深奥;其次要注意精讲多练,处理好概念性知识与身体活动的配比;最后要注重对学科知识中蕴含的思政内容进行发掘并传递,启发学生思考,实现体育中的德育。

知识窗——运动损伤的预防与康复

◇ 运动损伤的预测指标一般用伤病史(比如曾经扭伤踝关节会增加未来踝关节扭伤的可能性)和连续训练的天数(一般情况下连续天数越多,损伤发生率就越高)。

◇ 运动损伤的预防措施包括严格遵守的体能训练计划、完整的热身运动和放松运动、拉伸运动、有氧训练和有针对性的力量训练,选择合适安全的体育器材和设备,以及科学合理的饮食。

◇ 运动损伤康复的三个阶段:急性炎症期、细胞增殖期与重塑期。急性炎症期是损伤的初期反应,在这个阶段会出现红肿、发热、疼痛和功能受损;细胞增殖期是早期的恢复阶段,可尝试在没有痛感的前提下进行适当的活动;重塑期指新生的组织结构渐渐完善,力量逐渐增强。

科学实证——儿童青少年运动损伤

Taylor(2000)等以一所每年接诊约有 20000 例病人的郊区医院为研究背景,筛查了两年内儿童急诊科中 5—18 岁儿童青少年的运动相关伤害(SRIs)的病例,并进行回顾研究。在研究过程中,患者按年龄被分为 5—11 岁(小学组)和 12—18 岁(中学组),筛查出被确诊SRIs 的患者有 677 例,占该儿童医院总就诊人数的 3.7%,其中接受评估的患者大多数为男性(71%),年龄在 12—18 岁以上(61%)。

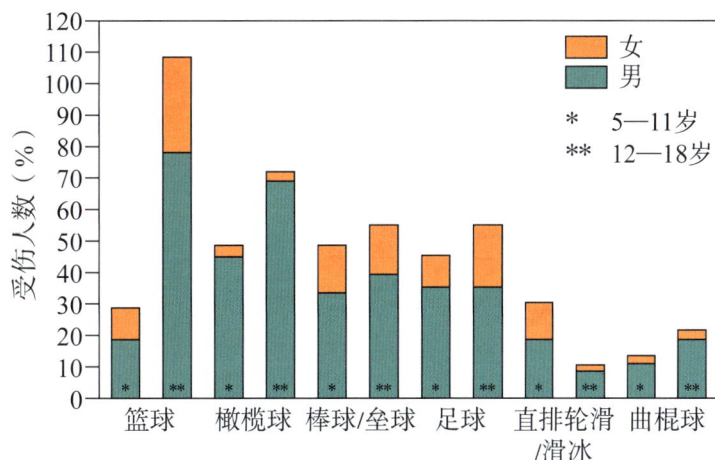

中小学 SRIs 患者性别及运动项目比例

　　研究结果表明，12—18岁年龄组男女生在足球、篮球运动中有较高的损伤风险，最常见的受伤部位为：手 / 手腕（28%）、头 / 脸（22%）、足部 / 踝关节（18%）。其中与人或物体的碰撞是最常见的伤害机制，占50%；其次是与地面碰撞的伤害机制，占28.4%。

科技前沿——可穿戴技术和数据分析在预测运动损伤中的应用

　　可穿戴技术与数据分析相结合，能够通过科学识别受伤风险因素达到降低运动员受伤风险的效果。Amir Zadeh（2021）等在研究中讨论了可穿戴技术如何通过监测参与者的多个变量来改善运动员的健康和运动表现。他们通过 Zephyr BioHarness 可穿戴设备技术对54名预备役军官训练团学员进行了监测，并结合全感官分析工具生成详细的训练结果和负荷强度的报告。记录的指标包括心电图、呼吸、加速度计、时间和位置。该软件可以监测多种生物特征，如心率、呼吸频率、心率变化率、HR（心率）最大值、HR 无氧阈值、训练负荷和强度、跳跃、爆炸力、峰值力、峰值加速度、GPS 速度、GPS 距离等。研究表明，可穿戴技术可以识别受伤风险较高的球员并对其进行干预，也发现高 BMI 和高机械负荷的结合可能导致损伤。

第八章 运动负荷评定

学科教学目标

认知目标： 能够了解运动负荷的基础知识，了解运动强度与运动负荷之间的关系，了解人体运动时会因能耗增大、氧气需求量增高出现呼吸加重、心跳加快等生理现象。

技能目标： 能够了解简易监测心率的方法，并运用心率评定课内外体育活动运动强度的大小。

情感目标： 能够体验不同运动负荷时身体的生理变化，以运动负荷知识结合趣味练习的方式提升其运动兴趣，在运动中关注自身情绪变化，保持良好的心态，积极应对挫折和失败。

跨学科教学目标

> 身体教育和知识教育之间必须保持平衡。体育应造就体格健壮的勇士，并且使健全的精神寄于健全的体格。
>
> ——柏拉图

认知目标： 能够知晓运用数学乘法运算计算运动心率的方法，运用身体状态词汇描述不同运动负荷时身体机能的变化，并能够对课内外体育活动的运动强度进行初步判断。

技能目标： 能够跟随练习音乐的节奏，感受不同运动负荷的身体活动，及时调整身体运动状态，计算并监控每分钟的心率。

情感目标： 能够对本节课融入的语文、数学、道德与法治等内容充满兴趣，善于将所融入的知识应用到课内外的体育活动中，提升跨学科知识能力，在体育运动中表现出顽强勇敢、克服困难的意志品质。

教学重点、难点与跨学科知识点

教学重点： 感受不同运动负荷的心率变化，了解运动负荷、运动量、运动时间之间的关系。

教学难点： 了解并掌握运动负荷、心率的生理学依据，学会简易监测心率的方法。

跨学科知识点： 融合数学学科中的乘法运算和身体状态词汇表达，通过不同运动强度的热身练习，分别监测 10 秒内自己心率的变化，并换算成 1 分钟的心率数值，从而判断并说出具体的运动强度及其相应的身体感受。

课程地图

主题学习名称：运动负荷评定（小学水平二）			
学科	**数学**	**语文**	**道德与法治**
课程目标	在体育活动中了解运动负荷、运动强度和负荷量之间的关系，人体运动时能耗增大、氧气需求量高，出现呼吸加重、心跳加快的生理现象；了解监测心率的方法，并运用心率来评定运动强度的大小；在运动负荷评定的情境中注重团队协作，提高合作探究的能力。		
关键问题	如何通过心率的测算进行运动负荷的评定？	当运动负荷不同时，人体生理、心理会产生什么样的变化？	如何在运动过程中让学生遵守游戏或比赛规则，使其具有公平竞争的意识或行为？
内容	1. 运用数学的乘法运算计算出 1 分钟的心率数值； 2. 评定运动负荷的大小。	1. 学习与身体疲劳程度、心理状况相关的汉语词汇； 2. 描述运动情境下的身体表现，并以此作为运动负荷的评定。	1. 强化学生运动、比赛时的规则意识； 2. 提高学生的合作能力。
能力	计算能力；评价能力。	理解能力；表达能力。	组织能力；交流能力；抗挫能力。
课程主题	**核心素养指向**		
学会自己监测运动负荷，科学判断运动强度	运动能力：积极参加体育活动和比赛，能按照规则和要求参加递增负荷练习。 健康行为：学习科学运动知识并初步判断运动负荷，养成良好的锻炼习惯。 体育品德：在身体活动游戏中有团队精神，能够做到尊重对手、文明礼貌、公平竞争。		

课程任务

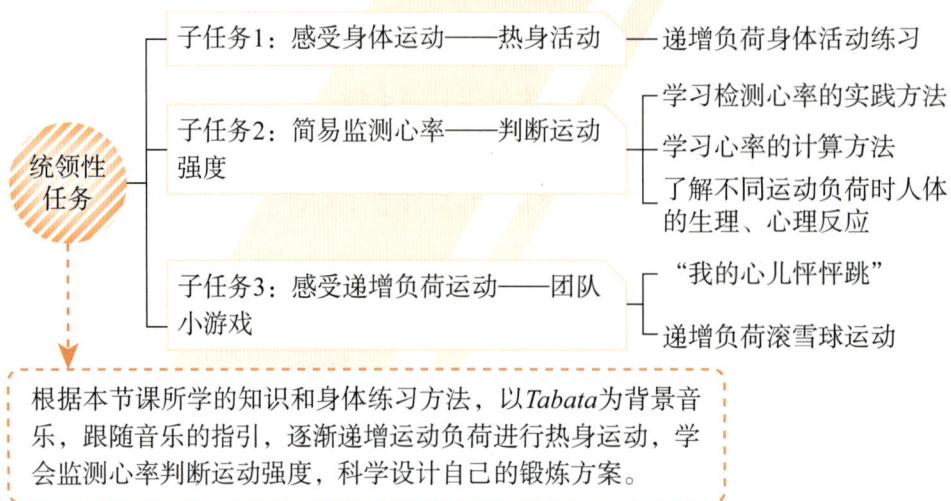

统领性任务

子任务1：感受身体运动——热身活动 —— 递增负荷身体活动练习

子任务2：简易监测心率——判断运动强度

- 学习检测心率的实践方法
- 学习心率的计算方法
- 了解不同运动负荷时人体的生理、心理反应

子任务3：感受递增负荷运动——团队小游戏

- "我的心儿怦怦跳"
- 递增负荷滚雪球运动

根据本节课所学的知识和身体练习方法，以*Tabata*为背景音乐，跟随音乐的指引，逐渐递增运动负荷进行热身运动，学会监测心率判断运动强度，科学设计自己的锻炼方案。

场地器材

场地器材： 标志桶、音响、秒表、踏板等。

智慧图谱：

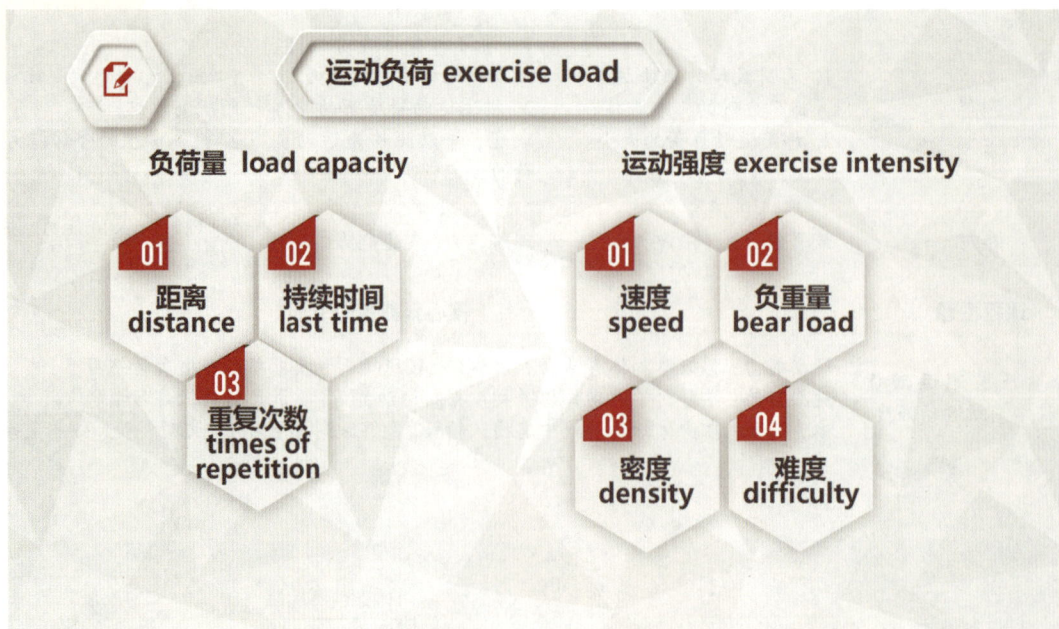

情境导入和驱动性问题

情境导入： 2021 年欧洲杯丹麦与芬兰的比赛中，丹麦的一名足球运动员突然在球场倒地不起。根据美国心脏病学的记录，每年有 100 多起心脏猝死事件发生在竞技体育中。运动员经过长期高强度的专项训练会引起心室腔扩大和心室壁增厚，出现运动性心脏增大（也称"运动员心脏"），虽然这会使其心脏功能更强大，但也会增加心脏骤停的风险。

驱动性问题： 为什么年轻、健康的运动员也会心脏骤停？在相同的运动时间、运动强度下，请同学们思考普通人和专业运动员相比，谁的心率更高？

教学主要内容

■ 感受身体运动——热身活动

智慧加油站： 教师指导学生结合数学乘法运算和身体状态语言表达等知识，结合运动负荷、心率等实际变化情况描述不同运动负荷时身体机能的变化，从而科学判断体育活动的运动强度。

热身活动： 伴随间歇训练音乐 *Tabata* 进行重复性热身体能活动，感受运动中心跳快慢和呼吸缓急的身体变化。

强度 1：课前动态拉伸头部、肩颈、双手、髋部、膝关节、脚踝。

强度 2：开合跳 + 前后交叉跳 + 胯下击掌 + 深蹲开合 + 抱膝跳（各 20 次，持续运动后休息 20 秒）。

强度 3：*Tabata* 高强度间歇训练，短时爆发性训练俯卧对角提膝 + 踏板两侧跳跃 + 侧跳 + 登山跑 + 原地高抬腿 + 开合跳（一个动作 20 秒，休息 10 秒，重复两组）。

Tabata

Welcome to Tabata

Here we go

5 4 3 2 1 go　　Round one

5 4 3 2 1 stop

3 2 1 go　　Round two

5 4 3 2 1 stop

3 2 1 go　　Round three

3 2 1 stop　　5 4 3 2 1 go

Halfway　　Finally one

5 4 3 2 1 go　　Round four

10 9 8 7 6 5 4 3 2 1 stop

■ 简易监测心率——判断运动强度

智慧加油站：教师指导学生运动前、后进行心率监测，学生自己监测 10 秒内的心跳次数，以此计算出 1 分钟的心率数值，根据心率的数值及主观疲劳程度判断运动前、后的身体变化。

● *知识点一　简易监测心率方法*

桡动脉测量法：食指和中指按压在手腕内侧靠近大拇指的一侧，轻轻按压，感受到脉搏即可。

颈动脉测量法：食指和中指轻轻按压在颈部两侧的颈动脉，感受大动脉的跳动。

	心跳频率	脉搏	疲劳程度
运动前			
运动后			
运动强度 推荐中高强度心率区间在 140—160 次 / 分钟			
最大心率计算公式：最大心率 =208- 年龄			

■ 感受递增负荷运动——团队小游戏

智慧加油站：教师结合语文课本四年级"我的心儿怦怦跳"中的优秀片段——过山车惊魂，使学生根据过山车的四个片段，感受到不同状态下自己心率快慢的变化，从而更加深刻地体会在不同运动负荷中心率、情绪、呼吸、流汗等生理变化。

情境游戏"我的心儿怦怦跳"

情境脚本：想象自己是过山车上的一员，随着游乐场的铃声响起，自己双手紧握安全带，心里七上八下；过山车行至轨道顶端，自己屏住呼吸不敢睁开双眼；过山车冲下坡时左翻右转，自己心跳加速；过山车行至平稳路段到达终点，悬着的心终于放下。学生分成四组，按照教师的口令要求通过四个不同运动负荷的关卡向终点行进。

游戏设置

▲教具：标志线（游戏起始位置）、呼啦圈（模拟过山车的安全带）、排球（学生运输物品）、标志桶（30 米转弯处）。

▲规则：

1. 铃声响起　七上八下

出发前记录初始心率，将呼啦圈套在肩膀上（模拟过山车安全带），双臂持平，保持双肩上的呼啦圈平衡，不让其掉落，将呼啦圈转运放置于指定标记桶位置。

2. 行至顶端　屏住呼吸

两人一组背靠背互相挽着手臂从起点出发，到达指定标志桶位置获取足球，将足球放置在两人的背后，侧向行走返回至起点，屏住呼吸，中途球不可以掉落，到达起点位置测量自己 10

秒的心率。

3. 全力冲刺　心跳加速

两人手挽手、背靠着足球出发，侧向奔跑到指定标志桶位置后，两人迅速交换位置，变换方向奔跑至下一指定标志桶（模拟过山车左右翻转的动态），原地纵跳 5 次，保持足球的稳定性，使其不掉落。

4. 进入尾声　心率平缓

将足球运送到指定地点，获取初始的呼啦圈，双手将呼啦圈套在肩膀上（模拟过山车安全带），双臂持平，保持双肩上的呼啦圈平衡，不让其掉落（模拟过山车安全带的固定），过山车行至平稳路段进入尾声。

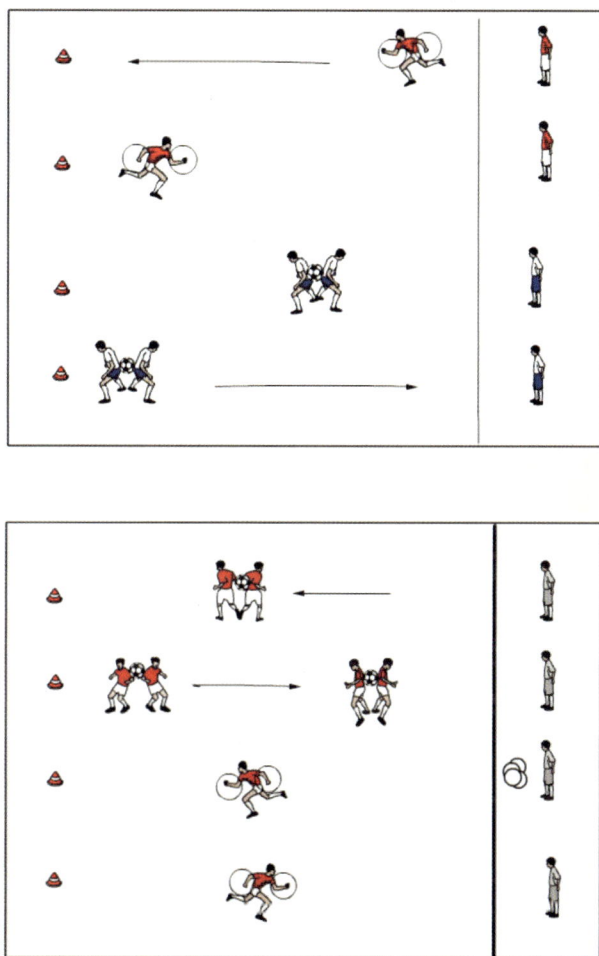

递增负荷滚雪球运动

智慧加油站：教师将三、四、五年级的语文必备古诗作为闯关的素材，通过体育游戏中的问答提高学生古诗词文学修养，让学生感受递增负荷运动中身体的变化。

游戏设置：

▲教具：标志桶（30 米转弯处）。

▲规则：6 人一组在起点位置准备，说出有关春天的诗句，即可一人出发奔跑到标志桶位置后返回起点，第二名同学说出有关春天的诗句后，第一名同学陪同出发，第三名同学回答

后，由前两名同学陪同一起出发。由此类推直至第六名同学出发并返回起始位置，注意诗句不能重复，可发挥团队的力量，进行速度和智慧的较量。

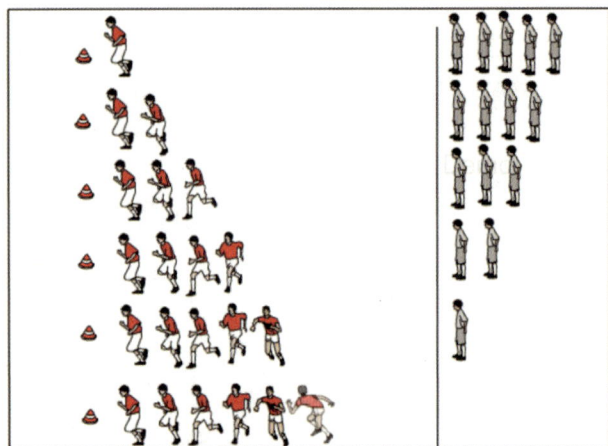

教学过程示例

（一）课堂常规（建议 3 分钟）

师生问好，教师进行课堂常规整队和考勤，检查学生着装是否规范，安排见习生。教师宣布本节课教学目标与内容，提醒学生在准备活动和整理活动中做好充分拉伸，在体能练习和体育游戏中要量力而行，保持合理距离，注意环境安全。

（二）新课导入（建议 5 分钟）

教师：同学们，你们听说过运动负荷吗？你认为在一组练习中，运动负荷都由什么组成？

教学提示：以跳绳运动为例，引导学生学习运动持续时间、组数、重复次数、重量等概念，将这些概念与具体运动相结合，便于学生理解。

（三）教学活动（建议 22 分钟）

▲ 活动一：感受身体运动——热身活动（建议 4 分钟）

教师：同学们，接下来跟随音乐 Tabata 与老师一起进行三种强度的热身练习。老师先进行动作示范，请同学们认真学习，循序渐进地热身避免受伤。

教学提示：教师注意动作演示的规范性并关注学生的完成质量，在练习过程中注意安全。

> **教师🔊：**通过刚才的热身练习，我们的身体产生了怎样的变化？有没有同学感觉自己本次课的状态非常好？

问题

教学提示：引导学生思考经过不同强度的热身运动，身体所产生的变化，为判断运动强度提供参考信息。

▲ 活动二：简易监测心率——判断运动强度（建议 5 分钟）

教师🔊：通过 10 秒的计时，同学们自己推算 1 分钟的心率数值，记录主观疲劳程度。

教学提示：测量心率是反映机体情况最简便易行的一个指标，学生可以根据心率及主观疲劳程度合理安排运动量。

▲ 活动三：感受递增负荷运动——团队小游戏（建议 13 分钟，任选其一）

1. 情境游戏"我的心儿怦怦跳"

教师🔊：同学们还记得语文课本四年级习作课"我的心儿怦怦跳"中的优秀片段过山车惊魂吗？根据过山车的四个片段，感受不同状态时自己心率快慢的变化，从而深刻体会在不同运动负荷中自己的心率、情绪、呼吸等变化。

教学提示：在四个关卡运动前、运动后测算 10 秒的心率以及主观疲劳程度，让学生深刻体会不同负荷运动的身体变化。

2. 递增负荷滚雪球运动

教师🔊：通过前面的学习大家对运动负荷的知识有了初步的了解，接下来跟随老师的指引，通过交换位置进行多轮游戏体会运动时间、运动强度增加所带来的不同身体感受。

教学提示：要设计奔跑时长、运动强度不一样的活动，运动后即刻让学生测量心率及疲劳程度。

（四）放松整理小结（建议 5 分钟）

教师🔊：接下来我们进行动态拉伸，拉伸头部、肩颈、双手、髋部、膝关节、脚踝。

教学提示：提醒学生要注意运动后的拉伸，防止出现延迟性肌肉酸痛。

> **教师🔊：**同学们这节课有什么收获吗？在主观和客观评定运动强度上有什么区别，两者相结合是否效果更好？

问题

教学提示：教师带领学生一起回顾课上心率测算的方法，引导学生思考如何科学地检测课内外体育活动强度，最后给学生布置课后作业。

课后作业

健康知识小测试(fitness knowledge test)

复习课上所学内容,采用最大心率计算公式,计算 11 岁的小明在 1 分钟跳绳运动后自己的心率应该不超过多少。(   )

A. 208   B. 209   C. 210   D. 211

跨学科知识作业(interdisciplinary homework)

绘制属于自己的运动卡片,记录课堂中自己的优异表现,课后记录当时的心得体会,让你更加热爱运动!

(注:标出运动前和运动后心率、脉搏、主观疲劳程度的数值)

体育活动作业(physical activity homework)

针对课堂上强度 1—3 的运动,根据运动强度主客观监测的方法,设计一套适合自己运动强度的方案(注意要根据自身的身体状态以及心率的监测,不断调整运动时长和运动强度)。

教师自评与教学反思

姓名(　　　　) 性别(　　　　) 年龄(　　　　) 职称(　　　　) 任职年限(　　　　)

类别	A. 优良	B. 较好	C. 有待提高	自评等级
教师教学效果自评				
课中问答	大部分学生能正确和完整地回答教师的提问,包括本节课所传授的知识和学过的知识。	大部分学生能较正确和完整地回答本节课所传授的知识。	大部分学生回答课堂教学知识不全面或回答错误。	(　　　)
课堂气氛	课堂气氛活跃,师生互动性强,大部分学生积极参加课堂讨论和体育游戏,有很好的分享、合作氛围。	课堂气氛一般,师生互动尚可,一半学生参加课堂讨论和体育游戏,有一定的分享、合作氛围。	课堂气氛沉闷,师生互动较少,少部分学生参加课堂讨论和体育游戏,缺乏尊重、分享、合作氛围。	(　　　)
作业反馈	大部分学生能完成教师布置的各项课后作业,作业表现优异。	大部分学生基本能完成教师布置的各项课后作业,作业表现尚可。	大部分学生不能完成教师布置的各项课后作业,作业表现较差。	(　　　)
教学反思				
课程核心素养落实	教学探索: 改进措施:			
跨学科知识融入	教学探索: 改进措施:			
教学方法应用	教学探索: 改进措施:			
授课中印象深刻的小故事				

教学拓展

本章的主题为"运动负荷评定"，本课的核心任务是通过将不同强度的身体练习与自我感知相结合的方式，激发学生对运动中身体状态变化的探索兴趣，帮助学生感受不同强度的身体运动。本课采取趣味的训练方式，发挥学生的探究合作精神，引导学生学习并掌握监测心率的方法，运用更加科学的手段进行运动监测并判断运动强度，使学生学会合理设计运动方案。

知识窗——运动负荷评定

◇ 运动训练负荷指在运动训练活动中，各种练习施加于运动员机体生理和心理的训练刺激。一次练习的运动负荷由负荷强度和负荷量所构成。

◇ 负荷强度指负荷对于机体刺激的深度，负荷强度反映训练负荷质的特征，是训练负荷的核心要素。

◇ 负荷量度指负荷对于运动员机体刺激的量度，负荷量反映训练负荷的数量特征。

科学实证——运动免疫开窗理论

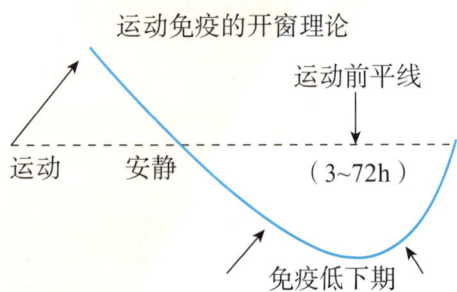

运动免疫的开窗理论

20 世纪 90 年代，Pedersen（1994）等人提出了"开窗理论"（open window），描述急性大强度运动后运动员易感性增加的现象。即在大强度、持续时间长的运动中和运动后的一小段时间内，由于应激激素的急剧升高以及血流动力学发生的急剧变化，运动员机体淋巴细胞浓度下降，增值分化能力及活性下降，免疫球蛋白含量及功能受到影响，会出现免疫低下的开窗期，意为"免疫系统打开了窗户，病原体可以自由进入"。在此期间，各种细菌、病毒、微生物等病原体容易侵入人体，表现为对疾病的易感率升高。所以在大强度运动后，要注意保护自己，防止感冒和感染。更多的研究显示，规律性的适中强度体育锻炼可以提高机体的免疫功能，增强对感染性疾病的抵抗能力。一次性大负荷运动或长期大强度运动训练会对机体免疫功能产生非常强烈的抑制作用，进而增加各种感染性疾病的易感性。

科技前沿——运动负荷的评定

心肺运动试验（Cardiopulmonary Exercise Testing，CPET）测试设备由心肺运动功能测试仪、十二导运动心电、运动血压监测仪和运动设备等 44 个部分组成，运动设备可以是跑台、功

燃动
体育

率踏车、上肢功能训练器等。心肺运动试验是国际上普遍使用的一种衡量人体呼吸和循环机能水平的肺功能检查试验，它综合应用呼吸气体实时监测分析技术、电子计算机和活动平板或功率踏车技术，实时检测在不同负荷下机体摄氧量和二氧化碳排出量的动态变化，从而客观、定量、全面地评价心肺储备功能和运动耐力。CPET 强调外呼吸和细胞呼吸偶联，特别强调心肺功能的联合测定。它可用于功能性运动容量的评价、疾病的诊断及判断治疗。

心肺功能运动试验为一种诊察手段，在负荷递增的运动中反映人体的心肺功能指标，经过对各项参数的综合分析，了解心脏、肺脏和循环系统之间的相互作用与贮备能力。不同于一般的单纯观察心电图改变的运动试验，也不同于静态肺功能，它是一种客观评价心肺储备功能和运动耐力的无创性检测方法。

第九章　运动营养膳食

学科教学目标

认知目标: 能够了解一般的食品卫生知识,认识不健康饮食类型及危害,了解健康饮食的构成,并认识到运动与营养之间的关系。

技能目标: 能够将学到的运动与营养知识应用于日常的体育锻炼,以增强体质,促进生长发育。

情感目标: 能够积极参加各项体育活动,感受课堂中练习和游戏的乐趣,与同伴互相协作,培养勇敢、不怕困难的意志品质。

跨学科教学目标

> 起居之不时,饮食之无节,侈于嗜欲,而吝于运动,此数者,致病之大源也。
>
> ——王国维

认知目标: 能够运用英语副词词汇,数学年、月、日加减法,语文关联词造句等知识,了解健康饮食的类型和运动与营养的关系。

技能目标: 能够根据语文中关联词"因为……所以……"的句式进行造句,从而理解运动与营养相辅相成的关系,运用数学年、月、日加减法计算食物保质期,判断食品是否安全。

情感目标: 能够对本节课融入的语文、数学、英语等跨学科知识充满兴趣,激发学习热情,对体育跨学科学习充满信心。

教学重点、难点与跨学科知识点

教学重点: 辨别不健康的饮食方式并知道其危害,了解健康饮食的构成。

教学难点: 学会计算食品保质期,认识运动与营养之间相互促进的关系。

跨学科知识点: 融合数学学科的年、月、日加减法知识,计算食物的保质期,判断食物的安全性;融合英语学科中的词汇知识,开展辨别不健康饮食的体育游戏;融合语文学科中关联词"因为……所以……"的用法,促进学生对运动与营养关系的理解。

课程地图

主题学习名称: 运动营养膳食(小学水平二)			
学科	英语	数学	语文
课程目标	了解一般的食品卫生知识;能够辨别不健康的饮食方式并知道其危害;通过计算食品保质期判断食品安全性;了解健康饮食的重要性及构成;了解运动与营养之间相互影响的关系。		
关键问题	不健康的饮食有哪些?	如何判断食品安全性?	运动和营养之间存在什么关系?
内容	1. 结合英语副词 anytime 和 sometime,让学生知道要食用健康食物(用 anytime 表示); 2. 能够少吃不健康的食物(用 sometime 表示)。	1. 结合数学年、月、日加减法知识,计算食品包装上的保质期; 2. 判断食物安全性。	结合语文造句中关联词造句的知识,帮助学生了解运动与营养的关系。
能力	理解能力;识记能力。	计算能力;理解能力。	表达能力;思维能力。
课程主题	**核心素养指向**		
通过了解基本饮食卫生和膳食营养知识,养成健康饮食习惯,认识运动与营养对健康的重要性。	运动能力:积极参加体育活动和比赛,能够通过运动和膳食的方式调节自身能量平衡。 健康行为:了解一般食品安全知识和运动与营养之间的关系,养成健康的饮食习惯和锻炼习惯。 体育品德:能够按照规则和要求参与体能练习和体育游戏,表现出乐于助人、团结协作、不怕困难的意志品质。		

课程任务

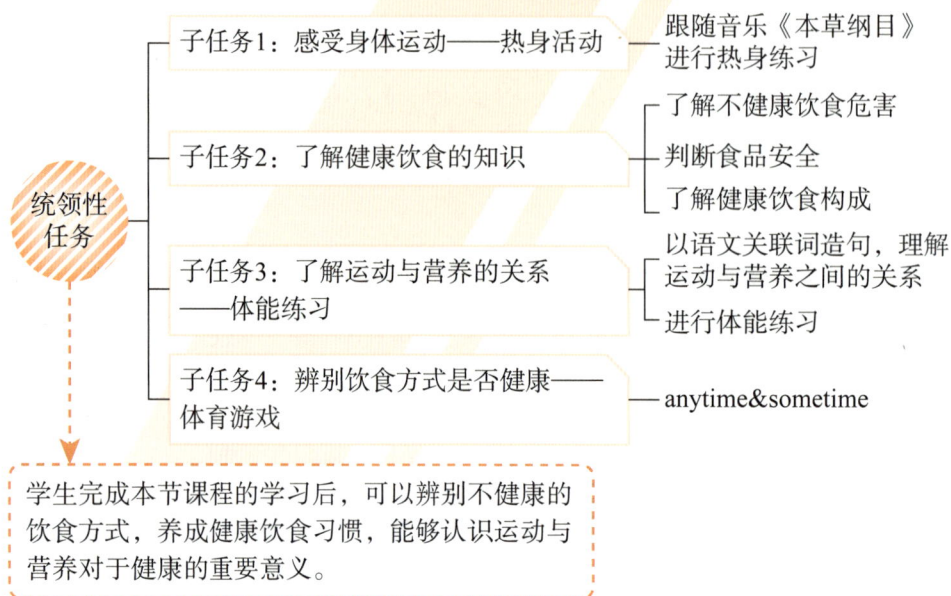

统领性任务

子任务1：感受身体运动——热身活动 → 跟随音乐《本草纲目》进行热身练习

子任务2：了解健康饮食的知识
- 了解不健康饮食危害
- 判断食品安全
- 了解健康饮食构成

子任务3：了解运动与营养的关系——体能练习
- 以语文关联词造句，理解运动与营养之间的关系
- 进行体能练习

子任务4：辨别饮食方式是否健康——体育游戏 → anytime&sometime

学生完成本节课程的学习后，可以辨别不健康的饮食方式，养成健康饮食习惯，能够认识运动与营养对于健康的重要意义。

燃动
体育

场地器材

场地器材： 田径场、标志桶、音响、秒表、食物卡片、收纳袋、镖纸等。

智慧图谱：

运动与营养
EXERCISE AND NUTRITION

儿童健康饮食
Healthy eating for children

户外活动一小时
One hour of outdoor physical activity

健康成长
Grow up healthy

情境导入和驱动性问题

情境导入： 学校每年会进行一次全体学生身高体重测量，以初步评估学生的营养状况。小红的身形过于消瘦，存在营养不良的情况。校医通过小红的父母了解到，小红是一个喜爱跳舞、追求苗条身材的女孩子，为了防止体重增加，平时只吃蔬菜、水果，拒绝吃肉。小红曾经在大课间锻炼时由于过度饥饿晕倒在操场上，幸好在同学们的帮助下得到救治，没有大碍。在每年的身高体重测量基础上，学校决定每学期举办"营养科普周"活动，为学生普及健康饮食知识，促进学生健康成长。

驱动性问题： 请同学们思考小红的这种饮食方式正确吗？你认为怎样的饮食是健康的？

教学主要内容

■ 感受身体运动——热身练习

体能练习： 伴随音乐《本草纲目》进行热身活动。

任务：抬腿摸脚 ×20 秒，后踢腿 ×20 秒，开合跳 ×20 秒，胯下击掌 ×20 秒，弓步跳 ×20 秒，原地踏步 ×20 秒。

■ 了解健康饮食的知识

● 了解不健康饮食危害

1. 不健康的饮食：高油（炸鸡）、高盐（辣条）、高糖（可乐）、变质的食物、香烟、酒类等。

2. 不健康的饮食习惯：饮食不卫生、饮食不规律、挑食、暴饮暴食等。

3. 不健康饮食的危害：营养不良、肥胖、食物中毒、高血压、糖尿病等。

● 判断食品安全

智慧加油站： 教师结合数学中年、月、日加减法知识，引导学生找到食物包装上的生产日期和保质期，把二者单位统一，然后对应的单位相加，计算出食物的变质日期，并通过比较日期判断是否过期，判断食物是否可以食用。

判断步骤：判断食物是否是"三无产品"（无生产日期、无生产许可证、无生产厂家的产品）—确定生产日期和保质期—同单位相加得出保质期、截止日期—比较得出的结果与当时的日期比，判断食品是否过期。

● 了解健康饮食构成

健康饮食，一方面要吃得健康，食物要多样，多吃蔬果、奶类、全谷类、大豆，适量吃鱼、禽、蛋、肉，少盐少油、控糖限酒；另一方面，要杜绝不良饮食习惯，注重个人卫生，坚持吃、动平衡，发挥营养和运动对健康的最大促进作用。

■ 了解运动与营养的关系——体能练习

智慧加油站：教师结合"因为……所以……"这一句中表达前后因果关系的关联词组，让学生理解运动与营养之间的因果关系，以促进学生对营养膳食的重视。

体能练习情境脚本：运动需要消耗能量与物质，它们来源于食物。当我们保持健康饮食习惯时，此时体内营养状况良好，我们可以更轻松、愉快地运动；当我们养成不健康饮食习惯时，我们很有可能会因营养过剩而变得肥胖。运动可以消耗多余的能量，有助于我们保持健康的体型。当我们运动后感到疲劳时，可以通过食物补充运动中消耗的能量，缓解运动疲劳。现在我们分成三组，每组有不同的机体营养状态，让我们依据机体营养状态进行有针对性的体能练习吧。

1. 因为我们身体营养状况良好，所以可以轻松、愉快地运动。

任务一：加速跑 ×30 米 ×3 组。

2. 因为我们身体营养过剩了，所以要通过运动消耗多余的营养，让我们进行有氧运动消耗多余的能量吧。

任务二：跳绳 ×60 秒 ×3 组。

3. 因为运动后身体太疲劳了，所以要通过食物补充营养缓解身体疲劳。先模拟缺乏营养时人的运动能力下降，进行难度较大的蹲步走，然后到达指定地点视为得到营养补充，提高了运动能力，这时再进行轻松愉快的跑步。

任务三：（蹲步走 ×10 米 + 加速跑 20 米）×3 组。

■ 辨别饮食方式是否健康——体育游戏

智慧加油站：教师介绍 anytime 和 sometime 的意思，让学生通过识别图片上的食物，迅速判断这种食物是否健康，对于健康的食物用 anytime 表示，不健康的食物用 sometime 表示，以加强学生对健康饮食的了解。

▲教具：1. 标志桶（游戏起始、结束位置）；2. 食物卡片、收纳袋、anytime & sometime 镖纸。

苹果　青菜　水稻　鸡蛋　气体饮料

▲规则：学生分成四组，由排头带领站在起点线后，游戏开始时排头先跑向收纳袋处，取出一张食品卡，然后继续向前跑到 anytime&sometime 镖纸处，判断卡片上食品的类别，放到镖纸的相应位置上，最后跑回起点与下一位同学击掌接力，下一位同学出发。以此类推，直到所有学生完成游戏，最终比较各个队伍正确放置的食品卡的数量，数量相同则看用时多少。

● 教学过程示例 ●

（一）课堂常规（建议 3 分钟）

师生问好，教师进行课堂常规整队和考勤，检查学生着装是否规范，安排见习生。教师宣布本节课教学目标与内容，提醒学生在准备活动和整理活动中做好充分拉伸，在体能练习和体育游戏中要量力而行，保持合理距离，注意环境安全。

（二）新课导入（建议 3 分钟）

教师：同学们，"民以食为天"，吃的问题一直是我们生活中的大事，我们要认真对待，今天我们学习一下运动与营养方面的知识。同学们知道营养是什么吗？（学生自由回答）

问题

教师：同学们知道营养对于运动有什么作用吗？（学生自由回答）

教学提示：营养是从食物中吸收的有利于促进人体生长发育、健康成长的成分。营养物质可以为运动提供能量，如果人体能量不足就没有力气完成运动。当一个人营养均衡时，可以更轻松地进行运动。

（三）教学活动（建议 24 分钟）

▲ 活动一：感受身体运动——热身活动（建议 5 分钟）

教师📢： 正式学习前，我们先做热身活动。《本草纲目》不仅是一首歌，而且是一部中国历史上伟大的医学著作，它的作者是李时珍。在这首具有浓厚中国风的音乐伴奏下，请同学们跟随老师一起做准备活动，注意跟上老师的节奏，保持队形，让我们一起动起来。

教学提示： 教师带领学生在音乐《本草纲目》的伴奏下进行练习。

注意事项： 观察学生运动时的身体状况，适时调整运动节奏，以达到热身效果并且防止运动强度过大超出学生承受范围。

▲ 活动二：了解健康饮食的知识（建议 5 分钟）

问题

教师📢： 同学们知道不健康的饮食有哪些吗？它们有什么危害呢？（学生举手回答）

教学提示： 教师从不健康的食物和不健康的饮食习惯两个角度向学生介绍不健康饮食及其危害。不健康的食物有高油、高盐、高糖、香烟、酒类等。不健康的饮食习惯：饮食不卫生、饮食不规律、挑食、暴饮暴食等。不健康饮食的危害：营养不良、肥胖、食物中毒、高血压、糖尿病等。教师着重介绍碳酸饮料（损害牙齿、骨骼，导致肥胖）和抽烟（损害肺部、引发癌症、让人上瘾）的危害。

教师📢： 请同学们跟着老师学习食品安全知识，同学们看我手中的食品包装，我们一起用数学中年、月、日的加减法知识计算它的保质期吧！

教学提示： 教师向学生介绍包装食品的安全注意事项，首先要检查包装是否破损、漏气，如果是则禁止食用；接着确定食品是否为"三无产品"（无生产日期、生产许可证、生产厂家的产品），如果是则禁止食用；最后引导学生计算食品的保质期，并判断食品是否过期，如果是则禁止食用。

教师📢： 利用刚才老师讲的方法，同学们可以判断包装食品能否食用，现在让我们一起学习健康的食谱和饮食习惯吧。

教学提示： 教师展示智慧图谱，向学生讲解健康的膳食结构和饮食习惯。健康饮食，一方面要吃的健康，食物要多样，多吃蔬果、奶类、全谷类、大豆，适量吃鱼、禽、蛋、肉，少盐少油、控糖限酒；另一方面，要杜绝不良饮食习惯，注重个人卫生，坚持吃、动平衡，这样才能发挥营养和运动对健康的最大促进作用。

▲ 活动三：了解运动与营养的关系——体能练习（建议6分钟）

教师🔊：同学们，运动和营养之间有怎样的联系呢？下面跟着老师用语文中关联词"因为……所以……"来造句的方式一起感受一下吧。

教学提示：教师讲解体能练习情境脚本，引导学生发现运动与营养之间的因果关系，并带领学生完成体能练习。

▲ 活动四：辨别饮食方式是否健康——体育游戏（建议8分钟）

教师🔊：同学们我们一起玩一个游戏，看看大家是否记得刚才讲过的知识，能不能辨认出不健康的饮食。下面排成四排队伍，听老师口令准备开始。

教学提示：教师讲解游戏规则，提醒学生遵守规则，过程中注意安全，营造良好的课堂氛围。

（四）放松整理小结（建议5分钟）

教师🔊：同学们，现在跟随音乐的节奏，调整我们的呼吸，放松全身，拉伸肌肉。

问题

教师🔊：通过这一堂课的学习，同学们收获到了什么呢？（学生自由回答）

教学提示：教师带学生回顾本节课学习的内容，重点介绍健康饮食的构成以及运动与营养的关系，强调吃、动平衡的重要性。最后，布置课后练习。

课后作业

健康知识小测试（fitness knowledge test）

下面是班级四位同学关于"吃"的看法，结合今天上课内容，请选择正确的一项。（　　）

A. 小红：女生喜欢苗条的身材，因此我每天只吃绿色蔬菜，一点肉不吃

B. 小明：我喜欢吃肉，讨厌吃蔬菜，所以妈妈每天做各种各样的肉给我吃

C. 图图：我什么都爱吃，每次都能吃撑到走不动路

D. 小亮：我每天都吃一个鸡蛋，因为鸡蛋可以补充很多的蛋白质

跨学科知识作业（interdisciplinary homework）

健康饮食要求吃的食物要多样，每天摄入的食物种类不少于 12 种，每周摄入的食物种类不少于 25 种。请你回忆一下今天吃了哪些食物，并判断吃的食物种类是否达到了健康饮食的要求。

（　　）月（　　）日　饮食记录表				
姓名：　　　　　　班级：		今日饮食是否达标：		
早饭：				
中饭：				
晚饭：				
今日所摄取的 anytime 食物：				
今日所摄取的 sometime 食物：				
食物种类合计（种）		sometime 食物种类（种）		anytime 食物种类（种）

体育活动作业（physical activity homework）

你知道自己的营养状况如何吗？儿童青少年的营养状况要定期评估，请你根据自己的营养状况评估结果，结合之前课程学习的知识，制订一份锻炼计划，通过锻炼来增长肌肉力量或者消耗多余脂肪，并说明你为什么这么做。

教师自评与教学反思

姓名(　　　) 性别(　　　) 年龄(　　　) 职称(　　　) 任职年限(　　　)

类别	A. 优良	B. 较好	C. 有待提高	自评等级
教师教学效果自评				
课中问答	大部分学生能正确和完整地回答教师的提问,包括本节课所传授的知识和学过的知识。	大部分学生能较正确和完整地回答本节课所传授的知识。	大部分学生回答课堂教学知识不全面或回答错误。	(　　　)
课堂气氛	课堂气氛活跃,师生互动性强,大部分学生积极参加课堂讨论和体育游戏,有很好的分享、合作氛围。	课堂气氛一般,师生互动尚可,一半学生参加课堂讨论和体育游戏,有一定的分享、合作氛围。	课堂气氛沉闷,师生互动较少,少部分学生参加课堂讨论和体育游戏,缺乏尊重、分享、合作氛围。	(　　　)
作业反馈	大部分学生能完成教师布置的各项课后作业,作业表现优异。	大部分学生基本能完成教师布置的各项课后作业,作业表现尚可。	大部分学生不能完成教师布置的各项课后作业,作业表现较差。	(　　　)

教学反思		
课程核心素养落实	教学探索:	
	改进措施:	
跨学科知识融入	教学探索:	
	改进措施:	
教学方法应用	教学探索:	
	改进措施:	
授课中印象深刻的小故事		

教学拓展

本章主题为"运动营养膳食"，本课的核心任务是通过将其他学科知识融入"运动与营养"的体育课堂，提高学生对体育学习和锻炼的兴趣，帮助学生辨别不健康的饮食方式，了解健康的膳食结构，并提供相应的摄入建议供学生参考，使学生对食物的摄入形成一定的认识，能理解运动与营养之间相辅相成的促进关系，养成健康的生活方式和饮食习惯。

知识窗——营养素

◇ 食物中主要的营养素有糖类、脂类、蛋白质、水、无机盐和维生素等，其中糖类、脂类、蛋白质和水在平衡膳食中的需要量较大，称为宏量营养素或常量营养素，而维生素和无机盐在平衡膳食中仅需少量，称为微量营养素。

◇ 食物蛋白的生物价是氮在体内的储留量与氮在体内的吸收量的比值，食物蛋白质的生物价越高，为人体所利用的程度也越高，该食物蛋白质的营养价值也越高。鸡蛋的生物价是所有食物中最高的，因此鸡蛋是补充蛋白质性价比最高的食物。

◇ 在健康的状态下，营养素不宜过量补充，特别是微量营养素。常量营养素过量补充且缺乏运动易导致肥胖症，而微量营养素过量补充则会导致机体产生不适，严重时导致中毒，如维生素 D 中毒。

科学实证——增加坚果摄入有利于降低死亡风险

坚果中含有大量的营养元素，包括脂肪、蛋白质、碳水化合物、维生素、无机盐等。Schwingshackl（2017）等人在一项系统研究中分析了各种食物的摄入程度与全因死亡风险的关系，发现有多项证据支持每日适量增加坚果摄入会降低全因死亡风险。当每日坚果总摄入量范围在 0—52 克以内，与摄入量最低组比较，坚果摄入量最高组全因死亡风险下降 20%。如下页图，每天增加坚果摄入量 12—20 克，全因死亡风险下降 17% 左右，但增加摄入量超过该范围后所产生效益无显著增加。

适宜地食用坚果能降低死亡风险的原因，可以归结于坚果所具有的降低心血管疾病风险、预防糖尿病、抗衰老等保健功能。目前，我国患有心血管疾病与糖尿病的人非常多，严重影响国民健康。越来越多的人认识到，坚持适宜运动，合理搭配膳食营养，有利于降低疾病风险，延年益寿。

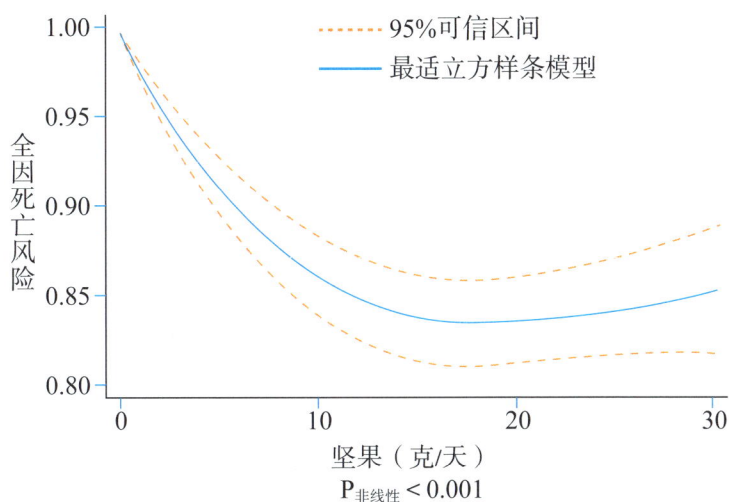

每日坚果摄入水平与全因死亡风险的非线性剂量反应关系

科技前沿——运动员合理膳食与营养管理系统：运动员智慧餐厅

合理膳食是运动员保持良好体能和竞技状态的基础，还是科学训练、队伍管理的重要组成部分，更是备赛备战的一项基础性、支撑性的重要工作。结合不同项目和运动员个体的实际营养需求，按照营养摄入推荐标准实现科学配餐、数字化供餐是实现运动员个性化营养方案的前提。运动员的准时用餐、合理膳食、防范兴奋剂、膳食营养数据库建设一直是运动队、训练中心科研保障的重点和难点。

运动员智慧餐厅系统主要由软件系统、智能硬件设备、配套网络设施三部分构成。它可以根据运动员的专项、训练计划、训练环境、机能状态、体成分等情况，结合实际饮食条件为运动员提供符合其实际营养摄入需求与合理膳食标准的食谱。它的一个重要功能是通过智能餐盘设备，对运动员膳食营养摄入数据即时监控、分析和传输，让运动员、教练及科研保障团队实时掌握运动员营养配餐和营养计划执行情况；同时对运动员就餐考勤进行管理，防范外出就餐所引发的兴奋剂风险。此外，它还是一个营养教育平台，使运动员和教练员通过便捷的多媒介工具，掌握专业的膳食营养指导知识，提高营养行为素养，解决因专业人力有限而缺乏的现实问题。这些功能有助于运动员运动能力和竞技状态的提升，为体育科研保障提供科技助力。

第十章　运动健身计划

学科教学目标

认知目标： 能够了解不良生活习惯对健康的危害以及运动对促进健康的积极作用，了解健身计划的制订要素。

技能目标： 能够在课外锻炼和日常生活中，根据健身计划的制订要素，制订合理的锻炼计划，能够有目的、有计划、有保障地进行锻炼。

情感目标： 能够在课堂游戏情境中感受学练的快乐，在有一定难度的体育活动中表现出勇敢顽强、克服困难的意志品质。

跨学科教学目标

> 有规律的生活是健康与长寿的秘诀。
>
> ——巴尔扎克

认知目标： 能够运用数学运算学习监测自身健康和运动状态的公式与判断方法，结合道德与法治中的健康游戏、饮食与睡眠习惯、拒绝烟酒与毒品等知识内容，了解如何养成健康的生活习惯。

技能目标： 能够掌握健身计划各要素的英文词汇，运用数学运算能力计算 BMI 值、最适运动心率，判断运动强度，科学摄入和补充营养膳食。

情感目标： 能在运用多种学科知识的基础上，形成关注自身健康状态的意识，养成积极健康的生活心态和习惯。

教学重点、难点与跨学科知识点

教学重点： 学习制订健身计划的 FITT 原则。

教学难点： 能够根据自身体质水平选择合适的运动方式，融合运动安全与营养膳食知识，完善自己健身计划的内容。

跨学科知识点: 融合道德与法治、科学中健康生活知识,了解合理膳食、良好生活习惯的重要性;融合科学知识,了解青少年生长发育和运动特点;融合英文单词促进学生对 FITT 原则四要素的了解和识记。

课程地图

主题学习名称: 运动健身计划(小学水平二)			
学科	道德与法治	科学	英语
课程目标	了解什么是健康的生活习惯,了解青少年时期骨骼肌肉发展特点及适合的运动方式;学会 FITT 原则并制订健身计划,结合运动安全、营养膳食为实施健身计划提供保障。		
关键问题	什么是健康的行为习惯?	如何进行自我健康评定?	如何制订健身计划?
内容	1. 结合道德与法治中饮食与睡眠习惯、拒绝烟酒与毒品的知识使学生了解健康的生活习惯; 2. 了解不良生活的习惯的危害。	1. 结合小学五年级科学中健康生活的知识,学习对自己的健康状态进行监测和判断; 2. 了解青少年时期骨骼肌肉特点和运动促进生长发育的作用。	1. 结合英文词汇进行识记,帮助学生了解和掌握 FITT 原则的四要素; 2. 通过游戏,学习制订健身计划。
能力	理解能力;分析能力。	理解能力;判断能力。	识记能力;判断能力。
课程主题	核心素养指向		
运用 FITT 原则制定健身计划。	运动能力:积极参加多种运动项目游戏,感受运动乐趣。 健康行为:了解健康生活行为习惯,养成良好的锻炼习惯。 体育品德:能够在有一定难度的体育活动中围绕 FITT 原则进行体育游戏,并表现出克服困难、遵守规则、相互尊重等品质。		

课程任务

统领性任务
— 了任务1:了解健康生活
  — 热身活动(前进、后退跑)
  — 观察图片判断健康与不良的生活习惯
— 子任务2:学习健身计划的制订
  — 进行自我定位
  — 学习FITT原则
— 子任务3:健身计划之要素地图游戏
  — 了解游戏情境和规则
  — 按规则进行游戏

通过本节课的学习,学生能了解青少年时期的骨骼肌肉发展特点,选择合适的运动方式,能在日常锻炼活动中运用FITT原则制订简单、科学的健身计划,并结合营养膳食、运动安全等知识为健身活动提供保障。

场地器材

场地器材： 田径场、音响、秒表、标志桶、游戏卡片等。

智慧图谱：

情境导入和驱动性问题

情境导入： 多年的全国学生体质与健康调研及相关研究结果显示，中小学生正面临近视、超重肥胖、慢性非传染性疾病早发、体质不达标等健康问题。近年来，国内有不少新闻报道儿童青少年因不良生活习惯导致健康危险，如暴饮暴食导致脂肪肝、熬夜玩手机导致心肌炎、错误的坐姿导致脊柱侧弯。这些现象表明不良的生活习惯对身体健康有很大危害。

驱动性问题： 请同学们思考自己或家人、朋友是否存在不良生活习惯，健康的生活又是什么样子呢？

教学主要内容

了解健康生活——热身活动（前进、后退跑）

智慧加油站： 教师结合小学一、二、五年级道德与法治中"吃饭有讲究""早睡早起""健康游戏我常玩""主动拒绝烟酒与毒品"等知识内容，以游戏卡片的方式向学生进行展示和强化，并与热身性体育活动相结合，增强学生对于健康生活方式的了解。

体能练习： 反应速度与前后倒退跑练习。

★ **任务一：** 伴随 *Tabata* 间歇训练音乐进行原地高抬腿或者原地小碎步跑。

★ **任务二：** 观察教师展示的卡通图片，快速做出判断，并变换相应的运动形式。

学生在中间标志桶位置进行原地高抬腿练习，并注意观察图片，若图片内容为健康的生活方式则快速跑至下一标志桶位置，切换至原地小碎步跑，继续观察教师展示图片，若为不健康的生活方式则后退跑回至上一标志桶位置。

学习健身计划的制订

● 进行自我定位

智慧加油站： 教师结合小学五年级科学中"健康生活"的知识，引导学生对自己的身体形态、健康状态进行正确的监测和判断，帮助学生理解**在青少年时期经常性地运动能促进生长发育**。

1. BMI 与体质水平评估

查找并记录自己体质测试的数据，分析并判断各项测试成绩的达标情况，以便针对自己的薄弱环节进行提高和改善。

2. 了解青少年时期骨骼肌肉的特点

青少年时期，人体的骨骼与肌肉发育得很快，在这一时期，进行经常性的运动能有效地促进生长发育，使身体变得更强壮。

但是由于此阶段骨弹性大、硬度小，因此应养成良好的姿态，不宜局部负重过大或进行大器械负重练习。而且青少年肌肉中蛋白质、脂肪较少，易疲劳，心肌收缩能力弱，呼吸肌力量小，因此应避免进行长时间大强度运动。

● 学习 FITT 原则

1. 运动频率（frequency）

根据个人身体情况选择合适的运动频率，建议每周 3—6 次，运动频率切勿过于密集，需要留给身体一定的休息时间，以消除运动疲劳。

2. 运动强度（intensity）

健身初期，建议进行中低强度的运动，适应良好后，建议进行中高强度的运动。结合运动负荷的知识，通过最适运动心率范围和最大心率百分比的公式，对自身运动强度进行监测与调整。

（1）最适运动心率范围：（220—年龄）×60%—（220—年龄）×80%。

（2）最大心率百分比：

最大心率百分比 　　　　　　　　负荷强度	极低	低	中等	高	超高
最大心率 = 220- 年龄	<50%	50%—60%	61%—70%	71%—85%	>85%

3. 运动时间（time）

健身初期，建议每次运动持续时间 30 分钟左右，4 周后可增加至 40—60 分钟。实际运动时间视个人身体情况而定，切记量力而行，合理调整。

推荐运动时间分配

热身运动 5—10分钟 ＋ 有氧运动 20—30分钟 ＋ 抗阻运动 5—10分钟 ＋ 整理伸展 5分钟

4. 运动类型（type）

我们可以根据自身需要选择不同类型的运动进行组合训练。在这一年龄阶段，我们健身时适合的运动有：热身运动、有氧运动、抗阻力量运动（自重）、伸展拉伸运动等。

热身运动 如关节活动、静态或动态拉伸、虫爬、开合跳等

有氧运动 如慢跑、跳绳、游泳、骑自行车等

抗阻运动 如平板支撑、深蹲、摸高跳、弹力带训练等

伸展拉伸运动 如坐位体前屈、弓步拉伸、金刚跪姿、海豹趴等

■ 健身计划之要素地图游戏

● 体育游戏情境

邻居小明每次进行体育活动时总是气喘吁吁、感到吃力，生活中他爱吃油炸食品，BMI 偏高，体质弱，易生病，医生建议他改变生活习惯，多锻炼，但他不知道怎么改变自己。在这个

假期，你能运用所学的 FITT 原则知识与他一起制订一份以"改善心肺功能、提高有氧耐力"为目的的健身计划表吗？

游戏设置：

▲游戏任务：教师吹哨后，按照 FITT 所对应单词的顺序，跳绳至"要素站点"并破解问题，最后抵达"FITT"站点，完整念出 4 个单词，即算完成任务。

▲教具：标志桶（按五角星形状摆放至顶端，贴着各要素的英文单词）、标志线（标示游戏起点和终点）。

▲分组：每 10 人一组，5 人进行地图游戏，5 人作为"要素站点"指令员。

▲规则：游戏者按照 FITT 原则的四要素顺序依次跳绳至各站点，观察站点指令员所出示一张问题卡片（每张卡片 3 个问题），每浏览完一个问题，快速判断是否符合所学的有氧健身计划的要求，并作出回答（"yes"或"no"），回答正确则跳绳前进至下一站点，回答错误则蛙跳至下一站点。

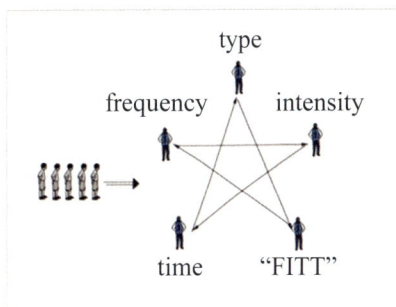

问题卡片：

frequency 频率
1. 每周1次
2. 每周3—6次
3. 每周7次

intensity 强度
1. 低强度
2. 中高强度
3. 超高强度

time 时间
1. 30分钟
2. 40—60分钟
3. 120分钟

type 类型
1. 跳绳
2. 举重
3. 慢跑

● 教学过程示例 ●

（一）课堂常规（建议 3 分钟）

师生问好，教师进行课堂常规整队和考勤，检查学生着装是否规范，安排见习生。教师宣布本节课教学目标与内容，提醒学生在准备活动和整理活动中做好充分拉伸，在体能练习和体育游戏中要量力而行，保持合理距离，注意环境安全。

（二）新课导入（建议 2 分钟）

教师👤： 同学们，每学年我们都会通过体质测试评定健康状况和运动能力，同时也提醒我们关注自身的健康状态、保持健康的生活习惯。那么同学们认为健康的生活习惯应该是什么样的呢？（学生自由回答）

教学提示： 从生活习惯（饮食、睡眠、身体活动）、心理状态、人际交往等方面引导学生思考与表达。

（三）教学活动（建议 25 分钟）

▲ 活动一：了解健康生活——热身活动（前进、后退跑，建议 5 分钟）

教师👤： 每间隔 30 秒我将展示一张图片，注意观察，快速作出判断并变换动作！

教学提示： 教师先进行活动示范，随后播放音乐 Tabata，学生进行原地高抬腿或小碎步跑，并根据教师展示的图片变换不同形式的运动内容。

教师👤： 健康生活离不开科学的运动锻炼，接下来我们将学习一个方法，帮助我们科学地制订适合我们的健身计划。

▲ 活动二：学习健身计划的制订（建议 8 分钟）

教师👤： 同学们，在制订健身计划之前我们需要对自身的身体形态、健康状态进行正确的判断，这是我们制订健身计划必须做的准备工作。

教师👤： 接下来我们将学习一种科学的运动原则——FITT，这是制订健身计划的基础，学会这一原则将有助于我们有规律、有保障地进行健身运动。

教学提示： 教师介绍 FITT 原则的四要素及其内容，再介绍运动类型，可简单地进行动作示范或适当地带领学生练习。在教学过程中应结合以往章节的内容，引导学生回忆，帮助学生巩固知识。

▲ 活动三：健身计划之要素地图游戏（建议 12 分钟）

教师👤： 在听完老师讲的故事后，同学们能否根据小明的情况与他一起制订一份健身计划？接下来我们将以发展心肺功能、提高有氧耐力为例，在游戏中运用 FITT 原则，去体验制订健身计划的过程吧！

教学提示： 教师先讲解情境脚本和游戏流程，指导小组进行轮换。

（四）放松整理小结（建议 5 分钟）

教师🔊: 跟随音乐的旋律和呼吸的节奏，放松全身，拉伸我们的肌肉。

教学提示: 教师播放英文儿歌 *How Many Fingers*，引导学生感受舒缓的音乐节奏，放松呼吸和肌肉。采用规定拉伸动作套路，分别进行颈、肩、背、手臂、腿部的放松。

问题

教师🔊: 请同学们讨论：为了促进身心健康和良好的生长发育，我们应该养成哪些健康的生活习惯呢？（学生自由回答）

教学提示: 教师带学生一起回顾健康生活方式和不良生活习惯的表现，并引导学生在生活中积极、有规律地进行锻炼。

课后作业

健康知识小测试（fitness knowledge test）

（多选）经过三个月有计划的锻炼和饮食控制后，小明发生了很大的变化。他感叹道：运动对促进健康有着很大的帮助，比如（　　　）。

A. 改善心血管循环系统功能　　　　B. 改善呼吸系统功能

C. 增强人体免疫能力　　　　　　　D. 控制体重，保持健康体型

跨学科知识作业（interdisciplinary homework）

小明 12 岁，他在执行健身计划过程中，最适心率应该保持在什么范围？（　　　）

A. 60—80　　　　B. 87—104　　　　C. 125—166　　　　D. 187—208

体育活动作业（physical activity homework）

为自己制订一份暑期健身计划表，并在执行健身计划的过程中关注运动安全，合理膳食。

健身计划			
运动目的	发展心肺功能、提高有氧耐力		
运动频率 Frequency			
运动强度 Intensity			
运动类型 Type	有氧训练	抗阻训练	伸展拉伸训练
运动时间 Time			
注意事项	运动安全： 营养膳食：		

134

燃动体育

教师自评与教学反思

姓名（　　　） 性别（　　　） 年龄（　　　） 职称（　　　） 任职年限（　　　）

类别	A. 优良	B. 较好	C. 有待提高	自评等级
教师教学效果自评				
课中问答	大部分学生能正确和完整地回答教师的提问，包括本节课所传授的知识和学过的知识。	大部分学生能较正确和完整地回答本节课所传授的知识。	大部分学生回答课堂教学知识不全面或回答错误。	（　　　）
课堂气氛	课堂气氛活跃，师生互动性强，大部分学生积极参加课堂讨论和体育游戏，有很好的分享、合作氛围。	课堂气氛一般，师生互动尚可，一半学生参加课堂讨论和体育游戏，有一定的分享、合作氛围。	课堂气氛沉闷，师生互动较少，少部分学生参加课堂讨论和体育游戏，缺乏尊重、分享、合作氛围。	（　　　）
作业反馈	大部分学生能完成教师布置的各项课后作业，作业表现优异。	大部分学生基本能完成教师布置的各项课后作业，作业表现尚可。	大部分学生不能完成教师布置的各项课后作业，作业表现较差。	（　　　）
教学反思				
课程核心素养落实	教学探索： 改进措施：			
跨学科知识融入	教学探索： 改进措施：			
教学方法应用	教学探索： 改进措施：			
授课中印象深刻的小故事				

教学拓展

本章的主题为"运动健身计划"，本课的核心任务是帮助学生认识健康生活的方式，懂得按照健身计划有规律地进行锻炼对健康的促进作用，引导学生根据自身水平和需要，结合运动负荷、营养膳食等知识，运用FITT原则制订一份简单、科学的健身计划，并能够落实于生活实践。教师应该充分发掘各章节的知识结合点，认真把控和衡量知识点的选取及侧重，以构建一个流畅的课程结构来实现知识点的串联和融合，最后指向学生的生活情境，为学生解决生活中健康与健身问题提供学习支架与方法。

知识窗——健康生活方式

◇ 医学社会学将健康生活方式定义为个体根据其生活的环境选择的有利于健康的相关行为的集合。我国国家健康教育研究所的《21世纪健康生活方式展览》提出：要通过6个方面来培养健康的生活方式，即保持心态平和、合理安排膳食、改变不良行为、坚持适量运动、自觉保护环境、学习健康知识。

◇ 一个科学的运动健身指导系统主要包括：运动前身体机能评价、运动方式选择、运动强度控制、运动时间安排、运动频度确定和注意事项等6个部分。

科学实证——身体活动与健康

当前心血管疾病（CVD）的全球患病率仍然很高，但这一疾病在很大程度上仍然是可预防的。有研究认为健康生活行为，如定期锻炼、健康的饮食习惯、充足的睡眠和戒烟，可以影响一些传统的心血管疾病的风险因素以及心肺健康（CRF）这一较少被关注的重要风险因素。

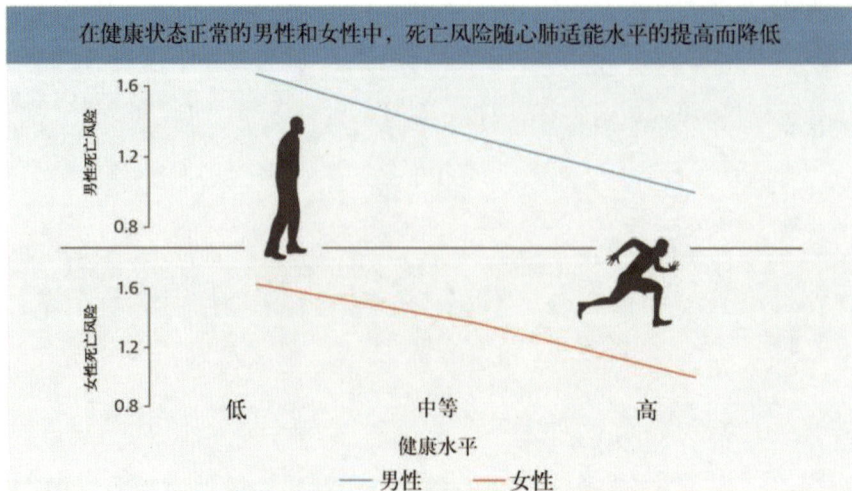

在健康状态正常的男性和女性中，死亡风险随心肺适能水平的提高而降低

男性死亡风险 / 女性死亡风险 — 低 中等 高 — 健康水平 — 男性 女性

Imboden, M.T. et al. J Am Coll Cardiol. 2018;72(19):2283-92.

Imboden（2017）的研究表明，CRF 每增加 1 代谢当量（MET），CVD 死亡风险降低约 16%。此外，与健康状况良好的人群相比，身体状况不佳的男性死于心血管疾病的可能性要高出 49%，而身体状况不佳的女性死于心血管疾病的风险要高出 34%。

科技前沿——功能近红外光谱（FNIRs）在健身计划监测中的作用

Fabian（2017）等为了探究脑源性参数（如大脑活动）作为负荷指标的作用及价值，关注到功能性近红外光谱（FNIRs）的应用前景，因为这种神经成像方式具有特定的优势，非常适合监测皮层血流动力学，能够作为体育锻炼期间大脑活动的反映。

目前，有两种便携式神经成像方式，即脑电图（EEG）和功能性近红外光谱（FNIRs），用于监测进行体育锻炼时的大脑活动。相较而言，FNIRs 更适合测量无约束环境下体育锻炼时大脑皮层活动的变化，在实践中 FNIRs 也已应用于多种体育锻炼，如技巧、散步、阻力练习、舞蹈、太极拳等。

作为新兴的神经成像技术，FNIRs 安全、无创、相对便宜、便携、可无线等属性，使它在实践中能在更现实、更生态、更有效的参数下进行大脑皮层的神经成像研究。

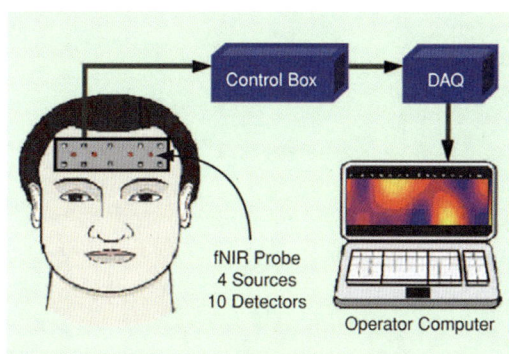

第三单元
让运动大显身手

第十一章　戍边小战士

学科教学目标

认知目标： 能够了解耐久跑训练的基础知识，了解心肺耐力训练的重要性，掌握不同身体部位伤病对应的包扎知识和方法，学习边防军人可贵的精神品质和爱国情怀。

技能目标： 能够提高心肺耐力以及在不同地形地貌下的耐久跑能力，能够学会并运用多种不同的包扎方法，具备较强的实践能力，能够在劳动技能挑战赛中发展肌肉力量、肌肉耐力、协调性和平衡能力等。

情感目标： 能够在有一定难度的体育活动中表现出勇敢顽强、克服困难的意志品质，在小组合作中提高合作学习能力和团队精神，强化国防意识和爱国主义精神。

跨学科教学目标

> "我们就是祖国的界碑，脚下的每一寸土地，都是祖国的领土。"
>
> ——边防军人

认知目标： 能够结合语文课本中《飞夺泸定桥》单元知识，感受战士们奋勇向前的精神，理解爱国情感的历史语境和现实指向。

技能目标： 能够学唱军歌、传承红色精神，能够运用美术的绘画和手工制作能力，表达对祖国的祝福，能够体验多种劳动场景，加深对边防军人的理解与关心，能够简单描述实战演练之后的感想，能够合理选取增援路径。

情感目标： 能够对本节课融入的语文、音乐、美术、劳动、道德与法治、数学等跨学科知识充满兴趣，乐于运用跨学科知识了解和探究体育相关问题，对自己的体育跨学科学习能力充满信心。

教学重点、难点与跨学科知识点

教学重点： 通过跨越障碍的形式掌握耐久跑的技术要领，学会多种包扎方法，增强国防意识，弘扬爱国主义精神。

教学难点： 根据不同的受伤部位选取正确的包扎方法，发展肌肉力量、肌肉耐力、协调性和平衡能力等体能，提高计划与设计、组织与协调、沟通与表达、决策与反思能力。

跨学科知识点： 融合语文课本中《飞夺泸定桥》单元知识，感受战士们不怕困难、奋勇向前的精神和对祖国的热爱之情；融合音乐的赏析和演唱，学唱军歌，传承红色精神；融合美术绘画和手工制作技能，表达对祖国的祝福；融合劳动课本中《劳动最光荣》单元知识，体验多种劳动活动，加深对边防军人的理解与关心；融合口语表达和写作能力，简单描述实战演练后的感想；融合数学知识；合理选取增援路径。

课程地图

主题学习名称：戍边小战士（小学水平二）			
学科	**美术**	**数学**	**劳动**
课程目标	了解耐久跑的重要性，激发对障碍跑和耐久跑的兴趣，增强参与意识；学会不同的包扎方法，提高动手能力，在劳动技能挑战赛中发展肌肉力量、肌肉耐力、协调性能力等；体验边防军人生活中的"甜"，感受他们对祖国的忠诚以及积极乐观的心态；在小组合作中提高合作学习能力和团队精神，强化国防意识和爱国主义精神。		
关键问题	如何表达对祖国的忠诚和爱国情怀？	如何做到精准驰援？	如何发展体能和耐久跑能力？
内容	用美术的绘画（石头画等）和手工制作（纸贴画等）技能，表达对祖国的热爱。	能够运用比例尺等相关数学知识合理规划增援路线，做到精准驰援。	能够在劳动技能挑战赛中发展肌肉力量、肌肉耐力、协调性和平衡能力。
能力	实践能力；情感能力。	计算能力；决策能力；思维能力。	劳动能力；合作能力。
课程主题	**核心素养指向**		
体会戍边战士的爱国主义情怀，增强国防意识和爱国主义精神。	运动能力：以障碍跑的形式提高心肺耐力，以劳动技能挑战赛的形式学练体能，提高运动能力。 健康行为：了解体育游戏和比赛中的安全注意事项，树立安全意识。 体育品德：感受边防军人的爱国主义精神，在小组合作中表现出团队精神和责任意识。		

课程任务

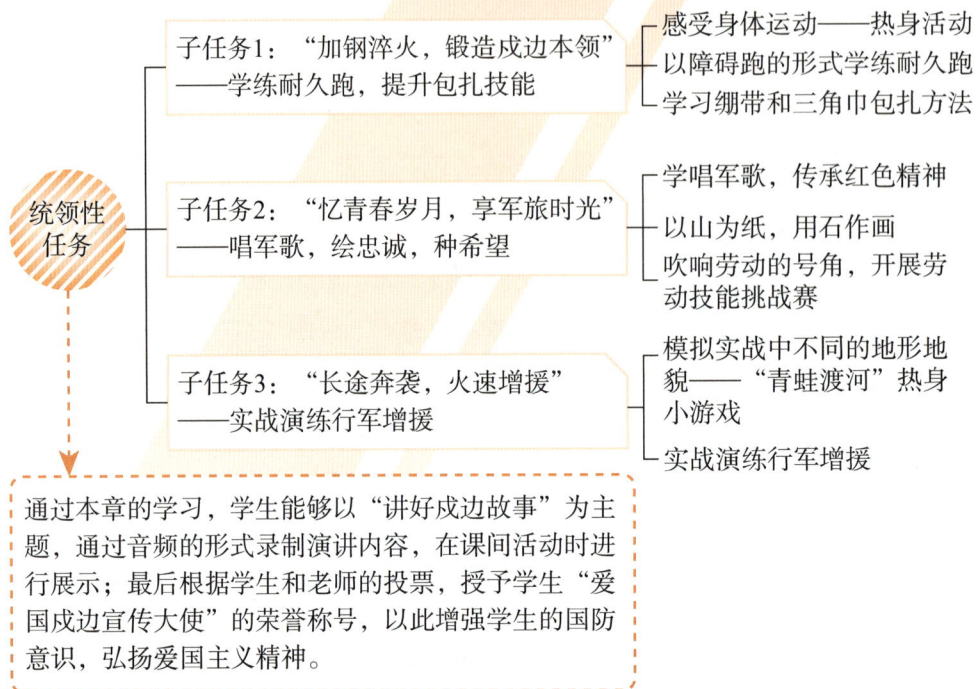

统领性任务

- 子任务1: "加钢淬火, 锻造成边本领"
  ——学练耐久跑, 提升包扎技能
  - 感受身体运动——热身活动
  - 以障碍跑的形式学练耐久跑
  - 学习绷带和三角巾包扎方法

- 子任务2: "忆青春岁月, 享军旅时光"
  ——唱军歌, 绘忠诚, 种希望
  - 学唱军歌, 传承红色精神
  - 以山为纸, 用石作画
  - 吹响劳动的号角, 开展劳动技能挑战赛

- 子任务3: "长途奔袭, 火速增援"
  ——实战演练行军增援
  - 模拟实战中不同的地形地貌——"青蛙渡河"热身小游戏
  - 实战演练行军增援

通过本章的学习, 学生能够以"讲好成边故事"为主题, 通过音频的形式录制演讲内容, 在课间活动时进行展示; 最后根据学生和老师的投票, 授予学生"爱国成边宣传大使"的荣誉称号, 以此增强学生的国防意识, 弘扬爱国主义精神。

第一课时
加钢淬火, 锻造成边本领
——学练耐久跑, 提升包扎技能

情境导入和驱动性问题

情境导入:《聪明的顺溜》系列动画是中国首部军旅题材动画片, 以强国梦、强军梦为时代背景, 取材于真实的特种部队故事, 讲述陆军侦察兵"顺溜"和他的战友用机智克服困难、用妙招帮助战友、用勇气面对挑战, 完成一系列艰难的任务, 最终成为顶尖特种兵, 夺取世界最强军人称号"兵王"的励志故事。

驱动性问题:从新兵成长为一名坚韧的成边战士, 只有经过专业的体能和技能训练, 通过

长途奔袭、隐蔽观察、敌后生存、野外格斗等不同的课目考核，才能肩负起戍守国门的神圣使命。请同学们思考"顺溜"在成长为"兵王"的过程中有哪些精神品质值得我们学习？

● 场地器材 ●

场地器材：操场、足球场、沙坑、飞镖、体操垫、栏架、跳箱、长绳、标志杆、云梯、球网、纱布、绷带、三角巾、碘伏、冰块、水等。

● 教学主要内容 ●

■ 感受身体运动——热身活动

★ 直臂环绕

练习动作：双脚开立，与肩同宽，双腿保持伸直，脚尖朝前站立于地面。双手手臂侧平举，以身体为轴从下至上绕圈，沿顺时针和逆时针方向依次旋转。主要作用是活动肩关节，激活肩袖肌群。

训练量：每组 30 秒，1 组。

★ 杰克鼓掌

练习动作：双脚开立，与肩同宽，双腿保持伸直，脚尖朝前站立于地面，双手直臂往左右两侧张开。双脚跳起往两侧打开，比身体略宽，同时双手直臂于胸前击掌。主要作用是增加肩部的稳定性，预防受伤。

训练量：每组 30 秒，1 组。

★ 旋转箭步蹲

练习动作：双脚开立，略宽于肩，双腿保持伸直，脚尖朝前站立于地面，双手于胸前曲臂折叠为起始姿势。随后，身体转向一侧，双腿膝关节弯曲，竖直蹲下，蹲至两个膝关节呈 90 度，双手保持不变，随即转向另一侧。主要作用是激活臀肌和腿部肌肉群，同时活动膝关节。

训练量：每组 30 秒，2 组。

★ 原地小步跑

练习动作：头部略抬起，双眼平视前方，头、颈部肌肉放松，挺胸，收腹，双肘关节屈曲，两手握拳，两臂自然前后摆动，向前摆动时手稍向内，向后摆动时肘稍向外，做到"前摆不露肘，后摆不露手"；双腿向前摆动时，大腿尽量向前上方高抬，使脚离地 20 厘米以上，小腿放松、自然下垂，脚尖轻轻落地，提起脚跟，脚跟不着地，利用反弹力量有节奏地进行练习。主要作用是全身热身,提高心率。

训练量: 每组 30 秒,2 组。

■ 以障碍跑的形式学练耐久跑

活动要求: 小组合作创设戍边战士训练场景,利用学校场地资源和器材,至少设置 4 个训练项目,并且能够合理串联,使其成为一个完整的训练线路,每个训练项目之间必须间隔 50 米。教师可以给学生的训练项目提供建议,如射击训练、体能强化训练、翻越障碍训练、侧姿匍匐、穿越火线、引体向上、绕标志杆等;也可以由学生自主设计训练项目、路径并进行串联,在完成任务过程中学练耐久跑。重点在于促进小组合作,增强信心,提高学生对耐久跑的兴趣。

项目示例:

项目名称	动作要求
射击训练	考验学生的眼、手、心、脑及射击准度,可以利用现有材料(如飞镖)替代。
体能强化训练	可以灵活设计各种跑的形式(如变速跑、结伴跑等)、路径和游戏规则(如定向越野等),作为障碍跑其中一项内容。
翻越障碍训练	可以将栏架或者跳箱作为障碍物,要求学生在跑动的过程中翻越障碍物。
侧姿匍匐	可以选择沙坑或者足球场作为匍匐的场地,在离地一米高处设置一张球网,要求学生在匍匐过程中避免接触球网。出于安全考虑,也可以将海绵垫铺设于地面,在离地一米高处设置球网,创设匍匐场地。
穿越火线	可以利用长绳左右、上下牵引,形成一个大渔网,要求学生通过该阵地,考验学生的意志品质。
引体向上	可以通过手攀云梯的形式锻炼学生的上肢肌肉力量,发展学生的身体协调能力。采用此方法时应注意保护与帮助,避免在运动中受伤。
绕标志杆	可以设置 5 个标志杆,每个标志杆间隔 2 米,在跑动过程中可以将此项目作为过渡项目,考验学生的协调性、平衡性和灵活性。

串联要求及示例:

要求:4 个训练项目的选择应以"能够锻炼学生各方面的身体素质和心理素质"为原则,包括提高体能、发展上肢肌肉力量和下肢肌肉力量、提高协调性和灵活性、提高腰腹部力量、培养细心和勇敢的品质等。起点距第一个项目设置为 30 米,其余每个项目之间必须保持 50 米间隔,在练习过程中需要注意安全,保护自己不受伤。

示例:翻越障碍训练(提高体能)—穿越火线(培养意志品质)—引体向上(发展上肢肌肉力量)—侧姿匍匐(提高腰腹部力量)。

注意事项: 教师可以简单示范一个项目,给予学生参考示例。学生设计过程中遇到困难时,教师可以给予学生帮助,提供项目设置的思路。

■ 学习绷带和三角巾包扎方法

活动内容： 教师讲解示范绷带和三角巾的使用方法，以及如何针对不同的伤口选择合适的包扎方式，让学生认识到包扎可以保护伤口，固定敷料、药物、骨折位置，压迫止血，减轻疼痛等。

包扎方法：

绷带"8"字包扎法： 当肘、膝、踝等关节部位受伤时，可使用"8"字包扎法，多用于夹板的固定。方法是先将绷带环形缠绕数圈固定，然后以绷带的宽度作间隔，斜着上缠或下缠。

以肘关节为例：首先，用纱布块覆盖伤口，并在肘关节正中环形包扎两周；然后将绷带从右下越过关节向左上包扎，绕过肘关节上方，再从右上越过关节向左下包扎，呈"8"字形，每周覆盖前一周2/3；最后，环形包扎2周固定。包扎松紧度以能插入一根手指为宜，包扎后注意观察伤处远端感觉、皮肤颜色及皮肤温度变化。

绷带环形包扎法： 这是绷带包扎法中最基本、最常用的，一般小伤口清洁后的包扎都用此法。它还适用于腕部、小腿等粗细相近的部位。

以腕部为例：首先，用纱布块覆盖伤口；然后用弹力绷带连续缠绕，每一周压住前一周进行包扎，包扎时需注意松紧度，以能插入一根手指为宜；最后，包扎完成后检查伤处远端感觉、皮肤颜色及皮肤温度变化。

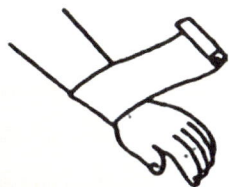

绷带螺旋包扎法： 当有人下肢、前臂等粗细相近的部位受伤，且伤口较大时，可使用螺旋包扎法。

以前臂为例：首先，用纱布块覆盖伤口，并按环形包扎法包扎2—3周；然后斜旋向上缠绕，每周压住前一周2/3；最后以环形包扎结束。包扎松紧度以能插入一根手指为宜，包扎完成后注意观察伤处远端感觉，皮肤颜色及皮肤温度变化。

若伤口出血量较多，可使用螺旋反折包扎法增加包扎力度。首先，用纱布块覆盖伤口并按环形包扎法包扎2—3周；然后一只手拇指按住绷带上面，另一只手将绷带自此点向下反折，此时绷带上缘变成下缘，再斜行向上缠绕，每周都进行反折并压住前一周2/3；最后以环形包扎结束。

三角巾包扎法： 在急救中常用于各部位的包扎，可用于手部、足部包扎，还可对脚挫伤进行包扎固定，对不方便上绷带的伤口进行包扎和止血。对于较大创面、固定夹板、手臂悬吊等，需用三角巾包扎法。

以头部包扎为例：首先将三角巾底边向内对折约两横指宽，三角巾的顶角对准伤者脑后正中线；然后将三角巾两底角从伤者前额齐眉处经双耳上方拉向枕部，在枕骨下方交叉并压紧顶角，再绕到前额打结；最后将三角巾末端多余的部分塞入包好的三角巾内。

教学过程示例

（一）课堂常规（建议 3 分钟）

师生问好，教师进行课堂常规整队和考勤，检查学生着装是否规范，安排见习生。教师宣布本节课教学目标与内容，提醒学生在准备活动和整理活动中做好充分拉伸，在体能练习和体育游戏中要量力而行，保持合理距离，注意环境安全。

（二）新课导入（建议 5 分钟）

> **教师** 问题：同学们有没有看过一些军旅题材的电视剧或者电影？（学生自由回答）

教师： 通过影视剧里的片段，我们可以了解军人日常生活训练的部分内容，也能够理解要想成为一名真正的战士需要付出很多努力，经过许多严苛的训练，掌握一些必要的技能。现实生活中军人的训练强度与影视剧中相比则有过之而无不及。

（三）教学活动（时间分配：建议 22 分钟）

▲ 活动一：感受身体运动——热身活动（建议 4 分钟）

> **教师** 问题：大家思考一下，假设我们现在身处战场，在敌众我寡的情况下，要想取得战争的胜利，我们需要掌握哪些本领？

教师🔊：接下来我们通过几个小练习来感受身体活动，提高身体的温度。在活动过程中同学们要注意思考老师提出的问题。

教学提示：教师讲解练习内容，并且提醒学生在练习过程中注意安全，保护好自己，不要受伤。

▲ 活动二：以障碍跑的形式学练耐久跑（建议10分钟）

教师🔊：从新兵成长为一名合格的戍边战士需要经过长时间的体能训练，其中障碍跑就是戍边战士们的日常训练内容之一。今天我们就一起感受一下戍边战士的日常训练。

教师🔊：在正式开始训练之前，老师希望同学们能够自主设计障碍跑的内容，以小组合作的形式进行，全程200米，包含4个项目，希望同学们能够发挥聪明才智设计出不一样的内容。最后，我们根据设计的障碍跑项目进行练习。

教学提示：教师讲解具体的设计要求，引导学生在已学动作技术的基础上灵活设计项目内容，并在练习过程中引导学生自主学习耐久跑的技术要领，指导学生正确调整呼吸节奏。

▲ 活动三：学习绷带和三角巾包扎方法（建议8分钟）

问题

教师🔊：戍边战士们在战场上拼杀，免不了会受伤，此时掌握一定的急救与救援技巧就显得十分重要了。同学们，如果战友的手腕受伤了，需要进行包扎，应该怎么处理呢？（学生自由回答）

教师🔊：大家想不想知道正确的包扎方法？下面跟随老师一起来了解不同的包扎方法以及如何正确使用包扎材料。

教学提示：教师讲解具体的包扎步骤，提醒学生包扎时的注意事项，可以结合视频补充其他包扎方法，并引导学生试着练习。

（四）放松整理小结（建议5分钟）

教师🔊：同学们，让我们一起跟随音乐的节拍，调整呼吸节奏，放松我们的全身，拉伸我们的肌肉吧。

教学提示：教师带领学生做肌肉、韧带拉伸活动，并提示学生注意量力而行，有针对性地放松身体酸痛部位。

问题

教师🔊：通过这一课时的学习，同学们有什么收获吗？（学生自由回答）

第二课时
忆青春岁月,享军旅时光
——唱军歌,绘忠诚,种希望

- -

◉ 情境导入和驱动性问题 ◉

情境导入: 某边防团条件艰苦,被称为"生命禁区"。近年来,官兵们的生活有了极大的改善,该团对温室进行了"翻新",暖气、电动棉被等设施让冬日的温室更加暖和。他们种植了黄瓜、蘑菇、辣椒等蔬菜,收获颇丰。团里还通过不断改善养殖条件,让冬季的高原也能鸡鸭满圈、牛羊成群。经过"军营大厨"的精心烹饪,官兵们一年四季都可以吃上可口的饭菜。现在,官兵们吃得安心,高原生活也更加丰富多彩。营区内学习资料、娱乐设施一应俱全,官兵在训练、巡逻之余还能够享受到更有保障、更高品质的快乐时光。

驱动性问题: 请同学们思考,边防军人除了日常的训练、巡逻之外,还会有哪些活动内容呢?

◉ 场地器材 ◉

场地器材: 操场、麻袋、标志桶、标志盘、体操垫、篮球、足球、接力棒、石头等。

◉ 教学主要内容 ◉

■ 学唱军歌,传承红色精神

智慧加油站: 教师结合三年级上学期音乐课本中的《军队进行曲》,使学生感受军人豪迈、坚定的伟大魄力,增强对人民军队的喜爱之情,通过歌曲《清澈的爱,只为中国》使学生感受喀喇昆仑一线执勤部队扎根高原的信心和决心，并让学生通过学唱《团结就是力量》《小白杨》等军歌，传承红色精神。

演唱歌曲：

《团结就是力量》

团结就是力量
团结就是力量
这力量是铁
这力量是钢
比铁还硬比钢还强
向着法西斯蒂开火
让一切不民主的制度死亡
向着太阳向着自由
向着新中国发出万丈光芒

团结就是力量
团结就是力量
这力量是铁
这力量是钢
比铁还硬比钢还强
向着法西斯蒂开火
让一切不民主的制度死亡
向着太阳向着自由
向着新中国发出万丈光芒

《小白杨》

一棵呀小白杨　　　　　栽下它
长在哨所旁　　　　　就当故乡在身旁
根儿深干儿壮
守望着北疆　　　来来来 来来来 来来来来来
微风吹　　　　　　小白杨 小白杨
吹得绿叶沙沙响罗喂　　也穿绿军装
太阳照得绿叶闪银光　　同我一起守边防

来来来 来来来 来来来来　来来来 来来来 来来来来来
小白杨 小白杨　　　　　小白杨 小白杨
它长我也长　　　　　　同我一起守边防
同我一起守边防　　　　　一起守边防

当初呀离家乡
告别杨树庄
妈妈送树苗
对我轻轻讲
带着它
亲人嘱托记心上罗喂

■ 以山为纸，用石作画

智慧加油站：教师展示边防军人就地取材、富有创意的艺术作品，让学生感受边防军人以自己的方式呈现出的"中国式浪漫"，带领学生选择不同形式的绘画风格和手工制作模型来表达自己对祖国的热爱。

活动要求：课上四人一组，任意选择一种形式（石头画、线描画、油画、水彩画等）进行合作，其中必须包含一句对祖国的祝福语。课后每组将自己的创意通过手工制作的方式（彩线贴画、纸贴画、谷物画、陶泥画等）进行展示。

■ 吹响劳动的号角，开展劳动技能挑战赛

智慧加油站：教师结合劳动课本中《劳动最光荣》单元知识模拟春种秋收的劳动场景，组织劳动技能挑战赛，使学生感受边防军人在中国边境劳作时自给自足的幸福感，坚定共同守护美丽的绿色家园的信念。

活动要求：模拟边防军人种植蔬菜的全过程（犁地、撒种子、推独轮车施肥、大丰收等），体验多种劳动场景，加深对边防军人的理解与关心，体验他们苦中作乐的生活。

▲教具：麻袋、标志桶、标志盘、体操垫、篮球、足球、接力棒。

▲规则：比赛时间为 10 分钟，以小组的形式进行，分 4 个小组。每组需完成两轮种植任务，每个项目两人，依次进行，最后一名同学结束后举手示意裁判，用时最短的队伍获胜。

1. 犁地：两人一组，一人坐在麻袋上，一人拖拽前行，行进至标志桶处两人互换返回。

2. 撒种子：两人一组，折返跑放置标志盘。一人跑至标志桶处折返，在折返途中放置两个标志盘，返回起点后另一人出发，重复动作。

3. 推独轮车施肥：一人俯撑于地面，另一人双手抬起其脚踝，进行模拟小推车比赛，行进至标志桶处两人互换返回。

4. 大丰收：两人合作抬起竹筐（体操垫），将放在标志桶处的"南瓜"（篮球）、"西瓜"（足球）、"玉米"（接力棒）和放在返回途中的"蔬菜"（标志盘）一起放在"竹筐"（体操垫）中运送到粮仓（起点）。

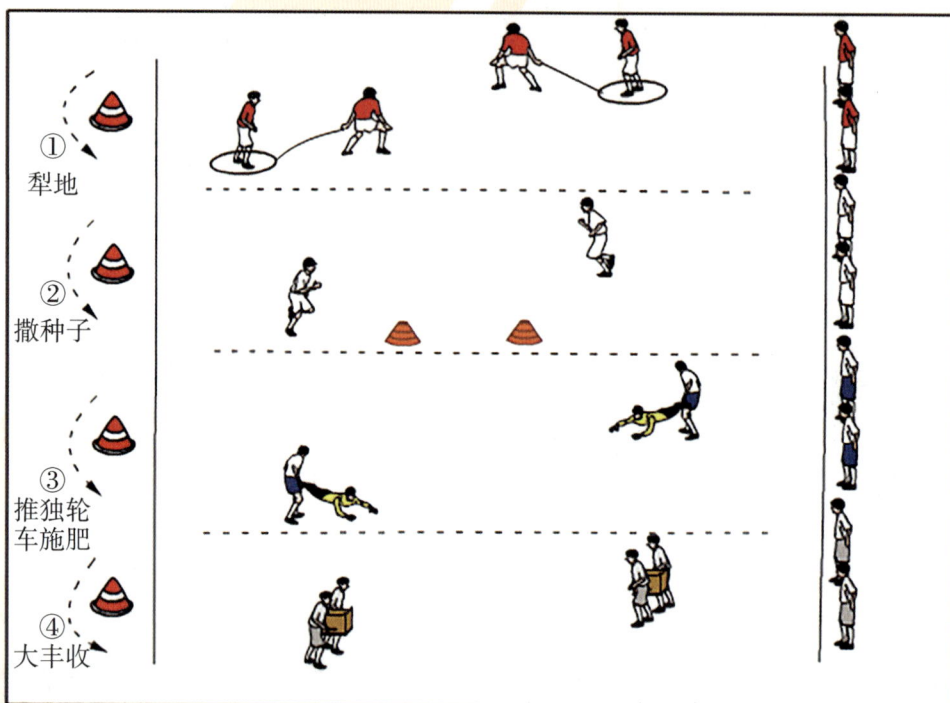

① 犁地

② 撒种子

③ 推独轮车施肥

④ 大丰收

教学过程示例

（一）课堂常规（建议 3 分钟）

师生问好，教师进行课堂常规整队和考勤，检查学生着装是否规范，安排见习生。教师宣布本节课教学目标与内容，提醒学生在准备活动和整理活动中做好充分拉伸，在体能练习和体育游戏中要量力而行，保持合理距离，注意环境安全。

（二）新课导入（建议 5 分钟）

> **问题**
>
> **教师👨‍🏫：** 大家经常可以从一些影视片段中看到军人坚毅顽强的一面，其实在日常生活中他们也有非常可爱的一面，在完成每日工作之余，也会开展一些娱乐活动。同学们觉得这些可爱的边防军人们会进行哪些活动呢？（学生自由回答）

教师👨‍🏫： 接下来就跟随老师一起来体验边防军人们快乐的军旅时光！

（三）教学活动（建议 22 分钟）

▲ 活动一：学唱军歌，传承红色精神（建议 6 分钟）

> **问题**
>
> **教师👨‍🏫：** 唱歌可以给别人带来美好的听觉享受，给自己带来心灵的快乐，也可以将自己的情绪通过歌曲表达出来。唱军歌则可以增加士气，凝聚人心，也可以活跃大家的气氛。同学们知道哪些军歌？（学生自由回答）

教师👨‍🏫： 大家一起欣赏《军队进行曲》和《清澈的爱，只为中国》这两首歌曲，感受音乐表达的思想情感。

教学提示： 教师带领学生欣赏音乐，体验歌曲蕴含的情感，提高学生对军歌的兴趣。

教师👨‍🏫： 通过对上述两首歌曲的欣赏，大家应该能够体会到其中的力量，接下来就跟随老师一起来学习演唱《团结就是力量》和《小白杨》这两首军歌。

教学提示： 教师带领学生学习演唱两首军歌，重点让学生唱出军人的豪迈气势，唱出军人的责任与担当。

▲ 活动二：以山为纸，用石作画（建议 6 分钟）

教师👨‍🏫： 每一首军歌里都藏着每一个时代军人的情怀，我们从歌曲里可以感受到他们对祖国和人民的深情爱恋。除了歌唱，边防军人们还会通过绘画来表达自己对祖国的忠诚和热爱。

教师👨‍🏫： 许多边境地区以标语的形式展现对祖国的热爱，他们"以山为纸"，刻画了一处处让人动容的地标。在雪域高原，他们"用石作画"，表达了对祖国的忠诚和祝福。这或许就是边防军人们以他们自己独特的方式展现的"中国式浪漫"。

教学提示： 教师向学生展示祖国边境的一些地标，以及边防军人们作的画，引导学生感受边防军人们对祖国的热爱与忠诚。

教师📢: 同学们，我们目前或许不能像这些边防军人们一样卫国戍边，但我们也可以用自己的方式表达对祖国的热爱与祝福，大家觉得我们可以做哪些事情呢？（学生自由回答）

教师📢: 接下来跟随老师一起通过绘画和手工制作的形式来表达我们对祖国的祝福。

教学提示: 教师讲解活动要求，给予学生丰富的想象空间，引导学生用各种绘画形式和手工制作方式来完成此次活动，提醒学生在创作过程中注意团队协作，共同完成此次任务。

▲ 活动三：吹响劳动的号角，开展劳动技能挑战赛（建议 10 分钟）

教师📢: 上述两个活动都是边防军人们在日常生活中会开展的内容，除此之外，还有一项内容可能是同学们意想不到的，那就是生产劳作！大家知道为什么边防军人需要自己劳作种菜吗？（学生自由回答）

教师📢: 在一些边境地区，由于生态环境恶劣，各种蔬菜保鲜技术在大雪封山的漫长冬季作用有限。长期食用脱水蔬菜、冷冻蔬菜、罐头蔬菜等会导致边防军人营养不良。为了解决这些问题，他们不断尝试自己种植蔬菜。能吃上自己种植的蔬菜，对于他们来说是一件非常幸福的事情，这些绿油油的菜园饱含着他们对家乡的思念和对边关生活的期待，让他们在艰苦的环境中找到一丝生活的"甜"。

教学提示: 教师带领学生了解边防军人劳作的原因，感受他们积极乐观的心态。

教师📢: 那么接下来同学们也一起来体验边防军人们种植农作物的全过程，感受边防军人在中国边境通过劳作自给自足的幸福感。

教学提示: 教师讲解具体的活动要求，并提醒学生在活动过程中注意安全，懂得团队协作，感受劳作的快乐。

（四）总结与反思（建议 5 分钟）

教师📢: 通过这一课时的学习，同学们有什么收获吗？（学生自由回答）

教学提示: 教师带领学生回顾本课时的学习内容，共同感受边防军人们对祖国的忠诚和热爱，以及他们业余生活的多样性，感受他们苦中作乐的生活态度，学习他们积极乐观的心态。

第三课时
长途奔袭，火速增援
——实战演练行军增援

● 情境导入和驱动性问题 ●

情境导入：学校通常每年会通过举办专题展览、知识竞赛、主题班会等活动，加强对学生进行地震基本知识、应急求生技能、防震法律法规宣传的力度，定期组织师生开展地震应急和自救互救演练，采取多种方式最大限度地减少地震灾害时的人员伤亡。边防军队也会定期开展实战化演练，通过紧急处置多种突发情况，锤炼官兵的快速应战能力。

驱动性问题：请同学们思考，无论是学校定期开展的地震灾害应急演练，还是军队的实战演练，参加演练的人员需要具备怎样的身体能力才能顺利完成任务？

● 场地器材 ●

场地器材：操场、障碍跑所需器材（如栏架）、救援工具箱、长绳、硬纸片、胶带纸等。

● 教学主要内容 ●

■ 模拟实战中不同的地形地貌——"青蛙渡河"热身小游戏

智慧加油站：教师结合语文课本中《飞夺泸定桥》的课文内容，创设士兵们在没有桥的情况下急需渡河增援的情境，让学生体验行军增援中遇到的各种复杂地形，提出行之有效的应对措施和解决方案，提高学生的思维和快速反应能力。

游戏设置：

▲教具：1.长绳（代表船的绳索）；2.硬纸板（代表小船）；3.两条标志线（代表河流宽度

5米）。

▲规则：学生在标志线后成四路纵队，每队有一名队员通过模拟游泳的方式到达河对岸，扮演船夫的角色，其余队员则扮演需要渡河的士兵。"船夫"在游向对岸时将硬纸板上绑着的绳索带到对岸，硬纸板则留在起点处用于渡河。"士兵"站到硬纸板上，"船夫"需要在河的对岸用手拉住绳子。"士兵"必须一直站在硬纸板上才能保证顺利渡河。为了减轻硬纸板承受的压力，"士兵"必须以青蛙跳的方式前进，同时"船夫"拉动绳子并带动硬纸板向前，必须保证"士兵"的脚不能落于地面。如果"士兵"踩地就代表渡河失败。一轮结束后，顺利渡河人数多的队伍获胜。

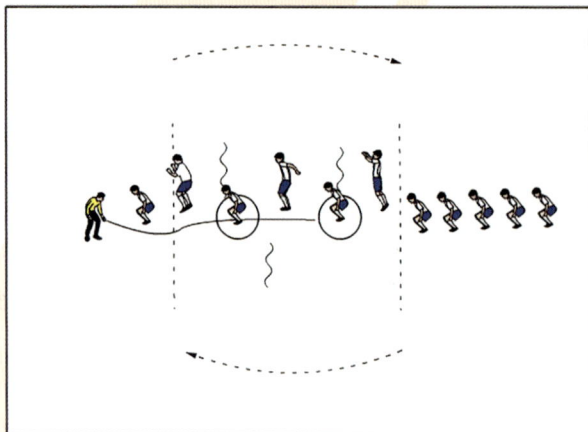

注意事项：在进行热身游戏的过程中，教师应提醒学生注意团结协作，共同思考渡河的最佳方法，同时提醒学生在游戏过程中注意安全，保护好自己，不要受伤。教师可以引导学生提前制订方案，比如，每次向前跳的距离是1米，船夫拉动绳子的距离也是1米，减少失误。

■ 实战演练行军增援

智慧加油站：教师指导学生结合校园的平面图和实际地形，设计出几种不同的增援路径，根据图上距离和比例尺换算出每条路径的实际距离，选取其中行程最短的增援路径，做到精准驰援。

演练要求：

★ 学生活动：

1. 以小组为单位，每组为一个连队，分别驻扎在不同的地区，同时进行增援。

2. 根据提供的平面图和比例尺，每个连队自行设计增援路径，以求快速到达指定地点进行增援。

3. 每个连队根据所提供的材料自行准备应急救援包，灵活处理增援过程中遇到的种种问题，针对救援过程中出现的队员受伤情况给予及时的包扎处理，确保快速又安全地到达指定地点。

4. 实战演练结束后，学生自行根据每个连队设置的增援路线及实施情况评选优秀增援团队，说出其优缺点并提出改进意见。

★ 教师组织：

1. 给学生校园平面图，供其设计增援路径。

2. 在不同的增援路径途中设置相应的障碍物，增加学生增援的难度，更好地提升学生耐久跑的能力。

3. 在提供的应急救援包材料中，减少绷带和三角巾数量，以其他材料代替，如红领巾、短袖、毛巾等，考验学生的应急处理能力。

4. 播放激情昂扬的音乐，创设一方有难、多方增援的情境。

● 教学过程示例 ●

（一）课堂常规（建议 3 分钟）

师生问好，教师进行课堂常规整队和考勤，检查学生着装是否规范，安排见习生。教师宣布本节课教学目标与内容，提醒学生在准备活动和整理活动中做好充分拉伸，在体能练习和体育游戏中要量力而行，保持合理距离，注意环境安全。

（二）新课导入（建议 5 分钟）

教师🔊： 在战争中，战场情况经常变幻莫测，很多情况都是无法预估的。要想提高战斗的获胜概率，士兵们就必须在训练中模拟各种可能出现的情况，提升应对紧急情况的能力，演练在不同地貌环境中的作战能力，增强制订作战计划和执行增援的能力。

教师🔊： 通过之前的训练学习，大家已经收获了很多知识技能，今天就要考验一下大家的综合能力，看看你们在实战演练中能否发挥所掌握的知识技能。

（三）教学活动（建议 22 分钟）

▲ 活动一：模拟实战中不同的地形地貌——"青蛙渡河"热身小游戏（建议 7 分钟）

问题

教师🔊： 下面我们通过"青蛙渡河"的热身小游戏，来模拟实战中遇到需要渡河的情境。在游戏过程中，请大家思考一个问题：要想成功顺利渡河，需要发挥什么精神？

教学提示： 教师讲解具体的游戏规则，并引导学生积极思考问题，提醒学生在游戏过程中注意安全。

▲ 活动二：实战演练行军增援（建议15分钟）

教师👤："养军千日，用在一朝。"通过上述三个课时的学习，相信同学们已经掌握了足够的知识技能，今天就通过一场实战演练来考验一下大家的综合能力吧。

教学提示：教师讲解具体的实战演练规则，引导学生综合运用所学知识技能完成增援任务，灵活处理增援过程中的突发状况，同时提醒学生在演练过程中要有团队合作精神，以最小的"代价"赢得胜利。

（四）放松整理小结（建议5分钟）

教师👤：同学们，让我们一起跟随音乐节拍，调整呼吸节奏，放松我们的全身，拉伸我们的肌肉吧。

教学提示：教师带领学生做肌肉、韧带拉伸活动，并提示学生注意量力而行，有针对性地放松身体酸痛部位。

教师👤：通过这一章节内容的学习，同学们有什么收获吗？（学生自由回答）

问题

教学提示：教师带领学生回顾本章节的主题，增强学生的国防意识和爱国主义精神，培养学生的合作学习能力和团队精神，提高心肺耐力；陶铸学生自信自强、克服困难、勇敢顽强、坚韧不拔的意志品质。布置相应的课后练习。

课后作业

健康知识小测试（fitness knowledge test）

一、判断题

1. 膝关节受伤时一般采用螺旋反折法包扎。（　　）

2. 止血包扎结束后，应检查远端血液循环，如有过紧的体征，应立即松开绷带，重新缠绕。（　　）

二、选择题

1. 现场救护对伤口进行包扎的目的是（　　）。

A. 保护伤口，防止感染　　　　　　　B. 止血

C. 以上均正确

2. 患者左手被机器切断，断肢端应采用何种包扎方法？（　　）

A. 螺旋反折式包扎　　　　　　　　　B. 回返式包扎

C. 环形包扎　　　　　　　　　　　　D. "8"字包扎

跨学科知识作业（interdisciplinary homework）

运用美术中的手工制作方法，每组将各自创作的包含对祖国祝福语的绘画作品以手工艺品方式（彩线贴画、纸贴画、谷物画、陶泥画等）呈现并展示。

体育活动作业（physical activity homework）

结合课上学习的耐久跑技术，充分发挥学生的创造力和想象力，创编其他不同形式的耐久跑活动形式，并能够写出具体的练习规则，增强耐久跑的趣味性。

教师自评与教学反思

姓名(   )   性别(   )   年龄(   )   职称(   )   任职年限(   )

教师教学效果自评				
类别	A. 优良	B. 较好	C. 有待提高	自评等级
课中问答	大部分学生能正确和完整地回答教师的提问,包括本节课所传授的知识和学过的知识。	大部分学生能较正确和完整地回答本节课所传授的知识。	大部分学生回答课堂教学知识不全面或回答错误。	( )
课堂气氛	课堂气氛活跃,师生互动性强,大部分学生积极参加课堂讨论和体育游戏,有很好的分享、合作氛围。	课堂气氛一般,师生互动尚可,一半学生参加课堂讨论和体育游戏,有一定的分享、合作氛围。	课堂气氛沉闷,师生互动较少,少部分学生参加课堂讨论和体育游戏,缺乏尊重、分享、合作氛围。	( )
作业反馈	大部分学生能完成教师布置的各项课后作业,作业表现优异。	大部分学生基本能完成教师布置的各项课后作业,作业表现尚可。	大部分学生不能完成教师布置的各项课后作业,作业表现较差。	( )
教学反思				
课程核心素养落实	教学探索: 改进措施:			
跨学科知识融入	教学探索: 改进措施:			
教学方法应用	教学探索: 改进措施:			
授课中印象深刻的小故事				

教学拓展

本章的主题为"戍边小战士",本课的核心任务是引导学生模拟不同地形地貌,开展各种耐久跑学练和发展肌肉力量、肌肉耐力、协调性和平衡能力等活动。本课的设计目的是让学生了解与国防相关的语文、音乐、美术、劳动、道德与法治和数学等学科知识;在障碍跑设计活动中,结合不同地形地貌学习与耐久跑相关的体育与健康知识;通过模拟国防事件中可能出现的受伤情况,学练不同的包扎方法;在劳动技能挑战赛中发展学生的体能;在国防模拟演练活动中,综合考察学生的各项知识技能应用能力。本活动可以由体育教师独立实施,也可以协同其他学科(如语文、音乐、美术、劳动、道德与法治、数学等)教师一起完成。

知识窗——人工智能赋能军事训练

◇ 人工智能是引领新一轮科技革命和产业变革的重要驱动力,正深刻改变着人们的生产、生活和学习方式,推动人类社会迎来人机协同、跨界融合、共创分享的智能时代。在军事领域,人工智能也是极有可能重塑战争的颠覆性技术之一,与机械化、信息化战争相比,未来的智能化战争在作战样式、武器装备、技术支撑和制胜机理等方面都将发生革命性变化。

◇ 沉浸式仿真技术是集计算机技术、网络信息技术、图形图像技术、自动控制技术和人工智能技术于一体的综合性技术,主要包括虚拟现实、增强现实和混合现实技术,通过使用沉浸式仿真技术升级战术训练,将不同比例的虚拟物体、提示信息和现实场景相叠加,为参训人员提供逼近真实,甚至超越真实的模拟战场环境,实现实兵交战系统、装备训练模拟器材和指挥对抗模拟系统的互联、互通、互操作。

科学实证——睡眠情况与运动表现

许多军事任务需要持续的体力活动,如公路行军、陆地导航、操纵障碍和远距离疏散伤亡人员。有研究表明,睡眠限制或者睡眠剥夺对军事人员有氧运动能力有一定的影响。能在睡眠不足和长时间体育活动的苛刻条件下保持有氧健康的个体,更有能力完成军事任务。

例如,Keramidas(2018)等在 61 名男女学员的 3 公里跑步测试中检验了 SR(sleep restriction:睡眠限制,小于维持较好状态所需的睡眠时间)对运动表现的影响。研究结果显示,对照组(运动前没有小睡)的 3 公里跑成绩表现明显下降,午睡组(运动前小睡 30 分钟)的 3 公里跑运动成绩则跟平时没有太大差异。Knapik(1990)等报告称,在连续五晚且每晚 5 小时的睡眠限制情况下,完成 2 英里跑测试所需的时间显著增加(14.4 ± 1.7 至 15.6 ± 1.9 分钟）。Tomczak（2017）等分析了空军学员进行 36 小时 SD（sleep deprivation：睡眠剥夺，持续清醒时间在 24 小时以上）结合适度体育活动后的 HR（heart rate：心率）反应和完成 1 英里步行测试的时间。尽管完成 1 英里步行测试的时间没有显著变化，但按照 SD 方案，完成时的心率显著降低（148 ± 6 至 132 ± 3 bpm）。

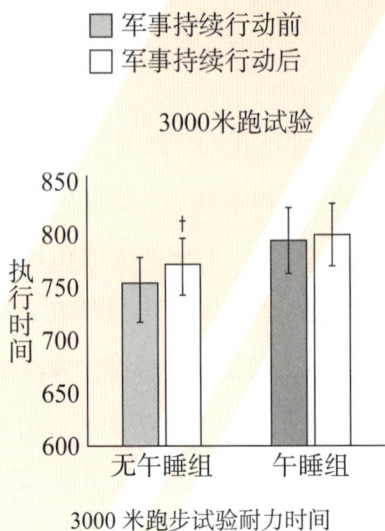

3000 米跑步试验耐力时间

科技前沿——基于虚拟现实技术的极限军事训练

VR（Virtual Reality：虚拟现实）作为一种较为成熟的技术，通过视觉和听觉的沉浸式体验，配合平常条件下难以出现的场景，使受训者在心理和生理上达到一定程度的反应，从而提升其对极限条件的适应能力。为更好地遵循训练从易到难的基本规律，虚拟现实技术辅助军事训练最开始应主要以 VR 技术为主，之后将应用 AR（Augmented Reality：增强现实）和 MR（Mixed Reality：混合现实）技术提升训练强度。训练过程中，受训者通过头戴式立体显示器、数据手套、体感设备做出相应的训练动作，对应的虚拟场景呈现出相应变化，使受训者能够更好地进入"角色"，从而产生强烈的"环境沉浸感"，进而产生"角色沉浸感"和"心理沉浸感"，实现"意识沉浸"和"思维沉浸"，提高训练的质量与效果。

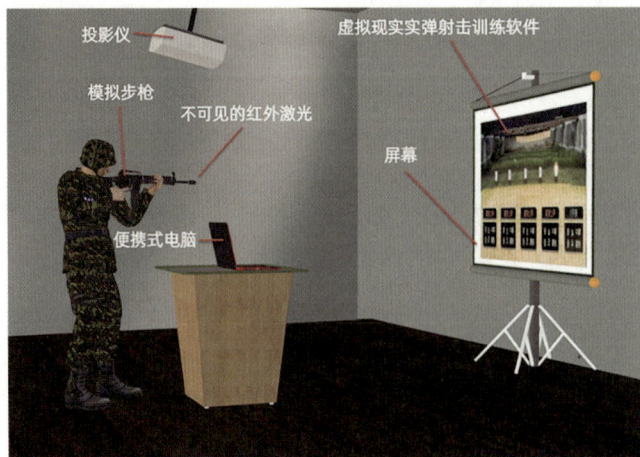

3D 交互式 VR 系统的概念

第十二章 抗疫先锋队

学科教学目标

认知目标: 能够了解常见传染病的防治知识,知道个人卫生健康的重要性,在历史长廊和成语典故中感受医务人员无私奉献的精神。

技能目标: 能够牢记"防疫"童谣中的内容并向他人进行宣传,运用所学知识创编健身放松操,积极参加社会志愿服务,提高动手能力和社会实践能力。

情感目标: 能够具备团结协作、攻坚克难、勇于创新等优良品质,面对逆境勇往直前,不断树立信心,能够识别、表达情绪,提高与他人沟通交流的能力。

跨学科教学目标

> 文明其精神,野蛮其体魄。
>
> ——毛泽东

认知目标: 能够了解细菌、病毒等微生物对人类的影响,知道常见传染病的防治知识和疫苗接种的作用,能够了解那些为现代医学和抗击疫情做出努力的医务人员的感人故事,通过学习相关成语典故,理解医者仁心的大爱。

技能目标: 能够演唱北外滩沪语"防疫"童谣,具备一定的语文和英语的口语表达能力,能够讲述和传播中国防疫的具体措施、相关要求和伟大抗疫精神。

情感目标: 能够对本节课融入的语文、英语、科学、音乐和劳动等跨学科知识充满兴趣,乐于运用跨学科知识了解和探究体育与健康相关问题,对自己的体育与健康跨学科学习能力充满信心。

教学重点、难点与跨学科知识点

教学重点: 掌握常见传染病的防治知识,了解疫苗接种的作用,在志愿服务中学会不同的技能和本领。

教学难点: 在志愿服务中能够协调各方资源,合理进行调配,并且在志愿服务中提升自己的口语表达和组织能力,能够与他人进行较好的沟通,培养学生在活动过程中的自我决策能力。

跨学科知识点: 融合科学知识,了解细菌、病毒等微生物对人类的影响,知晓常见传染病的防治知识以及疫苗接种的作用;融合语文中的成语典故和《扁鹊治病》的故事,了解那些为现代医学和抗击疫情作出贡献的医务人员,感受"医者仁心"的大爱;融合音乐的赏析和表演技能,学习演唱"防疫"童谣;融合英语的口语表达,能够尽可能清楚地向外国友人传达我国的防疫要求;融合劳动中"公益劳动和志愿服务"的内容,参与体验疫情防控宣传的志愿服务。

课程地图

主题学习名称: 抗疫先锋队(小学水平二)			
学科	**语文**	**科学**	**劳动**
课程目标	能够了解常见传染病的防治知识,注重个人卫生健康;掌握志愿服务的内容,提高动手能力;在志愿服务中提升口语表达和组织能力,能够与他人进行较好的沟通。		
关键问题	如何防治传染病?	抗疫医生为医学的发展作出了哪些贡献?	如何更好地进行志愿服务工作?
内容	1. 了解从古至今的抗疫名医,并学习他们的个人事迹、为医学作出的贡献; 2. 学习描写医生的成语并能够了解其典故,从中体会医生的优秀品质。	1. 了解细菌、病毒等微生物对人类的影响,以及常见传染病的防治措施; 2. 了解疫苗接种的作用。	能够参与1—2项力所能及的志愿服务,关爱他人健康。
能力	理解能力;识记能力;表达能力。	理解能力;探究能力。	表达能力;实践能力。
课程主题		**核心素养指向**	
学习疫情防控知识,注重个人卫生健康;致敬抗疫医生,常怀感恩之心;参与志愿服务,关爱他人健康;懂得敬畏自然、尊重生命。		运动能力:在志愿服务活动中锻炼自己的身体素质,提高自己的运动能力。 健康行为:掌握并运用疫情相关的健康知识和技能,能够保持良好心态,适应社会环境。 体育品德:在合作比赛中感受团队精神,能够做到文明礼貌,有责任意识。	

课程任务

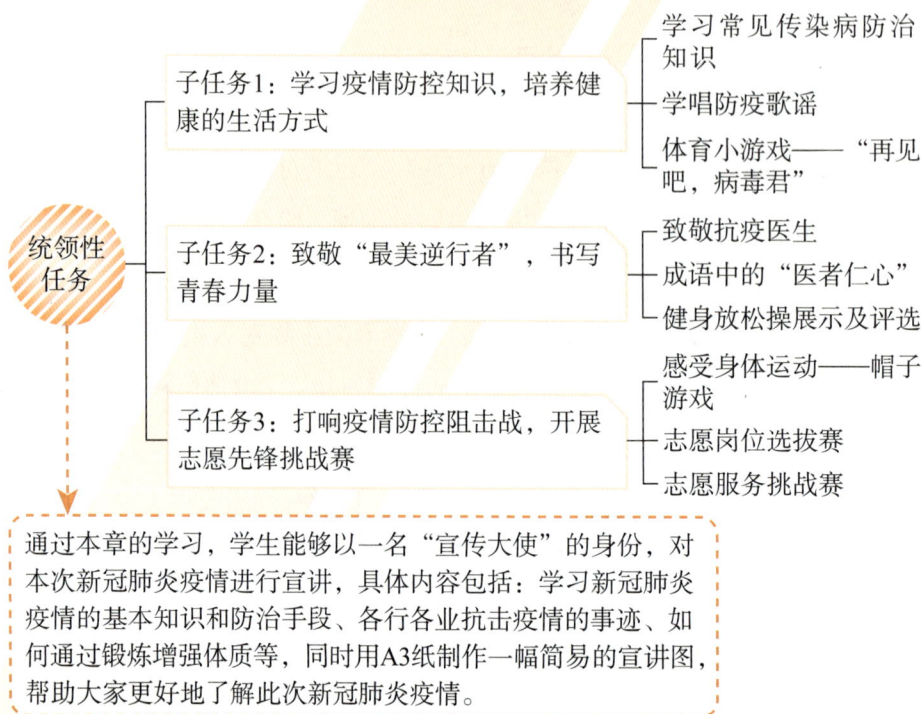

统领性任务

子任务1：学习疫情防控知识，培养健康的生活方式
- 学习常见传染病防治知识
- 学唱防疫歌谣
- 体育小游戏——"再见吧，病毒君"

子任务2：致敬"最美逆行者"，书写青春力量
- 致敬抗疫医生
- 成语中的"医者仁心"
- 健身放松操展示及评选

子任务3：打响疫情防控阻击战，开展志愿先锋挑战赛
- 感受身体运动——帽子游戏
- 志愿岗位选拔赛
- 志愿服务挑战赛

通过本章的学习，学生能够以一名"宣传大使"的身份，对本次新冠肺炎疫情进行宣讲，具体内容包括：学习新冠肺炎疫情的基本知识和防治手段、各行各业抗击疫情的事迹、如何通过锻炼增强体质等，同时用A3纸制作一幅简易的宣讲图，帮助大家更好地了解此次新冠肺炎疫情。

第一课时
学习疫情防控知识，培养健康生活方式

情境导入和驱动性问题

情境导入：传染性非典型肺炎（简称非典）是由 SARS 冠状病毒引起的一种具有明显传染性、可累及多个脏器系统的特殊肺炎，世界卫生组织将其命名为严重急性呼吸综合征（Severe Acute Respiratory Syndrome，简称 SARS）。非典最早于 2002 年在中国广东佛山被发现，后扩散至东南亚乃至全球，直至 2003 年中期疫情才被逐渐消灭。临床上非典患者以发热、乏力、头痛、肌肉关节酸痛等全身症状和干咳、胸闷、呼吸困难等呼吸道症状为主要表现，部分患者

还可伴有腹泻等消化道症状。新型冠状病毒虽与 SARS 冠状病毒同属冠状病毒家族，但病毒属性和扩散能力差别很大，新型冠状病毒的传染性较非典更强，致死率较非典更低。

驱动性问题：冠状病毒虽然"凶猛"，但也有其弱点，那么我们应采取哪些预防措施来对抗此类传染病呢？

● 场地器材 ●

场地器材：操场、音响、障碍物、小纸团、标志物、标志线等。

● 教学主要内容 ●

■ 学习常见传染病防治知识

智慧加油站：教师通过介绍五年级上学期科学课本中《多种多样的微生物》单元知识，使学生了解生活中常见的微生物（如细菌、病毒、真菌等），并结合新型冠状病毒感染，使学生初步认识微生物对人类的影响；同时介绍《预防传染病》单元的科学知识，使学生了解常见的几种传染病的致病微生物、传播途径、症状表现和易感染人群，以及如何预防传染病的知识，并简要了解疫苗接种的作用。

新型冠状病毒感染	
疾病定义	由新型冠状病毒引起的急性呼吸道传染病。
传播方式	主要通过飞沫传播、直接接触传播、气溶胶传播和间接接触传播。
主要症状	以发热为典型症状，可伴有轻度干咳、乏力、呼吸不畅、腹泻、流涕、咳痰等表现。
防治措施	勤洗手，科学戴口罩，做好清洁消毒，养成健康的生活方式，接种新冠疫苗。
肺结核	
疾病定义	由结核杆菌引起的肺部慢性传染病。
传播方式	主要通过呼吸道传播。
主要症状	全身疲乏、失眠、盗汗、午后潮热、咳嗽、咳痰、咳血、胸痛及呼吸困难等。
防治措施	新生儿、婴幼儿应及时接种卡介苗，养成卫生习惯。不随地吐痰、不对着他人咳嗽、打喷嚏，室内经常通风换气，坚持身体锻炼。
麻疹	
疾病定义	由麻疹病毒所致的急性呼吸道传染病。
传播方式	主要通过空气和直接接触传播。

麻疹	
主要症状	以发热、上呼吸道炎症、眼结膜炎及皮肤出现红色斑丘疹和颊黏膜上有麻疹黏膜斑，疹退后遗留色素沉着伴糠麸样脱屑为特征。
防治措施	加强体育锻炼，提高抗病能力，注意个人及环境卫生，不挑剔食物，多喝开水，接种麻疹减毒活疫苗，刺激机体产生抗麻疹病毒的免疫力。

流行性腮腺炎	
疾病定义	由腮腺炎病毒引起的急性呼吸道传染病。
传播方式	主要通过飞沫传播、接触传播和母婴传播。
主要症状	发热及腮腺非化脓性肿痛，可侵犯各种腺组织或神经系统及肝、肾、心脏、关节等器官。
防治措施	注射腮腺炎减毒活疫苗，利用药物预防，养成良好的卫生习惯。

流行性感冒	
疾病定义	由流行性感冒病毒引起的呼吸道传染病。
传播方式	主要通过空气飞沫和直接接触传播。
主要症状	头痛、畏寒、发热、全身酸痛、乏力（全身症状较重）。
防治措施	接种流感疫苗，注重室内外卫生，常开窗户通风换气，加强体育锻炼，增强体质，注意劳逸结合。

了解常见传染病及防治措施：

疫苗接种： 疫苗接种是将疫苗制剂接种到人或动物体内的技术，借由免疫系统对外来物的辨认，进行抗体的筛选和制造，以产生对抗该病原或相似病原的抗体，进而使受注射者对该疾病产生较强的抵抗能力。其主要目的是使身体能够制造自然的生物物质，用以提升生物体对病原的辨认和防御能力，有时类似的病原体可以引起针对同一类病原的免疫反应，例如，以牛痘预防天花。

■ 学唱防疫歌谣

智慧加油站： 教师指导学生赏析本次疫情期间创作的"防疫"童谣，感受人们众志成城抗击疫情的决心，同时带领学生学习演唱北外滩沪语"防疫"童谣，了解注重个人卫生的重要性，培养良好的生活习惯，拥有健康的生活方式。

"防疫"童谣：

坚持防护"三件套"（戴口罩，保持1米以上社交距离，做好个人卫生）。

牢记防护"五还要"（口罩还要戴，社交距离还要留，咳嗽喷嚏还要遮，双手还要经常洗，窗户还要经常开）。

■ 体育小游戏——"再见吧，病毒君"

情境创设： 创设"病毒来袭，人类通过接种疫苗和积极锻炼的方式击败病毒"的游戏情境，学生越过障碍物，接种两针"新型冠状病毒疫苗"，并在过程中为了避免被病毒袭击，再次接种

"新型冠状病毒疫苗"加强针，增强对病毒的抵抗力。

游戏设置：

▲教具：1. 小纸团（代表"新型冠状病毒"）；2. 障碍物（代表两针"新型冠状病毒疫苗"）；3. 两条标志线（一条代表起点，一条代表终点）；4. 终点处的标志物（代表"新型冠状病毒疫苗"加强针）。

▲规则：学生在标志线后成四路纵队，每队选出三名队员作为"病毒发射手"，在对方游戏过程中站在一侧将"小纸团"抛向学生，即代表病毒攻击人体；其余学生跑动来到第一个障碍物，并从障碍物上跳过，代表接种了第一针"新型冠状病毒疫苗"；接着跑动跳过第二个障碍物，代表接种了第二针"新型冠状病毒疫苗"；直到最后到达终点，代表顺利接种"新型冠状病毒疫苗"加强针，增强对病毒的抵抗力。在学生跑动的过程中，应避免被"小纸团"击中，若是被"小纸团"击中，则代表病毒攻击了人体，需要返回起点重新开始。

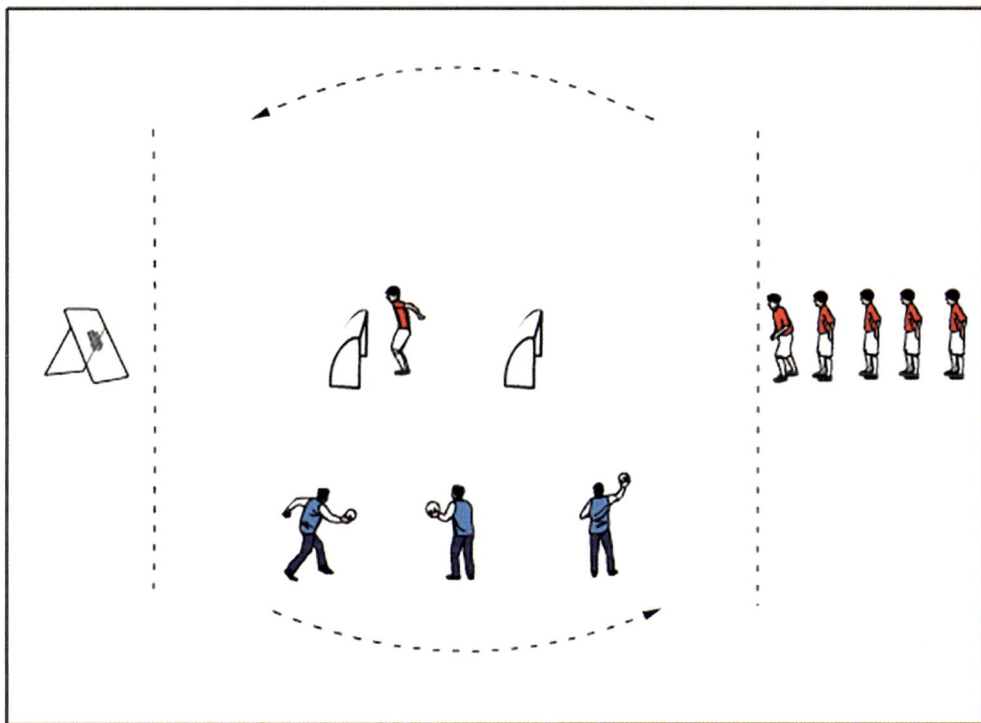

教学过程示例

（一）课堂常规（建议 3 分钟）

师生问好，教师进行课堂常规整队和考勤，检查学生着装是否规范，安排见习生。教师宣布本节课教学目标与内容，提醒学生在准备活动和整理活动中做好充分拉伸，在体能练习和体育游戏中要量力而行，保持合理距离，注意环境安全。

（二）新课导入（建议 5 分钟）

教师🔊： 在 2019 年底，一种新型冠状病毒迅速蔓延至中华大地。国家紧急拉响疫情警报，全国的医疗工作者和专家们立即进入战斗状态，共同应对这场艰苦的战役。

> **问题**
>
> **教师🔊：** 同学们回忆一下自己因为疫情无法回到校园，只能通过网课进行学习的情形，思考疫情给我们学习带来了怎样的影响？（学生自由回答）

教师🔊： 疫情让我们很长一段时间不能走进校园，不能跟同学一起在教室学习，这扰乱了我们美好的校园生活，但相信经过努力，我们一定会打败病毒。

（三）教学活动（建议 22 分钟）

▲ 活动一：学习常见传染病防治知识（建议 7 分钟）

> **问题**
>
> **教师🔊：** 同学们知道新型冠状病毒是如何一步步侵袭我们的人体，导致我们生病的吗？（学生自由回答）
>
> **教师🔊：** 除了新型冠状病毒，大家还了解其他常见的传染病吗？（学生自由回答）

教学提示： 教师讲解新型冠状病毒侵袭人类的过程，并教育学生出现类似症状时，应及时前往医院进行治疗。教师引导学生讨论其他传染病的种类，并且为学生讲解常见传染病的传播方式、主要症状和防治措施，同时向学生介绍疫苗接种的重要作用。

▲ 活动二：学唱"防疫"歌谣（建议 6 分钟）

> **问题**
>
> **教师🔊：** 拥有一个健康的身体是人生最大的财富，同学们知道今年世界卫生日的主题是什么吗？（学生自由回答）

教学提示： 每年的 4 月 7 日被定为世界卫生日，世界卫生日又称"世界健康日"，2022 年的主题是"我们的地球，我们的健康"，中国的宣传主题为"健康家园，健康中国"。

教师🔊: 在日常生活中,我们应该时刻注意保持个人卫生,养成一个良好的习惯,那么同学们觉得我们可以从哪些方面做起呢?(学生自由回答)

教学提示: 教师讲解防护"三件套"和防护"五还要"的内容,带领学生共同学习"防疫"童谣,引导学生自主讨论其他注重个人卫生的行为。

▲ 活动三:体育小游戏—"再见吧,病毒君"(建议 9 分钟)

教师🔊: 因为病毒强悍,所以我们需加强防疫和自我保护意识,勤洗手,戴口罩,接种疫苗,增强身体抵抗力,保持良好的卫生生活习惯。接下来跟随老师一起进行一个小游戏,游戏名为"再见吧,病毒君",让我们携起手来一起对抗病毒!

教学提示: 教师讲解游戏规则,带领学生进入游戏情境,同时提醒学生在游戏过程中注意安全,保护好自己,不要受伤。

(四)放松整理小结(建议 5 分钟)

教师🔊: 同学们,让我们一起跟随音乐节拍,调整呼吸节奏,放松我们的全身,拉伸我们的肌肉吧。

教学提示: 教师带领学生做肌肉、韧带拉伸活动,并提示学生注意量力而行,有针对性地放松身体酸痛部位。

教师🔊: 通过本课时的学习,相信同学们了解了新型冠状病毒的基本情况,也学会了其他传染病的防治措施,那么我们在日常生活中便应该注重个人卫生,养成健康的生活习惯。

教师🔊: 最后,老师希望同学们能够依据科学运动的原则,为"大白"创编一套针对性强、简单易行的健身放松操,为辛劳的医护人员缓解疲劳、减轻疼痛。大家请在课余时间以小组为单位,发挥创造力和想象力,综合考虑医务人员的职业特殊性,从手腕拉伸、肩颈拉伸、腰背拉伸、臀腿拉伸四个部分进行设计,每个部分要求创编 4 个八拍,合计 16 个八拍。设计完毕后,要求每个小组能够讲解自编的健身放松操的设计理念,下节课再一起交流展示。

燃动
体育

170

情境导入和驱动性问题

情境导入： 屠呦呦，是我国著名的药学家，从事中药和西药结合研究。1972 年，她成功提取分子式为 $C_{15}H_{22}O_5$ 的无色针状结晶——青蒿素。后来国际医学界在此基础上研发出治疗疟疾的药物并挽救了全球、特别是发展中国家数百万人的生命。她也因这一重大发现于 2015 年 10 月获得诺贝尔生理学或医学奖，成为首获科学类诺贝尔奖的中国人。2019 年 9 月 17 日，国家主席习近平签署主席令，授予屠呦呦"共和国勋章"。

驱动性问题： 中国医学能够不断向前发展，离不开屠呦呦等科学家的不断探索，同时也与许多医务工作者的默默付出密切相关。同学们可以思考一下，从古至今还有哪些医务工作者为我国医学事业作出了巨大贡献？

场地器材

场地器材： 操场、音响、资料卡片等。

教学主要内容

■ 致敬抗疫医生

智慧加油站： 教师结合四年级上册语文课本中《扁鹊治病》的故事，使学生了解扁鹊防患于未然的思想，以及其在诊断、病理、治法上对我国医学作出的卓越贡献，并通过扁鹊的故事拓展其他为祖国医学作出巨大贡献的古代名医，了解他们的个人事迹，向他们致敬！

古代抗疫名医：

张仲景，名机，字仲景，南阳涅阳县（今河南省邓州市穰东镇张寨村）人。东汉末年医学家，被后人尊称为"医圣"。生逢军阀混战，瘟疫横行的乱世，目睹了各种疫病流行对百姓造成的严重后果，他立志钻研医学。张仲景广泛收集医方，写出了传世巨著《伤寒杂病论》，为古代抗击瘟疫作出了巨大贡献。

孙思邈，京兆华原（今陕西省铜川市耀州区）人，唐代医药学家，被后人尊称为"药王"。孙思邈十分重视民间的医疗经验，不断积累走访，及时记录下来，终于完成了他的著作《千金要方》，为对抗瘟疫和医学科技的发展作出了重要贡献，并完成了世界上第一部国家药典《唐新本草》。

吴有性，字又可，号淡斋，江苏吴县人，生活在明末清初，是"温病学派"的创始人。吴又可亲历了多次疫情，积累了丰富的资料，推究病源，潜心研究，依据治验所得，撰写成了全新的《温疫论》一书，开我国传染病学研究之先河。他以毕生的治疫经验和体会，大胆提出"疠气"致病之学说，在世界传染病医学史上是一个伟大的创举，因此赢得后人的广泛尊重。

■ 成语中的"医者仁心"

智慧加油站：教师结合语文中成语典故的知识，帮助学生根据所学梳理出形容医生的成语，并且引导学生通过查阅资料、交流讨论了解成语背后的故事和含义，试着让学生讲述这些故事，抒发自己对于他们的敬意。

与医生相关的成语典故：

★ "悬壶济世"（古代颂誉医者道者救人于病痛）：传说东汉时期，有个叫费长房的人见一老翁在街上卖药，凡吃过他的药的病人，均药到病除。人散后，费长房悄悄跟踪，见老翁跳进一家酒店墙上挂的葫芦内，心想这老翁绝不是等闲之辈，便在酒店挂葫芦处备好一桌上等的酒席恭候老翁。不多时，老翁便从葫芦内跳出来。费长房立即磕头跪师，老翁便收他为徒，将自己的医术传授于他。为了纪念老翁，费长房行医时总将葫芦背在身上。从此以后，郎中行医，便用葫芦当招牌，表示医术高超，人们也因此把葫芦当作医生的标记。

★ "妙手回春"（比喻将快死的人救活，指医生医术高明）：春秋时期齐国神医扁鹊经过虢国，听说虢太子猝死，就问中庶子太子的症状，认为虢太子只是假死可以救活，就叫弟子子阳磨好针，在太子的穴位上扎了几针，太子就苏醒过来，再经汤药调解，20 天后就完全康复。扁鹊也因此赢得了"妙手回春"的称号。

★ "救死扶伤"（抢救生命垂危的人，照顾受伤的人，现形容医务工作者全心全意为人民服务的精神）：西汉时期，史学家司马迁因李陵事件被汉武帝打入大牢，被处以腐刑。他的朋友任安来信要他"慎于接物，推贤进士"。任安因事下狱后，司马迁给他写信进行宽慰，叙述自己是怎样忍受痛苦活下来并勇敢地为李陵辩护，说他英勇善战，使敌人无暇"救死扶伤"。

★ "杏林春满"（杏林春意盎然，赞扬医术高明）：三国时期，名医董奉每天免费为人治病，医术十分高明，经常手到病除。病人要给他送礼，他坚决不收，只要求病人在他门前种一棵杏树，时间长了，他房子周围被种上了 10 万棵杏树，春天花开十分漂亮。他后来便以卖杏子所得，周济贫穷百姓。

■ 健身放松操展示及评选

智慧加油站：教师带领学生结合以往上课所学的骨骼肌知识，展示创编的健身放松操的设计理念，说出每个动作针对的骨骼肌名称，为辛劳的医务工作人员缓解疲劳、减轻疼痛。

展示及评选要求：以小组为单位，每个小组派两名代表进行展示，展示完毕后分别讲解各自队伍创编的健身放松操的设计理念，能够讲出自己小组创编的健身操的优势所在。裁判由教师及 8 位学生组成，每个小组挑选两名同学作为裁判，要求秉持公平公正的原则，结合设计理念挑选出一套最佳的健身放松操。最后，再由挑选出的最佳健身放松操所在队伍的成员进行教学，其余学生一起跟随练习。

教学过程示例

（一）课堂常规（建议 3 分钟）

师生问好，教师进行课堂常规整队和考勤，检查学生着装是否规范，安排见习生。教师宣布本节课教学目标与内容，提醒学生在准备活动和整理活动中做好充分拉伸，在体能练习和体育游戏中要量力而行，保持合理距离，注意环境安全。

（二）新课导入（建议 5 分钟）

教师问 问题：同学们知道"中国医师节"和"国际护士节"是哪天吗？为什么要设立这两个节日呢？（学生自由回答）

教学提示： 自 2018 年起，国务院将每年 8 月 19 日设立为中国医师节。设立该节日是对全国医生的一种尊重和关爱，也是对行业自律的一种促进。国际护士节在每年的 5 月 12 日，是人们为纪念现代护理学科的创始人弗洛伦斯·南丁格尔设立的节日。其基本宗旨是倡导、继承和弘扬南丁格尔不畏艰险、甘于奉献、救死扶伤、勇于献身的人道主义精神，旨在激励广大护士继承和发扬护理事业的光荣传统，以"爱心、耐心、细心、责任心"对待每一位病人，做好护理工作。

（三）教学活动（建议 22 分钟）

▲ 活动一：致敬抗疫医生（建议 6 分钟）

> **教师🔊：** 此次新冠疫情中，无数医疗工作者都站在抗疫一线，如钟南山院士、张伯礼院士等。同学们知道从古至今还有哪些名医也为抗疫作出过巨大贡献吗？（学生自由回答）
>
> **问题**

教师🔊： 接下来跟随老师一起来了解一下这些抗疫名医，看看他们都为现代医学以及传染病的防治作出了哪些贡献。

教学提示： 教师带领学生了解抗疫名医的个人事迹以及他们在医学上的杰出成就，并引导学生尊重医生、尊重生命，向医护工作者致以最崇高的敬意！

▲ 活动二：成语中的"医者仁心"（建议 6 分钟）

> **教师🔊：** "良师益友""为人师表"等成语都可以用来形容老师，那么同学们能想到哪些成语是用来描述医生的呢？（学生自由回答）
>
> **问题**

教师🔊： 有很多成语都可以用来形容医生，那我们在了解了成语的释义后，是否了解其背后的典故呢？下面跟随老师一起学习这些成语背后的故事。

教学提示： 教师带领学生了解每个成语背后的典故，并引导学生向医护工作者致敬。

教师🔊： 通过学习我们已经了解了这些成语典故，希望同学们在课后也可以尝试使用恰当的语气和肢体语言，把这些历史故事讲述得更加生动。

▲ 活动三：健身放松操展示及评选（建议 10 分钟）

教师🔊： 在抗击新冠疫情中，社会各界为奋斗在一线的工作人员绘制漫画、创编歌曲，如《听我说谢谢你》就唱出了人们的心声，用以表达对一线工作人员的谢意。

教师🔊： 在上节课的最后，老师也为同学们布置了一个小任务，根据所学动作为"大白"创编一套健身放松操，用以缓解医务人员身体各部位肌肉酸痛的症状。那么，接下来就是展示大家作品的时候啦，老师和我们的裁判团会挑选出一套最佳的健身放松操！

教学提示：教师讲解展示及评选要求，引导学生进行交流讨论，并在过程中给予学生适当的帮助，使学生能够顺利、完整地展示创编的健身放松操；组织创编人员进行教学演示，带领学生一起进行练习。

（四）放松整理小结（建议 5 分钟）

教师🔊：同学们，让我们一起跟随音乐，调整呼吸的节奏，放松我们的全身，拉伸我们的肌肉吧。

教学提示：教师带领学生做肌肉、韧带拉伸活动，并提示学生注意量力而行，有针对性地放松身体酸痛部位。

教师🔊：通过本课时的学习，我们了解了古代抗疫名医的故事，感受到了他们在医学领域作出的贡献；同时学习了一些描写医生的成语及其背后的典故，从而更加了解历史；此外，我们也为"大白"创编了一套健身放松操，帮助"大白"缓解肌肉酸痛。

第三课时
打响抗疫防控阻击战，开展志愿先锋挑战赛

情境导入和驱动性问题

情境导入：雷锋，原名雷正兴，出生于湖南长沙，中国人民解放军战士，共产主义战士。自 1963 年 3 月 5 日毛泽东同志为雷锋题词后，每年的 3 月 5 日成为"学雷锋纪念日"，全国掀起学习雷锋精神的热潮，雷锋精神就是全心全意为人民服务的精神。

驱动性问题：请同学们思考，在疫情期间或是日常生活中我们可以参与哪些志愿服务工作，为社会贡献一份力量？

场地器材

场地器材：操场或教学楼、足球、垒球、网球、乒乓球、接力棒、实心球、书包、喷壶、纸笔等。

<h1 align="center">教学主要内容</h1>

■ 感受身体运动——帽子游戏

游戏设置：

▲教具：黄色标志桶（代表小朋友）、红色标志盘（代表帽子）、标志线（代表起点）。

▲规则：学生在标志线后成两路纵队，标志线距离标志桶30米。第一位同学出发后将地上的红色标志盘戴到黄色标志桶上，表示"戴帽子"，随即返回与下一位同学击掌，排至队伍最后。第二位同学出发需将红色标志盘从黄色标志桶上取下，表示"摘帽子"，随即返回与下一位同学击掌，排至队伍最后。依次进行，直至队伍的最后一名同学完成，比赛结束。

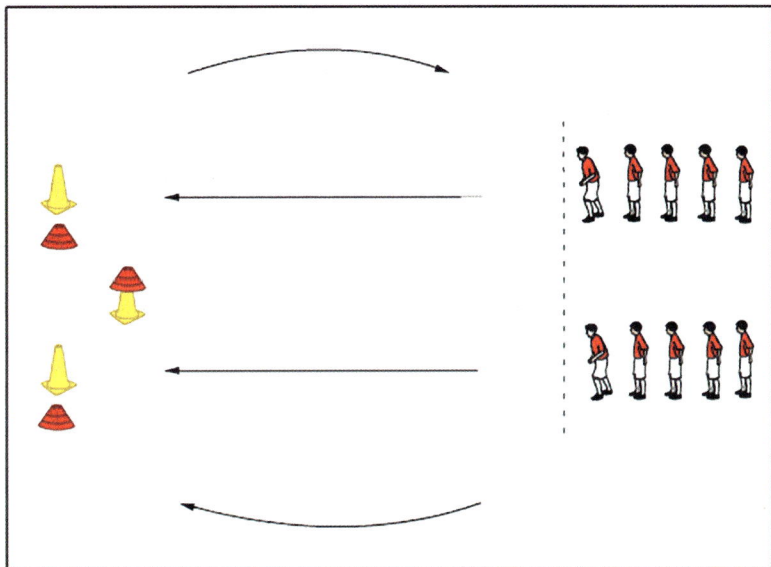

■ 志愿岗位选拔赛

智慧加油站： 教师鼓励学生在任务完成过程中加强沟通交流和合作，结合岗位要求和选拔结果找到最适合自己的志愿服务岗位，组织调度广大青年团员、志愿者参与疫情防控工作，提前做好演练，精准驰援。

演练要求： 班级同学分为两个志愿者队伍，每个队伍选出一名组织者，按要求各自进行选拔，已获得一个志愿岗位后不允许参加其他挑战。在选拔过程中，以学生为主体，学生自主进行评定，遇到困难时可寻求教师帮助。

★ 物资搬运挑战（6—8人）：所有同学均可参与选拔，以"俯卧撑"动作作为选拔标准，30秒内完成数量多的同学取得搬运物资资格。

★ 消杀工作挑战（3人）：在书包内放入2个实心球，参与者背上书包进行50米跑，用时短者取得消杀工作资格。

★ 物资分装挑战（6—9人）：创设某小区急需物资援助的情境，给予学生具体材料，每个小组（3人）按要求设计方案，确保物资能够快速又准确地进行分拣，设计方案和具体分拣时间合计用时较少的小组获得物资分配资格。材料如下：某小区共6个住户，每个住户获得一袋物资，包含"包菜"（足球）、"洋葱"（乒乓球）、"马铃薯"（网球）、"苹果"（垒球）、"胡萝卜"（接力棒），物资散乱需要重新挑选整理，并用塑料袋打包，每个小组需合理安排打包员工作，高效迅速进行物资分装。

★ 信息统计挑战（2—4人）：在统计信息过程中，要求信息统计者具有较好的语言组织能力和表达能力，考虑到在过程中会遇到外国友人，因此对信息统计者的英语表达能力和灵活处理能力也具有一定的要求。选拔要求是同学能否进行简单的中英文语句或者短语的交流，例如：您是否需要一些药品？是否还需要其他物资？语言交际能力较强者获得信息统计资格。

★ 抗原分发挑战（1—2人）：抗原分发过程中需要分发者具有较好的宣讲能力，能够为居民讲解一些抗原使用知识，并且对日常生活中需要注意的事项进行提醒。选拔要求是能根据所学知识告诉居民抗原使用规范，讲解要求既全面又准确。

■ 志愿服务挑战赛

智慧加油站：教师结合劳动课本中《公益劳动和志愿服务》的任务，组织学生体验疫情防控等公共卫生服务宣传和实践活动，让学生参与1—2项力所能及的志愿服务，学会关爱他人健康。

情境创设：创设某地突发疫情，急需青年志愿者前往支援的情境，以教学楼或操场作为模拟场地，紧急召集各方青年志愿者，根据之前的演练要求，做到精准驰援、迅速集结。

挑战要求：

★ 学生活动（以操场为例，教学楼则是模拟一楼一住户进行）：

全班同学分为两支青年志愿者队伍，每个队伍选出一名组织者统筹全局，合理调配岗位。每支队伍挑选5名同学模拟住户，分别间隔50米站立。其余同学均作为志愿者参与志愿服务。

1. 第一步是物资分配和消杀工作。物资分配按照岗位选拔时的要求进行，消杀工作则是每人手持一个装满水的喷壶，对住户之间的道路进行消杀。

2. 第二步是物资搬运、信息统计和抗原分发。物资搬运者根据每户一份物资的要求进行发放，信息统计者与抗原分发者一起，对住户的需求进行询问、记录和整理，并且分发抗原。

★ 教师组织：

1. 教师向青年志愿者讲解防疫要求，并提醒学生在志愿服务的过程中注意安全，注重个人防护，戴好口罩，常消毒。

2. 教师在过程中关注学生的志愿服务情况，及时记录，便于课后进行点评反思。

教学过程示例

（一）课堂常规（建议 3 分钟）

师生问好，教师进行课堂常规整队和考勤，检查学生着装是否规范，安排见习生。教师宣布本节课教学目标与内容，提醒学生在准备活动和整理活动中做好充分拉伸，在体能练习和体育游戏中要量力而行，保持合理距离，注意环境安全。

（二）新课导入（建议 5 分钟）

教师：同学们知道雷锋战士吗？（学生自由回答）

问题

教学提示： 雷锋是中国人民解放军战士，也是共产主义战士，雷锋对后世影响最大的是以其名字命名的雷锋精神。雷锋精神是为共产主义事业而奋斗的无私奉献的精神；是立足本职、在平凡工作中创造出不平凡业绩的"螺丝钉精神"；归根结底就是全心全意为人民服务的精神。雷锋精神影响着一代又一代的中国人。在新冠疫情面前，我们理应凝聚起共同抗击疫情的磅礴力量，学习雷锋同志的无私奉献精神。

（三）教学活动（建议 22 分钟）

▲ 活动一：感受身体运动——帽子游戏（建议 5 分钟）

教师：同学们现在跟随老师一起来进行一个热身小游戏，在游戏过程中充分感受身体运动，让我们的身体快速活跃起来，为后面的锻炼内容做好准备。

教学提示： 教师讲解游戏规则，同时提醒学生在游戏过程中注意安全，防止受伤，并且能够团结协作，共同完成挑战。

▲ 活动二：志愿岗位选拔赛（建议9分钟）

问题

教师💬： 新冠疫情下，各行各业的劳动者都奋战在一线，从医务人员、警察、社区工作者、公交司机、志愿者到厨师、快递员等，他们都不畏艰险，一直努力着，谱写可歌可泣的时代篇章！我们作为新时代的青少年，是否也可以尽自己所能为社会和人民作出一点贡献呢？（学生自由回答）

教师💬： 那么今天我们一起来体验志愿者的工作，同学们要发挥所长，在合适的岗位上发挥自己最大的价值。在正式开始之前，我们先通过选拔来找到最适合自己的志愿服务岗位。

教学提示： 教师讲解选拔规则，引导学生自行组织进行挑战，挑出最合适的人选，组建一支强大的志愿服务队伍。

▲ 活动三：志愿服务挑战赛（建议8分钟）

教师💬： 同学们，刚刚接到上级通知，某小区发生疫情，许多住户被困在家，物资短缺。现在急需两支志愿服务队伍加入其中，为小区居民纾困。现在我们分为两支队伍，在操场上进行一场实战模拟演练，是时候考验大家的能力啦！

教学提示： 教师讲解挑战规则，把主导权交给学生，提醒学生在志愿服务过程中注意做好防护措施；当学生有困难时，教师给予帮助，考验学生的团结协作能力。

（四）放松整理小结（建议5分钟）

教师💬： 同学们，让我们一起跟随音乐的节拍，调整呼吸的节奏，放松我们的全身，拉伸我们的肌肉吧。

教学提示： 教师带领学生做肌肉、韧带拉伸活动，并提示学生注意量力而行，有针对性地放松身体酸痛部位。

教师💬： 通过本课时的学习，我们了解了志愿者工作的辛苦，相信同学们在交流学习过程中也提升了各方面的能力，希望同学们以后在遇到困难的时候也能够做到一往无前，以积极乐观的心态去面对。在生活中多帮助他人，注意团结合作。

教学提示： 教师带领学生回顾本章节的主题，布置相应的课后练习。

课后作业

健康知识小测试（fitness knowledge test）

一、判断题

1. 只要接种了"新型冠状病毒疫苗"就可以保证不再感染新型冠状病毒。（   ）

2. 呼吸道飞沫和密切接触传播是新型冠状肺炎的主要传播途径。（   ）

二、选择题

以下哪些措施可以有效预防感染新型冠状病毒？（   ）

A. 公共场所佩戴口罩   B. 及时接种"新型冠状病毒疫苗"

C. 做好个人健康监测   D. 以上都是

跨学科知识作业（interdisciplinary homework）

运用语文的口语交际能力，结合教师上课所讲的抗疫名医事迹和成语典故，选择一个你最喜欢的历史故事，使用恰当的语气和肢体语言，讲给同学或家长听。

体育活动作业（physical activity homework）

思考在志愿服务活动中，搬运物资时主要运用身体哪部分的肌肉力量。根据以往课程所学的知识，列出针对性的肌肉锻炼方式，并根据自己的设计进行练习。

搬运物资时主要运用身体哪部分的肌肉力量？（   ）

A. 股四头肌   B. 肱二头肌   C. 三角肌   D. 腹部肌群

请根据你选择的肌肉设计锻炼方式。

肌肉	锻炼方式
股四头肌	
肱二头肌	
三角肌	
腹部肌群	

请对自己设计的锻炼方式和练习过程进行评价。

☆☆☆☆☆

☆☆☆☆

☆☆☆

☆☆

教师自评与教学反思

姓名（   ）   性别（   ）   年龄（   ）   职称（   ）   任职年限（   ）

教师教学效果自评

类别	A. 优良	B. 较好	C. 有待提高	自评等级
课中问答	大部分学生能正确和完整地回答教师的提问，包括本节课所传授的知识和学过的知识。	大部分学生能较正确和完整地回答本节课所传授的知识。	大部分学生回答课堂教学知识不全面或回答错误。	（ ）
课堂气氛	课堂气氛活跃，师生互动性强，大部分学生积极参加课堂讨论和体育游戏，有很好的分享、合作氛围。	课堂气氛一般，师生互动尚可，一半学生参加课堂讨论和体育游戏，有一定的分享、合作氛围。	课堂气氛沉闷，师生互动较少，少部分学生参加课堂讨论和体育游戏，缺乏尊重、分享、合作氛围。	（ ）
作业反馈	大部分学生能完成教师布置的各项课后作业，作业表现优异。	大部分学生基本能完成教师布置的各项课后作业，作业表现尚可。	大部分学生不能完成教师布置的各项课后作业，作业表现较差。	（ ）

教学反思

课程核心素养落实	教学探索：
	改进措施：
跨学科知识融入	教学探索：
	改进措施：
教学方法应用	教学探索：
	改进措施：
授课中印象深刻的小故事	

教学拓展

本章的主题为"抗疫先锋队",本课的核心任务是以 2019 年新型冠状病毒疫情下我国人民"积极行动,抗击疫情"为主线,引导学生学习防疫相关知识,开展各种志愿服务的跨学科主题学习实践活动。本活动的设计目的是让学生了解常见传染病的防治知识,注重个人卫生健康;在历史长河和成语典故中了解医护工作者无私奉献的精神,向这些先行者致敬;在模拟疫情的志愿服务活动中,综合考量学生的各项知识技能,运用语文、英语等学科知识与人交流和交往,培养自己的沟通与表达、决策与反思能力,使学生常怀感恩之心。本活动可以由体育教师独立实施,也可以协同其他学科(如语文、英语、科学、音乐、劳动)教师一起完成。

知识窗——新型冠状病毒

◇ 冠状病毒在系统分类上属套式病毒目(Nidovirales)冠状病毒科(Coronaviridae)冠状病毒属(Coronavirus)。冠状病毒属的病毒是具囊膜(envelope)、基因组为线性单股正链的 RNA 病毒,是自然界广泛存在的一大类病毒。

◇ 冠状病毒是一个大型病毒家族,可引起感冒、中东呼吸综合征(MERS)和严重急性呼吸综合征(SARS)等较严重疾病。新型冠状病毒(SARS-CoV-2)是以前从未在人体中发现的冠状病毒新毒株。

◇ SARS-CoV-2 粒子呈球形,直径约 125 纳米,突出特征是颗粒表面有许多规则排列的突起,因外观像"皇冠"而得名"冠状病毒"。

科学实证——感染新型冠状病毒的症状表现

2019 冠状病毒病(COVID-19)是一种持续的病毒大流行,从东亚出现,迅速蔓延到世界其他地区。这种感染是由严重急性呼吸综合征冠状病毒 2 型(SARS-CoV-2)引起的。根据来自亚洲的临床研究,其最常见的症状包括发热、咳嗽、呼吸困难、咳痰、肌痛、关节痛、头痛、腹泻、鼻漏和咽痛。COVID-19 感染在欧洲的传播突出了该疾病的一种新的非典型表现:嗅觉和味觉功能障碍。

Lechien 等(2020)对 417 例轻中度 COVID-19 患者(263 例女性,154 例男性)进行了研究,最常见的一般症状包括咳嗽、肌痛和食欲不振。与疾病相关的耳鼻喉科症状以面部疼痛和鼻塞最多,85.6% 和 88.0% 的患者报告嗅觉和味觉功能障碍。患者在感染期间的一般症状如图 1 所示。咳嗽、肌痛、食欲不振、腹泻、发热、头痛和乏力是最常见的症状,占患者的 45%以上。该研究中,357 例(85.6%)患者出现与感染相关的嗅觉功能障碍。其中嗅觉丧失 284 例

（79.6%），嗅觉减退 73 例（20.4%）。此外，共有 342 例（88.8%）患者报告味觉障碍，其特征是四种味觉的损害：咸、甜、苦、酸。

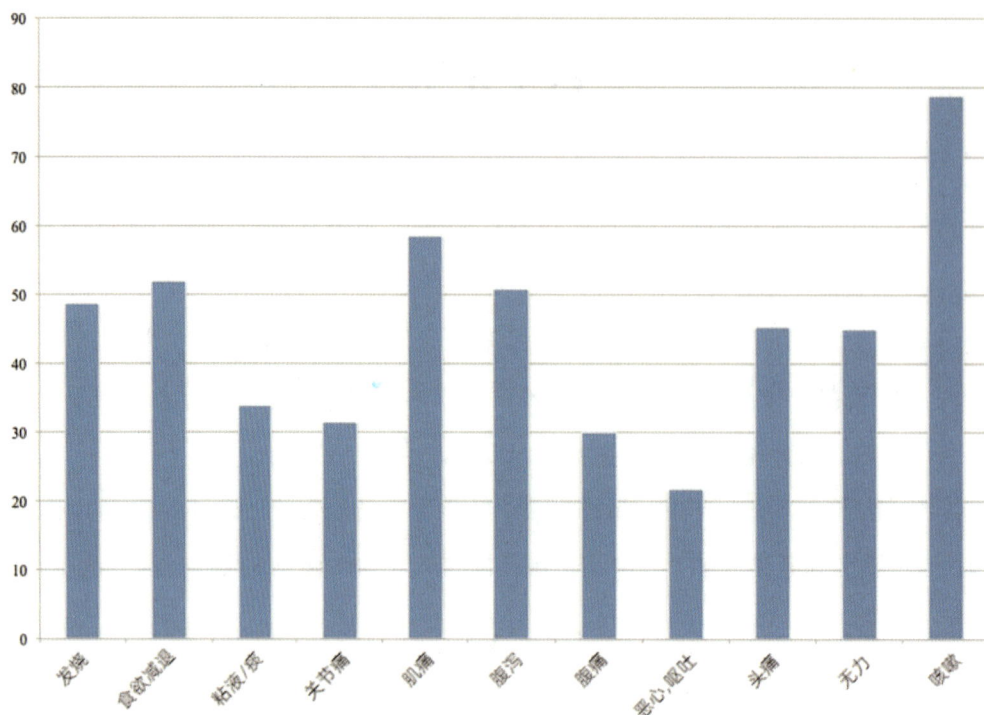

注：纵轴由感染相关症状患者的百分比组成

感染 COVID-19 相关的一般症状

科技前沿——利用纳米技术在水中灭活新冠病毒的应用前景

由于新型冠状病毒 SARS-CoV-2 在水中具有一定的稳定性，城市污水和医疗废水既是病毒所"汇"，也可能因处理不彻底成为向水环境释放病毒之"源"。纳米材料因具有高比表面积、高表面能、独特的纳米尺寸结构和优异的物化性质，而使其在新冠病毒的杀灭中展现出特殊的优势。

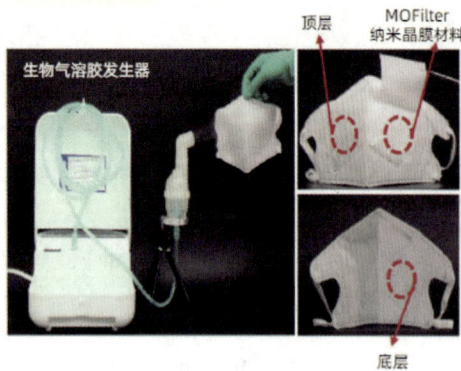

三层 MOFilter 面罩

以 ZIF-8 为基底制备的 MOFilter 纳米晶膜材料能够在日光照射下通过催化空气中的分子氧产生 $\cdot O_2^-$，进而捕获空气中的水分子而不断原位反应产生双氧水，从而实现对冠状病毒、脊髓灰质炎病毒和 H1N1 流感病毒等 99.99% 以上的杀灭率（图 2）。因此，该材料可用作口罩、防护服、空调滤芯的防护层，由此阻隔和杀灭病毒，极具应用前景。

第十三章 赛事小能手

学科教学目标

认知目标：能够了解中长跑田径项目的特点，了解人体运动时体温升高、能耗增大、氧气需求量增多，出现呼吸加重、心跳加快等生理现象。

技能目标：能够在降低规则要求的情况下，做出所学田径类运动项目的基本动作和简单组合动作，了解所学田径类运动项目的比赛规则和裁判判定方法，参与所学运动项目比赛中的场地布置与器材维护、测量与成绩记录、犯规判罚、名次判定等裁判工作。

情感目标：能够创设自主探究情境，帮助学生加深对所学田径类运动项目的理解，培养学生分析问题与解决问题的能力，指导学生设计、参与和组织小型比赛，提高比赛能力、组织能力、协调能力、裁判能力，加强合作意识和责任意识。

跨学科教学目标

> 体育者，人类自养生之道，是身体平均发达，而有规则次序之可言者也。
>
> ——毛泽东

认知目标：能够了解田径类项目相关知识，积极参与比赛，感受体育赛事的魅力，培养勇于拼搏的意志品质，增强社会责任感。

技能目标：能够知道所学田径类运动项目的简单练习方法，并可以运用数学运算知识测量比赛的场地距离。

情感目标：能够在田径类运动项目游戏和比赛中展现积极进取、不怕困难、勇敢顽强的意志品质，能够适应教学比赛环境，情绪稳定，与同伴交流合作，正确对待比赛的结果。

教学重点、难点与跨学科知识点

教学重点： 每位学生都参与本场比赛的不同环节，体会到赛事的乐趣，能通过不同强度的运动感受身体和心理的变化。

教学难点： 让学生清楚地了解马拉松赛事的举办流程及马拉松赛事的基本规则，增强学生的比赛能力，具有体育赛事的组织能力和协调能力。

跨学科知识点： 融合三年级数学上册《千米的认识》，根据课程中所教的方法，尝试用时间、步数等多种方式对马拉松场地进行测量；融合信息技术，在线搜索与气象相关的实用信息和资源，通过条形统计图、折线统计图呈现气温、降水量的变化；融合科学知识，说出水、阳光、空气、温度的变化对生物生存的影响，提前规划好马拉松比赛的时间；融合道德与法治的知识，熟悉比赛规则、尊重对手，提高自己的规则意识；融合艺术创作，根据自己的观察与感受，尝试用不同方法、不同材质设计本次校园马拉松的奖牌和赛徽。

课程地图

主题学习名称：赛事小能手（小学水平二）			
学科	**语文**	**数学**	**道德与法治**
课程目标	了解赛事举办的整体流程，学习马拉松场地测量、时间选择、练习方法、比赛规则及运动急救的相关知识；理解马拉松精神文化内涵，培养对田径类运动项目的兴趣；在比赛及志愿服务过程中提升自己的口语表达和组织安排能力。		
关键问题	什么是马拉松精神？	怎么进行马拉松场地的测算？	如何公平有序地举办马拉松比赛？如何制定比赛的规则及评判标准？
内容	1. 了解马拉松的资料信息并分析影响其举办的因素； 2. 观看马拉松比赛的视频。	1. 学会运用不同的工具来测算距离； 2. 测算距离并不断验证，与同伴交流感想、发散思维，找到最优测算方法。	1. 了解马拉松运动的比赛规则； 2. 了解裁判员的评判标准； 3. 体会接力马拉松运动中团队配合的重要性。
能力	理解能力；表达能力。	计算能力；表达能力。	理解能力；合作能力。
课程主题		**核心素养指向**	
学习和体验田径的基本动作和简单组合动作；以马拉松场地测量为创新突破口，培养学生分析问题与解决问题的能力。		运动能力：在练习和比赛的过程中，提高自己的运动能力。 健康行为：掌握 PRICE 原则，预防运动损伤和疾病，运动前后做好热身和放松活动，消除运动疲劳。 体育品德：培养合作探究的精神，勇于拼搏的意志品质，增强社会责任感。		

课程任务

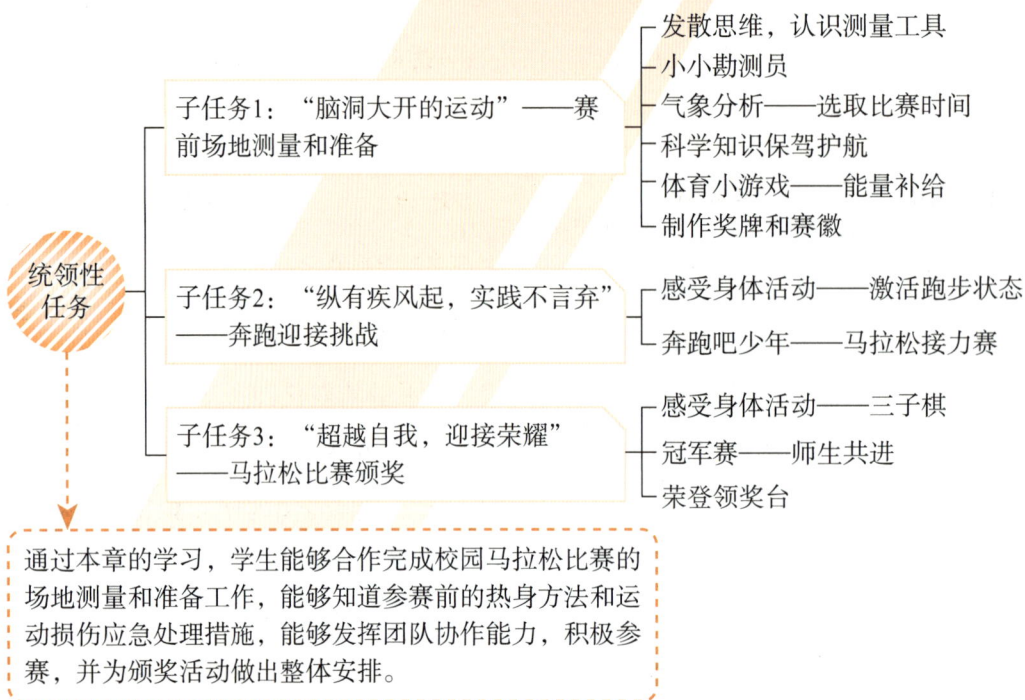

统领性任务

子任务1："脑洞大开的运动"——赛前场地测量和准备
- 发散思维，认识测量工具
- 小小勘测员
- 气象分析——选取比赛时间
- 科学知识保驾护航
- 体育小游戏——能量补给
- 制作奖牌和赛徽

子任务2："纵有疾风起，实践不言弃"——奔跑迎接挑战
- 感受身体活动——激活跑步状态
- 奔跑吧少年——马拉松接力赛

子任务3："超越自我，迎接荣耀"——马拉松比赛颁奖
- 感受身体活动——三子棋
- 冠军赛——师生共进
- 荣登领奖台

通过本章的学习，学生能够合作完成校园马拉松比赛的场地测量和准备工作，能够知道参赛前的热身方法和运动损伤应急处理措施，能够发挥团队协作能力，积极参赛，并为颁奖活动做出整体安排。

第一课时
脑洞大开的运动——赛前场地测量和准备

情境导入和驱动性问题

情境导入： 国际马拉松赛道都是通过安装有琼斯计数器的自行车进行测量。丈量人员用车轮的周长乘以琼斯计数器所计的车轮转动圈数，得到途经的总长度。对于弯道的测量，丈量人员需要沿着内弯的切线方向骑，确保所测量的是距离最短的路线。

驱动性问题： 马拉松赛道的测量多是通过车轮的周长和车轮转动圈数计算出总长度，请同学们思考，如果让你来测算校园马拉松的总距离，你有什么更好的方法吗？

场地器材

场地器材：尺子、绳子、自行车等。

教学主要内容

■ 发散思维，认识测量工具

智慧加油站：教师引导学生结合数学学科知识，灵活运用不同的工具进行校园马拉松场地测量，选择合适的度量单位进行度量，初步感知不同度量工具和方法引起的误差，合理得到或估计度量的结果。

认识测量工具——人身上的尺子

1. 臂长：两臂展开的臂长长度。

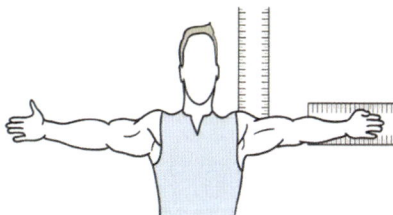

2. 步距：两脚之间的距离。

一步：人迈开一步，前脚跟到后脚尖的距离。

3. 指距（一拃）：中指到拇指的距离。

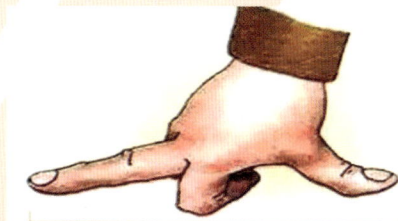

4. 拇指测距法：

（1）首先平举右手，拳头握紧大拇指向上。

（2）先睁开右眼，闭上左眼，以右眼的最左侧与目标三点一线，且记下位置。

（3）换左眼睁开，右眼闭上，左眼与大拇指的最左侧比对与第一次的距离，可选择一个参照物，并且记下。

（4）根据三角形相似原理，估计第一次与第二次两个记下来的参照物的距离，将此距离乘以十，即为所在位置与目标物的距离。

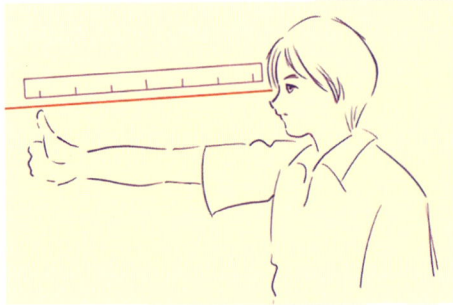

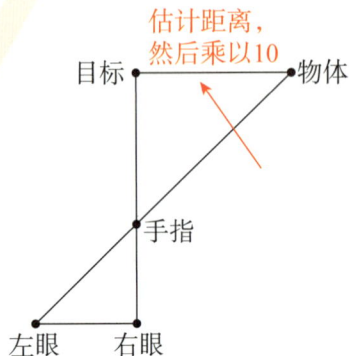

借助工具

尺子：短距离可借助尺子逐一测量。

绳子：可设定标志物，根据现有绳子的长度，进行分段测量。

鞋子：根据自己鞋子的码数进行测量。鞋码厘米 =（鞋码 +10)/2。

自行车：模仿真实马拉松的测距方法，用自行车轮胎的周长估算大致距离。

■ 小小勘测员

情境创设： 通过介绍比赛距离测量的重要性和挑战性，激发学生兴趣，请学生担任校园迷你马拉松赛的测量人员，6 人一组，组成专家团队。使用不同工具和方法对校园里的指定地点进行测量，测量出本次比赛所需的 1200 米场地，并提前用标志桶做好标记，为接下来的比赛做好充足的准备。

智慧加油站： 教师结合三年级数学上册《千米的认识》，让学生尝试自己估算距离，引导学生会用字母表达实际情境中的关系，选择合理简洁的运算策略测量比赛距离，并在运动过程中通过数学运算计算步数和时间，大致推测奔跑距离。

活动步骤：

1. 思考问题，提出初步假设

直接测量： 根据自己的步距、腿距、臂长、指距等数据，围绕操场行走，推测所走的距离。

间接测量：

（1）通过自行车车轮的半径 r，算出车轮的周长 $C=2\pi r$，数清自行车车轮转动的圈数，计算出大致距离。

（2）学生在运动过程中通过数学运算计算步数和时间，大致推测出自己的奔跑距离。

（3）慢跑 100 米记录下时间，利用 v（速度）$=s$（路程）$/t$（时间）的公式，计算出所用速度，利用 L（周长）$=v$（速度）$\times t$（时间）的公式，推算出大致距离。

2. 分析问题，讨论实施计划

（1）学生按学号顺序，8 人一组，分成 5 组，选择本组的测定方法并分析讨论计划步骤。

（2）各小组逐一汇报确定的计划方案。

（3）明确方案，分组进行测量。

3. 小组合作，分工明确，进行实地测量并记录测量的结果

预设：

（1）小组 1 选取用步数乘以一步的距离，以身体为度量标准进行实地测量。

（2）小组 2 根据步长及行走 100 米所需的时间，推测出行走的距离。

（3）小组 3 利用自行车的圈数乘以周长计算出距离。

（4）小组 4 为控制速度这个影响因素，采取手推自行车进行距离测算。

（5）小组 5 作为检验组，全程利用软尺对场地进行精准的测算。

4. 统计数据，汇报本组成果

（1）检验组分别对各个组别的数据进行检验。

（2）对误差范围内最小的组别提出表扬，并对误差较大的组别提出其存在的问题。

（3）大家分析讨论，针对各个组的实践方法提出改进意见，并确定最终场地范围。

5. 回顾反思，多维度进行评价

（1）针对此次测量过程，请同学们写下需要改进的地方。

（2）在本次活动过程中，思考自己有什么收获并记录下让你印象深刻的一件事。

（3）请写一句话评价本组的成员。

■ 气象分析——选取比赛时间

智慧加油站：教师指导学生利用在线平台搜集与气象相关的有用信息和资源，通过数学中的条形统计图、折线统计图呈现气温、降水量的变化，说出水、阳光、空气、温度的变化对生物生存的影响，提前规划马拉松比赛的时间。

活动要求：

1. 学生按学号分组，8 人一组，以小组为单位进行讨论，考虑如何根据气象因素来规划具体的比赛时间。

2. 各小组成员具体分析问题，用文字或图示的方式对问题的解决过程做分步描述。

3. 学生根据本组的计划及学习需求，选取数字化平台或工具，获取气象信息。

4. 各小组分工合作，收集近 1 个月的气象信息，排除气象因素的干扰，绘制气温曲线图和降水柱状图确定具体的比赛时间。

■ 科学知识保驾护航

智慧加油站：教师组织学生利用信息技术，通过在线平台和数字设备观看国内外优秀马拉松选手的精彩比赛视频，并用道德伦理的眼光剖析这项运动，熟悉比赛规则，尊重对手，提高自己的规则意识。

活动步骤：

教师播放比赛视频，大致讲解马拉松的规则：参赛者必须按规定路线进行竞赛，若参赛者出现心慌、胸闷、恶心、呕吐、失去空间方向感以及产生幻觉等情况，需要立即停止运动。

教师带领学生复习急性运动损伤的处理办法——PRICE 原则，在运动前做好充分的准备活动，降低运动损伤的风险。

教师讲解田径基础动作并组织学生练习。

1. 学生按学号分组，8 人为一组，进行田径基础动作热身

热身一：前后垫步 15 秒 ×2 组 + 前后垫步高抬腿 15 秒 ×2 组。

热身二：行进垫步高抬腿 15 秒 ×2 组 + 后踢腿 15 秒 ×2 组 + 高抬腿 15 秒 ×2 组。

热身三：垫步单腿跳 15 秒 ×2 组 + 后蹬跑 15 秒 ×2 组 + 弓步跳 15 秒 ×2 组。

2. 教师带领学生进行田径基础动作练习

（1）小步跑：身体重心向上，上身重心微微向前，两眼平视前方，两臂前后摆动配合两腿动作，要求步幅小，频率快而放松，小腿自然伸开用前脚掌着地，支撑腿三关节充分伸展，骨盆前送，两臂前后摆动配合两腿动作。

（2）高抬腿跑：上体正直或稍前倾，两臂前后摆动，大腿积极向前上摆到水平，并稍稍带动同侧髋向前，大小腿尽量折叠，脚跟接近臀部。

■ 体育小游戏——能量补给

情境创设：马拉松比赛的准备阶段，志愿者们正在紧张地进行筹备工作，为保障参赛者能顺利完成比赛，组委会成立补给组和医疗组。补给组和医疗组要熟悉场地路线，穿过重重障碍，将补给品成功送达两个补给站，医疗组要携带药箱迅速到达指定位置，使受伤的同学能第一时间得到救治。

游戏设置：

▲教具：红色背包（代表补给组的补给物品）；蓝色背包（代表医疗组的小药箱）；彩旗（代表补给站和医疗点）；标志线（代表起点和终点）；长凳（代表拥挤的人群）。

▲规则：学生在标志线后成四路纵队，两队为补给组，两队为医疗组。补给组和医疗组分别携带红色和蓝色背包，将物品放到指定位置。穿过第一重障碍，自己的每一步都要落在障碍线的空隙处，不可踩踏障碍线。长凳代表前方拥挤的人群，奔跑时不可从长凳上掉落，如掉落需重新登上长凳行走。要保证自己背包里的物品完整，直至到达补给站和医疗点，放置完物品后背上背包迅速返回至终点，将背包传递给下一位同学，携带物品开启新一轮的转送。

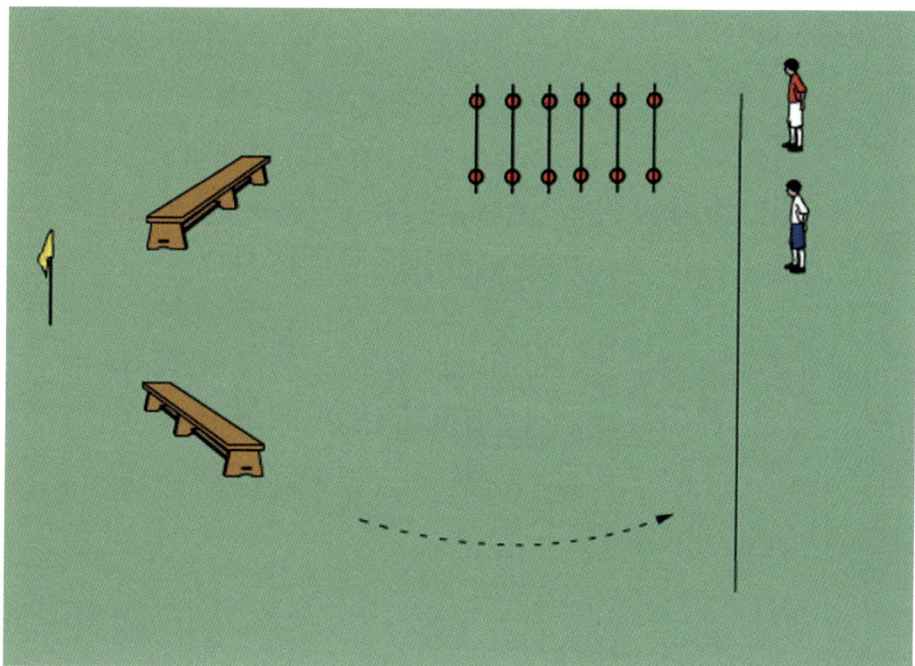

■ 制作奖牌和赛徽

智慧加油站：教师结合艺术课标中美术的内容，让学生根据自己的观察与感受，尝试用纸、泥等材料，通过折、叠、揉、搓、压等方法，设计本次校园马拉松的奖牌和赛徽。

活动步骤： 1. 按照之前的划分，8人一组，每组选出一名小组长负责记录讨论的内容，根据讨论的结果确定最终方案。

2. 各组讨论自己所要设计的奖牌样式、材料、制作方法，提出假设及可行性，并分组上台汇报本小组的设计方案。

3. 根据投票选取最终方案，各小组分工合作，查阅制作的方法，进行初步探索尝试。

4. 初步尝试发现问题、提出问题，与小组成员一起解决探究，改进制作方法。

5. 各小组成员制作本组的奖牌，不同的名次采用不同的颜色，并标注上比赛名称、选手姓名等重要因素，比赛结束后根据裁判宣布的成绩统一填写。

● 教学过程示例 ●

（一）课堂常规（建议 3 分钟）

师生问好，教师进行课堂常规整队和考勤，检查学生着装是否规范，安排见习生。教师宣布本节课教学目标与内容，提醒学生在准备活动和整理活动中做好充分拉伸，在体能练习和体育游戏中要量力而行，保持合理距离，注意环境安全。

（二）新课导入（建议 2 分钟）

> **问题**
>
> **教师**📖：在马拉松正式比赛开始之前，我们要勘测场地，确保赛道的精准性。除了刚才老师介绍的运用自行车轮子周长进行测算的方法，大家小组思考讨论是否还有更好的测量方案。

教师📖：同学们的回答都非常精彩，为之后的测量提供了很多可行方案。现在老师针对大家的回答再进行一些补充，为大家提供一些新的思路。

教学提示：教师可以提供一个简单示范，给予学生参考的样例，在学生测量过程中遇到困难时，可以给予学生帮助，但以学生思考为主。

（三）教学活动（建议 27 分钟）

燃动
体育

192

▲ 活动一：发散思维，认识测量工具（建议 2 分钟）

教师📖：请大家跟随老师一起进行思考，除了上述讲到的这些测量工具，大家通过头脑风暴想一想其他的测量方法，培养自己的量感。

教师📖：我们要进入实战测量环节了，根据学号分组，8 人一组，每组在指定位置进行1200 米的测量，可综合运用多种方法进行测量，比拼一下哪组的测量结果最为准确。

教学提示：提前告诉学生指定的比赛场地，不拘泥于一种测量方法。

▲ 活动二：小小勘测员（建议 6 分钟）

教师📖：各组成员进行讨论，提出初步的测量假设，并由组长汇报本组所选取的测量方法。

教师📖：请同学们跟随老师到达指定比赛区域，这里的标志桶代表起始点，大家不要害怕困难，积极发挥你们的动手能力进行测量。

教师📖：注意团队的配合，一人进行测量的同时，其他几人可用自己的方法验证刚才的测量是否准确，可根据实际的测量效果，不断改进测量方法。

教学提示：在测量过程中如果发现学生遇到问题，老师既要给学生一定的思考空间解决问题，也要适时提供参考意见。

教师📖：同学们测量得非常认真，接下来我们让检验组的同学对我们所测量的结果进行检验，以此确定我们最终的场地区域。

▲ 活动三：气象分析——选取比赛时间（建议 4 分钟）

教师📖：大家应该对马拉松比赛有了初步的认识，了解了根据气象因素选择适合开展马拉松比赛的时间。

教师📖：大家可以利用在线平台等合适的方式，搜索与气象相关的有用信息和资源，收集数据，做好分析记录，并根据所收集的信息分析气温、降水量的变化，提前规划马拉松比赛的时间。

教学提示：通过影响马拉松比赛的气象因素，引导学生树立人与自然和谐共生的生态观，形成爱自然、敬畏自然的情感，确立生态文明观念。

▲ 活动四：科学知识保驾护航（建议3分钟）

教师🔊：接下来我会带领大家一起观看国内外马拉松优秀选手的比赛视频，在观看过程中，也请同学们加以思考，看你们是否了解这项运动的比赛规则。

教师🔊：做好充分的热身活动可有效降低运动损伤的风险，接下来跟随老师一起进行田径基本动作的学习，利用这些动作做好充分的热身练习。

教学提示：欣赏选手精彩的比赛视频后，教师应注重与学生的互动，让学生对马拉松的基础规则、基本田径动作有系统性的了解。

▲ 活动五：体育小游戏——能量补给（建议6分钟）

教师🔊：为保障马拉松比赛的顺利进行，前期我们一定要做好充足的准备，下面让我们通过能量补给小游戏熟悉比赛场地环境，将学习的田径理论知识与实践相结合，提高自己的组织能力、协调能力。

教学提示：教师讲解游戏规则，带领学生进入游戏情境，同时提醒学生在游戏过程中注意安全，保护好自己。

教师🔊：同学们，接下来请跟随老师进行放松，拉伸我们的肌肉。

教师🔊：通过本课时的学习，大家对赛前场地测量、比赛时间选择、运动损伤急救和田径知识等都有了一定的了解。通过大家刚才的努力，老师知道了许多新思路、新方法，要为大家的优异表现点赞！你们认真严谨的实践活动也为接下来的马拉松比赛做好了充分的准备。

▲ 活动六：制作比赛奖章和赛徽（建议6分钟）

教师🔊：最后，老师希望同学们在课后，设计比赛的奖章和赛徽，能够体现出坚持不懈、勇于拼搏的体育精神，并且可以凸显本班的特点。

教师🔊：同学们可积极讨论，分享交流自己的想法并能理解、尊重其他人的思路。初次尝试遇到问题不要害怕，我们一起思考分析问题，共同解决问题。我们将在马拉松比赛后的颁奖环节逐一展示，并交流你们的设计理念。

（四）总结与反思（建议3分钟）

教师🔊：在本次实践过程中大家合作探究分析问题、解决问题，有没有同学想谈一谈自己的收获，或者让你印象最深的一位同学、一件事情？

问题

情境导入和驱动性问题

情境导入:气温、风速、湿度与日光照射都是影响马拉松赛事的关键因素。在某场马拉松赛事中,参赛选手在高海拔赛段突遭冰雹、冻雨以及大风等极端恶劣天气,气温骤降,多名参赛选手出现身体不适。

驱动性问题:如果在户外运动时受突变极端天气影响,将严重威胁自身生命安全。请同学们思考,此刻是继续坚持运动还是想出策略来保护自己?

场地器材

场地器材:接力棒、急救箱、号码衣、音响、标志桶、秒表、矿泉水等。

教学主要内容

■ 感受身体活动——激活跑步状态

热身活动:6人一组,进行马拉松运动前的热身活动。热身活动时应尽可能模拟跑步时下肢的蹬摆动作,这样有利于身体适应跑步动作模式,直接激活神经系统和运动系统。热身活动遵从低强度逐步过渡至中高强度,给予心肺系统足够的时间来提升功能。

热身一:前后垫步15秒×2组+前后垫步高抬腿15秒×2组。

热身二:行进垫步高抬腿15秒×2组+后踢腿15秒×2组+高抬腿15秒×2组。

热身三:垫步单腿跳15秒×2组+后蹬跑15秒×2组+弓步跳15秒×2组。

智慧加油站:教师引导学生描述参与比赛的感受并体会竞技体育的魅力。通过交流互动学习，引导学生在参与田径类运动项目学练和比赛时，表现出稳定的情绪，能与同伴互相帮助，提高学练参赛意识和安全保护意识。

活动要求：

学生活动：1. 以小组为单位，6人一组参加此次马拉松接力跑，学生自行决定奔跑顺序，接力完成1200米的马拉松赛程。

2. 根据活动前学生的个人意向及身体状况，选举2名裁判员负责本次比赛的成绩记录，1名摄影师负责抓拍本次比赛的精彩瞬间，1名补给人员负责提供水、能量棒等，1名医疗人员负责携带医疗箱跟随比赛全过程，1名鸣枪员负责比赛开始时鸣枪，4名检录人员核对比赛的人员交接。

3. 比赛开始前特邀学校舞蹈社团的学生作为本次比赛的啦啦队，为本次比赛加油助威。每一组队伍设计本组专属的加油口号，为本组参赛选手呐喊加油。

4. 选手到达指定标志桶位置准备，每组选手穿戴不同号码的衣服便于成绩的记录。200米设置能量补给站，每组选手进行2次能量补给。检录人员在指定位置进行选手的检录，并带领选手进入比赛场地等待比赛，其余工作人员则在场地外等候。

5. 选手到达比赛终点处，由志愿者带领到旁边的场地进行拉伸放松，注意保暖，防止抽筋等情况的出现。

6. 裁判员对选手的成绩进行评定，由工作人员统一记录排名。

教师组织：1. 提前放置标志桶并贴上相应标签，提醒学生接力的位置，赛前带领学生熟悉场地和本场比赛的工作人员，使学生以最好的状态参加此次比赛。

2. 带领完成比赛的学生去下一出发点为后续参加比赛的同学加油、助威，感受昂扬的体育精神和体育魅力。

▲教具：标志桶（代表选手交接的位置）；黄色旗子（代表能量补给站）；蓝色衣服（代表本次比赛的两位裁判员）；红色衣服（代表本次比赛的参赛选手）。

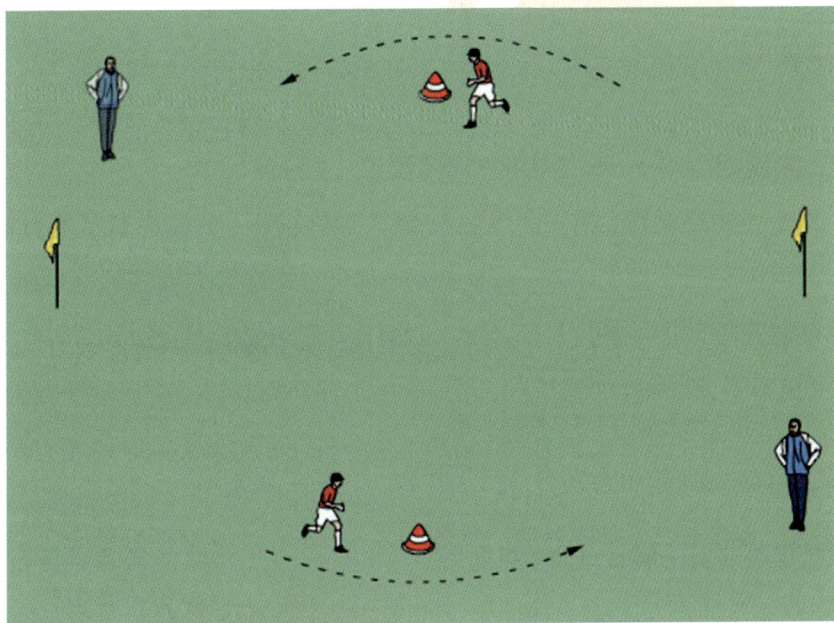

教学过程示例

（一）课堂常规（建议 3 分钟）

师生问好，教师进行课堂常规整队和考勤，检查学生着装是否规范，安排见习生。教师宣布本节课教学目标与内容，提醒学生在准备活动和整理活动中做好充分拉伸，在体能练习和体育游戏中要量力而行，保持合理距离，注意环境安全。

（二）新课导入（建议 5 分钟）

教师 📢：马拉松接力已经有多年的发展历史，比赛的过程不仅是对选手身体素质的一种考验，而且反映选手的准备情况以及随机应变能力，比赛场上如果遇到突发情况更是考验选手的比赛策略调整和团队配合能力。

教师 📢：通过前期的学习，大家对马拉松有了初步的认识，在接下来的比赛中，相信大家也能灵活运用所学的专业知识，跑出自己的好成绩。

（三）教学活动（建议 22 分钟）

▲ 活动一：感受身体活动——激活跑步状态（建议 8 分钟）

教师 📢：通过刚才的热身活动，相信大家已经做好比赛的准备了，正确的跑步姿态和团队配合会事半功倍。请每组自行做好团队接力的顺序分工，合理规划本组的比赛策略。

教师 📢：再次检查自己的装备，6 人一组，回到各自的标志桶位置做好接力准备。听到枪声鸣起，比赛正式开始。

▲ 活动二：奔跑吧少年——马拉松接力赛（建议 14 分钟）

教师 📢："纸上得来终觉浅，绝知此事要躬行。"比赛前期，我们进行了充分的准备工作并储备了专业知识。今天的马拉松比赛，将从知识、体能、策略等方面考验大家的综合能力，此次比赛也会为大家后续的锻炼提供更多启示。下面让我们开始比赛吧。

教学提示： 比赛中，教师要加强指导，帮助学生加深对所学田径类运动项目的理解，在比赛的环境中保持情绪稳定并与同伴交流合作，培养学生分析问题与解决问题的能力。

（四）放松整理小结（建议 5 分钟）

教师 📢：刚跑完步的同学不要立即停下，可以先围着操场内侧慢走，之后跟随老师一起进行头部、肩颈、手臂、腿部的拉伸，放松自己的肌肉，减轻乳酸堆积导致的肌肉酸痛。

教学提示： 教师一定要督促参赛的选手做好比赛后的拉伸放松活动，注意保暖，防止抽筋等情况的出现。

教师问： 通过本次马拉松接力，同学们有什么感受？（学生自由回答）

问题

教学提示： 教师要通过对话，培养学生的合作学习能力，发挥团队探究精神，引导学生在比赛中积极进取，培养不怕困难、勇敢顽强的坚毅品质，保持乐观平常的心态，积极面对比赛的结果。

第三课时
超越自我，迎接荣耀——马拉松比赛颁奖

● 情境导入和驱动性问题 ●

情境导入： 现代竞技训练强调科技助力，例如，从空气阻力角度来研究提高耐力项目运动员的表现。2019 年 10 月 12 日，在科技助力和团队合作的帮助下，世界马拉松名将基普乔格在奥地利维也纳普拉特公园首次在两小时内完成了马拉松。为了实现这一突破，官方邀请 41 名配速员，分为 6 组，每次 5 个人，四人在前一人在后，组成"V"字形构成防风阵型，最终让他的马拉松成绩成功"破2"。

驱动性问题： 马拉松是一场体育竞赛，更是科技的较量，请同学们思考你所了解的体育项目中是否存在科技助力体育？

● 场地器材 ●

场地器材： 话筒、音响、投影仪、奖章、赛徽、颁奖台、签名墙、签字表等。

教学主要内容

■ 感受身体活动——三子棋

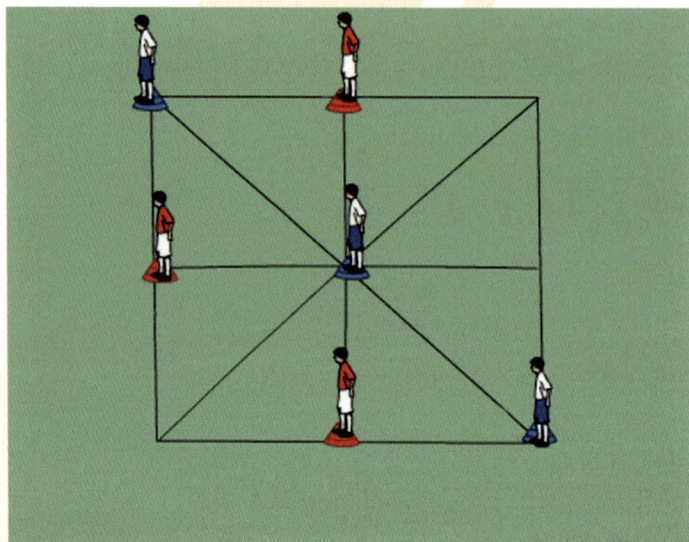

活动规则：

1. 3 人一组，穿上本队颜色的服装，站在相应标志盘位置。

2. 每 6 人为一大组，仔细听老师提出的关于马拉松相关知识的问题。答对一题，该组的一名成员可以在标志盘上移动一步，优先连成一条线的组获胜。

3. 采用小组轮换的方式，每人都参与其中，发挥智慧。在有限时间内胜利次数多的小组获胜。

■ 冠军赛——师生共进

智慧加油站： 教师组织学生参与马拉松运动，使学生了解比赛的基本规则，提升其体育品德；通过带领学生复习体育与健康知识，让学生在运动的过程中增强对运动知识的理解。

规则： 根据裁判记录的成绩，分别选择本次比赛中每组跑得最快、用时最短的 2 位同学与班上的 2 位老师结成搭档，进行 50 米 ×4 师生接力跑。此次师生共进冠军赛共需要 8 名同学和 8 名老师参加，裁判员及工作人员记录本次比赛的成绩，其他同学可在场外加油助威。

■ 荣登领奖台

活动步骤： 1. 汇报上节课的课后作业（为本次比赛设计赛徽），并说出自己的设计理念。

2. 裁判员宣布本次比赛各个小组所用的时间和比赛排名。

3. 根据比赛成绩进行颁奖，展示本组设计的赛徽和奖牌并拍照留念。

4. 摄影组用大屏幕展示本次比赛关键环节的照片，如比赛前期的筹备工作、赛场中大家忙碌的身影，以及比赛后的颁奖等精彩照片。

5. 根据本次比赛的整体流程以及参赛体验，分享自己的感受并指出不足和需改进的地方。

活动要求：

学生活动：1. 以组为单位上台展示本组设计的奖章和赛徽，并分享交流设计理念。

2. 在比赛中担当裁判员的学生，记录并核对每组的成绩，根据每组奔跑的用时进行排名。学生以组为单位集合站好，听取本组的成绩。每组自行商谈，推选 1 名拥有专业知识且比赛表现优异的同学作为"智慧之星"，为一直在为比赛工作服务的志愿者学生颁发最佳贡献奖。

3. 学生根据老师的指引依次上台领奖，由老师颁发奖牌，以及本次比赛的纪念品。

4. 学生在纪念背景墙用一句话写出对本次比赛的感受或对未来的愿望。

5. 摄影师为本次比赛拍摄大合影留念。

教学过程示例

（一）课堂常规（建议 3 分钟）

师生问好，教师进行课堂常规整队和考勤，检查学生着装是否规范，安排见习生。教师宣布本节课教学目标与内容，提醒学生在准备活动和整理活动中做好充分拉伸，在体能练习和体育游戏中要量力而行，保持合理距离，注意环境安全。

（二）新课导入（建议 2 分钟）

教师：在马拉松接力赛中，同学们顽强拼搏的精神值得表扬。大家

问题　觉得自己在本次比赛中发挥如何？有哪些需要改进的地方？

（三）教学活动（建议 25 分钟）

▲ **活动一：感受身体活动——三子棋（建议 10 分钟）**

教师：通过刚才的比赛，相信同学们与自己的团队成员已经建立了一定的默契，接下来的热身活动，既考验团队的配合，更是检验大家对马拉松赛事知识掌握的熟练程度。

教学提示： 在进行热身游戏的过程中，教师应提醒学生注意团结协作，共同思考取胜的最佳方法，同时提醒学生在游戏过程中注意安全，弹跳过程中不要受伤。

▲ 活动二：冠军赛——师生共进（建议 10 分钟）

教师： 通过刚才的马拉松接力赛，老师感受到了大家的体育热情。接下来请每组派出 2 位学生与 2 位老师共同参加 50 米 ×4 的接力跑，决出冠军。

教师： 同学们在加油助威的同时，一定要注意安全，不要进入比赛的赛道。

▲ 活动三：荣登领奖台（建议 5 分钟）

教师： 刚才的马拉松接力赛让老师感受到你们都在不断突破自己、挑战自己！希望同学们能够享受比赛的过程，感受竞技体育的魅力。

教师： 下面我们要为这次比赛完成速度最快的组别、获得"智慧之星"的同学，以及本次比赛的志愿者颁奖，因为你们的存在，我们的赛事才能更加精彩！

（四）总结与反思（建议 5 分钟）

问题

教师： 在这次活动中，同学们有什么印象深刻的地方吗？

教学提示： 教师带领学生回顾本课时的学习内容，共同梳理整个比赛的办赛流程，提醒学生在比赛过程中要保持平常心，乐观接受比赛结果，享受比赛的过程。

教师： 如果之后班级或者学校举办体育赛事，大家可以根据本单元收获的经验进行赛事策划，请同学们课后总结出你的办赛经验。

课后作业

健康知识小测试（fitness knowledge test）

马拉松运动彰显着挑战自我、超越极限、坚韧不拔、永不放弃的体育精神。跑马拉松就是与自己搏斗的过程，用你强大的意志力清除懒惰、消极、畏难等负面情绪，从而达到战胜自我、重塑自我的目标。在马拉松运动过程中，身体出现哪些反应需立即停止运动？（　　）

A. 心慌、胸闷　　　　　　　　B. 头晕、恶心呕吐

C. 失去方向感、产生幻觉　　　D. 以上都是

跨学科知识作业（interdisciplinary homework）

城市马拉松赛事的举办，既让我们感受到体育的热情，也引发我们对城市现代化进行深入思考。跑步能让更多的选手关注他们所居住的环境，关注城市绿地建设、城市污染治理，意识到垃圾分类的重要性。请同学们深度理解垃圾分类的想法，从不同侧重点进行图形化编程设计，以此提高保护环境的意识。

体育活动作业（physical activity homework）

结合课上学习的正确跑步姿势，复习跑步的知识要点，巩固自己的奔跑动作，录制运动科普视频，与家人穿上跑鞋一起进行科学运动。

教师自评与教学反思

姓名（　　　） 性别（　　　） 年龄（　　　） 职称（　　　） 任职年限（　　　）

教师教学效果自评				
类别	A. 优良	B. 较好	C. 有待提高	自评等级
课中问答	大部分学生能正确和完整地回答教师的提问，包括本节课所传授的知识和学过的知识。	大部分学生能较正确和完整地回答本节课所传授的知识。	大部分学生回答课堂教学知识不全面或回答错误。	（　　　）
课堂气氛	课堂气氛活跃，师生互动性强，大部分学生积极参加课堂讨论和体育游戏，有很好的分享、合作氛围。	课堂气氛一般，师生互动尚可，一半学生参加课堂讨论和体育游戏，有一定的分享、合作氛围。	课堂气氛沉闷，师生互动较少，少部分学生参加课堂讨论和体育游戏，缺乏尊重、分享、合作氛围。	（　　　）
作业反馈	大部分学生能完成教师布置的各项课后作业，作业表现优异。	大部分学生基本能完成教师布置的各项课后作业，作业表现尚可。	大部分学生不能完成教师布置的各项课后作业，作业表现较差。	（　　　）
教学反思				
课程核心素养落实	教学探索： 改进措施：			
跨学科知识融入	教学探索： 改进措施：			
教学方法应用	教学探索： 改进措施：			
授课中印象深刻的小故事				

教学拓展

本章的主题为"赛事小能手"，本课的核心任务是通过学生的全程参与，了解马拉松的历史发展，理解所学田径类运动项目的比赛规则和裁判方法，参与所学运动项目比赛中的场地布置与器材使用、成绩测量与记录、犯规判罚、名次判定等裁判工作。指导学生设计、参与和组织小型比赛，提高学生的比赛能力、组织能力、协调能力、裁判能力，加强学生的角色意识和责任意识。采取趣味的训练方式，逐层递进发挥学生的探究合作精神，使其更加科学合理地进行运动。

知识窗——马拉松

◇ 垂直幅度（Vertical Oscilation）：指在跑步时，身体重心垂直移动到最高处与最低处的差值。振幅越大，跑步效率越低。通过计算垂直振幅与步幅的比值能够得出自身垂直步幅比，比率越高，跑步的效率就越高。

◇ 撞墙（The Wall）：当体内血糖过低，身体不得不依赖脂肪来供能，撞墙期具体表现为浑身乏力，迈不开腿，厌跑负面情绪急剧上升。

科学实证——倒"J"形曲线

倒"J"形曲线是指运动量过低或者过高都会导致死亡风险增加，当运动量不足或者缺乏运动时，身体健康状况呈下降趋势，容易发生慢性疾病并且增加死亡风险。1986年，研究认为锻炼（步行、爬楼梯和运动项目）与全因死亡率之间呈倒"J"形关系。这项前瞻性研究追踪了16936名哈佛男性校友16年，结果显示每周运动所消耗的能量从小于500到3500千卡之间逐渐递增，死亡率成反比下降。每周锻炼大于3500千卡的男性中有18%的人年龄增长后的死亡风险一定程度变高了。2020年美国心脏协会在著名的《循环》杂志发表的《运动导致的心血管事件和长期进行运动训练的潜在不良适应：更新对于运动风险的客观看待》则颠覆了这一观点，提出运动量越多，心血管病的发病率和死亡率越低的观点。

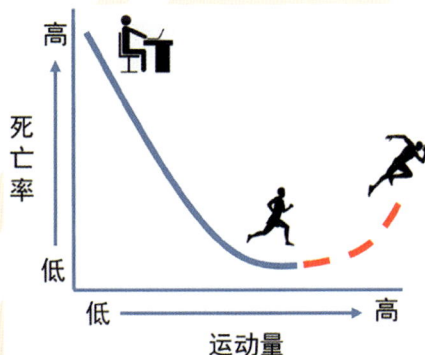

运动量与健康之间的倒"J"形曲线

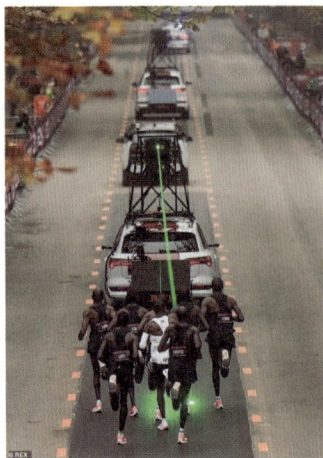

2019 年 10 月 12 日上午，肯尼亚选手基普乔格以 1 小时 59 分 40 秒的成绩在奥地利维也纳跑完 42 公里马拉松，突破人类的历史极限，成为人类历史上首位"破 2"的马拉松运动员。专家表示这次马拉松成绩进入"1"字头，证明了科技、团队协作在推动体育运动不断突破极限中发挥着重要作用。基普乔格的成绩背后是大量团队人员的协助，涉及材料学、运动生理学、营养学、心理学。

科技力量首先体现在引导车打下的激光束。该车以每公里 2 分 50 秒的速度前进，车上的激光会在地板上标注绿线。激光束移动的速度就是配速的速度，因此可以有效帮助跑者调整配速。其次体现在团队的力量。陪跑团分六组，在基普乔格跑步过程中，轮流呈"V"字形在他身边陪跑进行配速指导，并形成人墙将风阻力减至最小。还有三辆自行车组成保障团队，跟在基普乔格身后，及时计算他消耗的能量并按计划提供能量饮料。此外，比赛路线也是为他量身定制。据法新社报道，维也纳大学体育专家的一项分析显示，奥地利维也纳的跑步胜地普拉特公园，这一精心准备的赛道多平坦路面，能最大限度减少额外的能量和速度损耗，使得他总成绩只比在电脑模拟的平坦和笔直的道路上多花了 4.5 秒。

第十四章　跳绳达标赛

学科教学目标

认知目标： 能够了解达标成绩的设置步骤，能够认识花样跳绳的发展历史及类别，能了解跳绳运动健身作用和参加跳绳比赛的注意事项。

技能目标： 能够综合运用体育相关知识（如运动前的热身活动、运动损伤的处理方法、最适运动心率等）解决实际问题，能够通过花样跳绳动作的学习与创编，提高运动能力，激发参与体育活动的热情，能够利用跳绳开展多渠道的身体锻炼和游戏活动。

情感目标： 能够在有一定难度的体育活动中表现出勇敢顽强、坚持到底的意志品质，具有团队精神和文明礼貌行为，对跳绳运动充满兴趣。

跨学科教学目标

> 体育一道，配德育与智育，而德智皆寄于体，无体是无德智也。
>
> ——毛泽东

认知目标： 能够知道信息的常见来源及重要性，知道适合的条形统计图和折线统计图应用场景。

技能目标： 能够分享自己的感受和观点，能够运用数学中百分数和平均数等知识确定班级达标线的设立方法，能够为学校设计花样跳绳的宣传板报，运用传统或现代的工具、材料创作平面、立体或动态等表现形式的奖章，能够采用合适的方式开展在线搜索，获取有用的信息和资源。

情感目标： 能够对本节课融入的语文、数学、信息科技、艺术等跨学科知识充满兴趣，乐于运用跨学科知识了解和探究体育相关问题，对自己的体育跨学科学习能力充满信心。

教学重点、难点与跨学科知识点

教学重点： 了解达标成绩的设置步骤，能组织跳绳达标赛的"现场测试"。

教学难点： 在花样跳绳动作创编过程中能够发挥自己的创造力和想象力，感受花样跳绳运动的魅力，在总结评价时能够反思自己的不足和认识自己的优势，提高自己的批判性思维能力。

跨学科知识点： 融合语文的口语表达能力，分享自己的感受和观点；融合数学中百分数和平均数等知识，确定班级达标线的设立方法，能够运用条形统计图和折线统计图表达数据；融合艺术学科中"实用与美观相结合"的原则，为学校设计花样跳绳的宣传板报，能运用传统或现代的工具、材料创作平面、立体或动态等表现形式的奖章；融合信息科技的检索功能，采用合适方式开展在线搜索，获取有用的信息和资源，知道信息的常见来源及存在的重要性。

课程地图

主题学习名称：跳绳达标赛（小学水平二）			
学科	**数学**	**艺术**	**信息科技**
课程目标	了解达标成绩的设置步骤，能够组织开展"现场测试"，在活动过程中能综合运用体育相关知识解决实际问题；学习花样跳绳的基本动作，能够设计板报宣传推广花样跳绳；在花样跳绳动作创编过程中发展运动能力，在奖章制作过程中提高自己的设计创作能力，在自评和互评中提高语言表达能力和反思能力。		
关键问题	如何设立班级达标线？	如何使板报和奖章的设计更具观赏性？	如何利用数字化工具获得资源？
内容	1. 用数学中的百分数和平均数等知识设立班级达标线；2. 用条形统计图和折线统计图呈现跳绳达标赛的结果。	1. 为学校设计花样跳绳板报；2. 用传统或现代工具和材料创作本次比赛的奖章。	采用合适的方式展开在线搜索，获取有用的信息和资源。
能力	分析能力；计算能力；统计能力。	设计能力；创作能力；想象能力。	检索能力；鉴别能力。

课程主题	核心素养指向
了解达标成绩的设置步骤，组织"现场测试"并能够设立班级达标线；学习花样跳绳基本动作，进行板报设计制作；创编花样跳绳组合动作，进行自我反思、总结评价。	运动能力：能够通过花样跳绳动作的学习与创编，发展运动能力。健康行为：通过学练花样跳绳养成良好的体育锻炼意识与习惯。体育品德：在跳绳比赛中能够尊重规则、公平竞争，具有正确的胜负观。

课程任务

子任务1：筹划跳绳达标赛，组织开展现场测试
- 热身活动——"跳绳感统"小游戏
- 确定"现场测试"前的准备动作
- 开展"现场测试"
- 设立班级达标线

统领性任务

子任务2：学习花样跳绳基本动作，制作板报进行宣传推广
- 热身活动——"四人运货"小游戏
- 学习花样跳绳基本动作
- 制作板报进行宣传推广

子任务3：创编花样跳绳组合动作，自我反思、总结评价
- 花样跳绳组合动作创编展示与评选
- 跳绳达标赛奖章的制作与颁发
- 自我反思与总结评价

通过本章的学习，学生能够以小组为单位完成一份"年级跳绳比赛"的策划方案，具体内容包括：裁判人员、比赛器材、比赛场地、比赛规则、成绩判定、奖励办法、记录表等，要让年级的每一位学生都参与其中。

燃动
体育

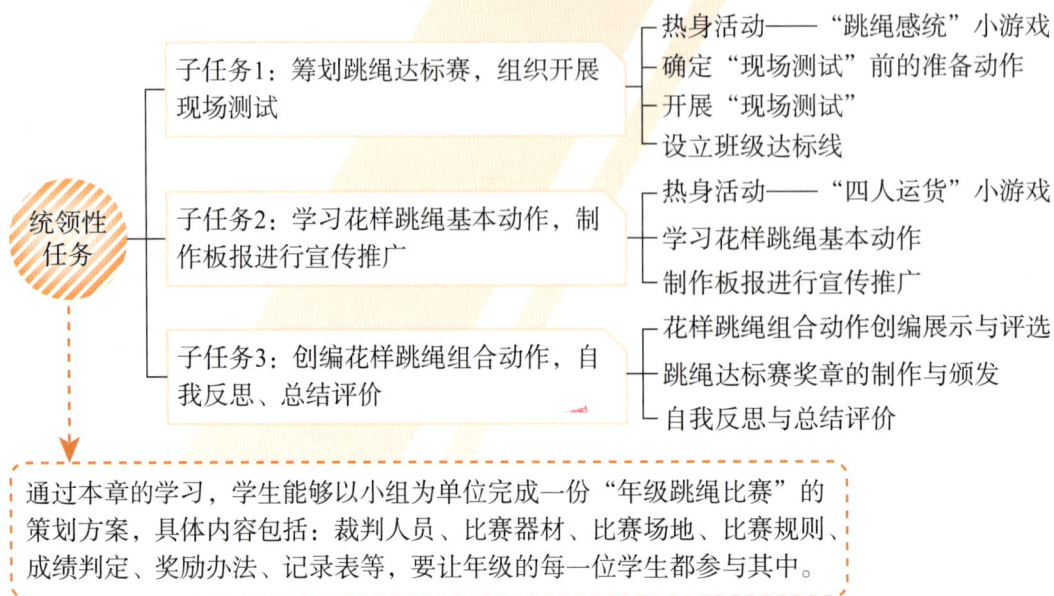

第一课时
筹划跳绳达标赛，组织开展现场测试

情境导入和驱动性问题

情境导入： 每年国家体育总局都会组织开展全国跳绳裁判员的培训和裁判员的技术等级认证，考核内容包括跳绳竞赛规则、裁判法、临场执裁考核以及职业道德等方面的考察，这些培训和考评一方面是为了提高从业人员的专业素养，另一方面是为了保证跳绳竞赛公平、公正、有序地开展。

驱动性问题： 请同学们思考，在班级跳绳达标赛举办的过程中，应该采取哪些办法保证裁判员执裁的公平、公正？

场地器材

场地器材： 操场、跳绳、纸笔、秒表、标志桶、成绩记录卡等。

教学主要内容

■ 热身活动——"跳绳感统"小游戏

游戏设置：

▲教具：跳绳、标志桶。

▲规则：学生在标志线（距离标志桶 30 米）后排成四路纵队，依次进行"开合跳跃、剪刀跳跃、左右跳跃和前后跳跃"的训练。第一位同学到达标志桶处随即第二位同学出发，第一位同学绕标志桶右侧返回至队伍末尾，所有同学返回后开始进行第二项训练，直至每组最后一名完成训练的同学返回起点，代表本队游戏结束，用时短的队伍获胜。

注意事项： 在进行热身游戏的过程中，教师应提醒学生在提高速度的同时保证动作的质量，尽量将自己的身体活动开，同时在游戏中要注意安全。

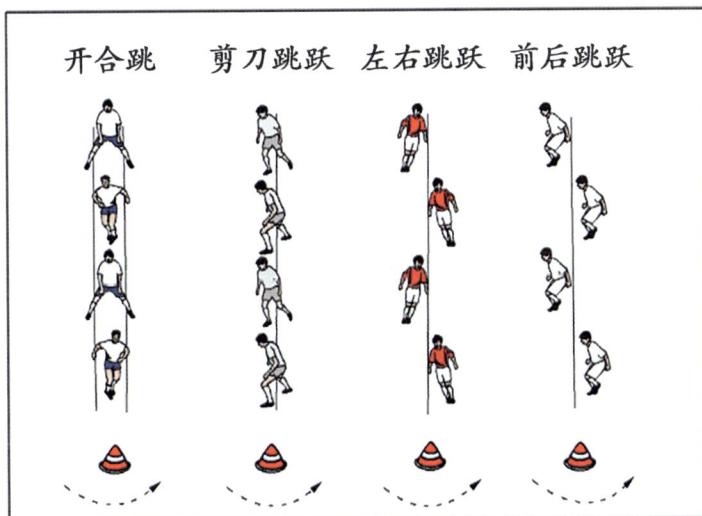

■ 确定"现场测试"前的准备工作

智慧加油站： 教师引导学生通过数字化工具了解《国家学生体质健康标准解读》《青少年跳绳运动技能等级标准与测试方法》等资料，自主确定跳绳达标线并举办班级跳绳达标赛，使其结合以往学习的体育与健康课程知识点（热身活动的重要性、最适运动心率、体育活动和比赛的安全注意事项、运动损伤的处理方法），提出"现场测试"前需要做的准备工作，保证"现场测试"的安全顺利开展。

活动要求： 以小组合作的形式开展，6人一组，讨论本次跳绳达标线的设立依据，并回顾以往课堂所学知识，讨论得出"现场测试"前的准备工作，并将讨论结果以书面的形式进行记录，最后进行小组间的交流展示。

★安全注意事项：1.脚尖和脚跟须协调用力，防止崴脚受伤；2.被绳子绊住后要及时停下来；3.保护好膝盖；4.将心率调整至最适运动心率，不能为了追求跳绳次数而超过最大心率。

★热身活动：1.可以做一套热身操，活动全身，把身体各关节都活动开；2.可以在原地做一些跳跃运动，尤其是做好膝关节和踝关节的拉伸。

★脚踝扭伤的处理措施（PRICE原则）：

P	R	I	C	E
Protect	Rest	Ice	Compress	Elevate
保护：使用夹板或者敷料保护伤处，防止进一步受伤。	休息：限制活动，避免伤处反复活动造成血管神经等周围组织的损伤。	冰敷：48小时内局部冰敷可以有效减轻肿胀和疼痛。	加压：加压包扎，可以止血减轻肿胀，但要注意力度和时间。	抬高：抬高受伤部位，促进血液回流，减轻肿胀。

■ **开展"现场测试"**

活动要求： 根据测试规则，每人有三次测试机会，每次测试时间为一分钟，每组成员由3名计数员、1名记录员和1名受试者组成，依次轮换进行测试，共轮换3次（第一名受试者一次测试完毕，换其中一名计数员进行测试，两人角色互换，直至5人均轮换一次表示第一轮测试结束，随即开始第二轮测试。）

★受试者：使自己的身体保持在最佳状态，做好测试准备。

★计数员：公平公正地进行计数工作。

★记录员：快速准确地统计结果，将其记录在受试者的成绩记录卡上。

★计时员：教师担任"计时员"的角色，严格准确地控制测试时间，做到鸣号响亮、清晰。

■ **设立班级达标线**

智慧加油站： 教师结合数学中百分数和平均数等知识，引导学生运用简单的数据收集、整理和呈现的方法，确定跳绳达标线的设立办法，结合数学中"统计与概率"知识对数据进行分析，计算确定班级达标线，并在纸上用数据图的形式呈现本次跳绳达标赛的结果。

活动要求: 以小组合作的形式开展,六人一组。

1. 根据成绩记录卡将小组成员的最终成绩统计出来,同时将小组六人的成绩记录在白纸上,一式五份,分发给其余小组用于确定班级达标线。

2. 整个班级的达标线设立,可以采用百分数的方法,使75%的学生都能够达标,剩余的学生经过努力也能达标。把所有学生的跳绳最后成绩从小到大依次排列,以排名总人数乘以25%(舍去小数点)的学生的跳绳成绩为达标线。

3. 结合达标线分析班级学生的成绩,以数据图的形式呈现最后的测试结果(如达标人数、未达标人数、最高值和最低值)。

● 教学过程示例 ●

(一)课堂常规(建议3分钟)

师生问好,教师进行课堂常规整队和考勤,检查学生着装是否规范,安排见习生。教师宣布本节课教学目标与内容,提醒学生在准备活动和整理活动中做好充分拉伸,在体能练习和体育游戏中要量力而行,保持合理距离,注意环境安全。

(二)新课导入(建议2分钟)

> **教师** 问题: 每年学校都会举办各项跳绳比赛,那么同学们觉得制订一些什么规则可以让更多人参与并使比赛能够公平顺利地开展呢?(学生自由回答)

教学提示: 教师引导学生提出可以保障跳绳达标赛公平顺利举办的一些规则,比如设定合理的达标线,提前了解比赛的各项规章制度等。

(三)教学活动(建议27分钟)

▲ 活动一:热身活动——"跳绳感统"小游戏(建议4分钟)

> **教师** 问题: 下面我们通过"跳绳感统"的热身小游戏,来提高肌肉的温度和神经系统的兴奋性,为接下来的"现场测试"做好准备,能够使自己快速投入运动。

教学提示： 教师讲解具体的游戏规则，进行动作示范，同时提醒学生注意安全，防止受伤。

▲ 活动二：确定"现场测试"前的准备工作（建议6分钟）

> **问题**
>
> **教师📖：** 要让更多人参与并使比赛公平顺利地进行，必须有一个合适的比赛规则，其中达标线的合理设立非常重要，可以帮助我们了解每位同学的学习水平及状态，并能够根据结果及时调整状态，使大家不断进步，那么可以通过哪些方式设立一个属于我们班级的达标线呢？（学生自由回答）

教学提示： 教师组织学生以小组为单位积极开展讨论，引导学生利用信息资源进行搜索，提出更多可能性，结合实际情况做出最适合的选择。当学生遇到困难时，教师提供帮助，引导学生继续推进问题。

教师📖： 听了大家的讨论，老师发现"现场测试"是大部分同学的最终选择，"现场测试"的确可以更清晰、更准确地反映大家的跳绳水平，那么我们就以"现场测试"作为本次跳绳达标线的设立依据。

> **问题**
>
> **教师📖：** 确定了跳绳达标线的设立依据，同学们还可以思考一下，在测试的过程中需要注意哪些安全事项？（学生自由回答）

> **问题**
>
> **教师📖：** 既然存在这些安全注意事项，那是否可以提前做一些准备工作，防止在测试中受伤呢？（学生自由回答）

> **问题**
>
> **教师📖：** 通过一些热身活动可以把运动可能造成的危险性降到最低，但在跳绳中可能还会发生一些受伤事件，比如脚扭伤，那该如何处理这类问题呢？（学生自由回答）

教师📖： 接下来同学们以小组为单位共同梳理"现场测试"前的准备工作，并将小组的讨论结果在纸上记录下来。

教学提示： 教师提出系列相关问题，引导学生对本次活动展开更全面的分析，使学生能够运用以往所学知识解决问题。

▲ 活动三：开展"现场测试"（建议13分钟）

教师🔊： 终于到了"现场测试"的环节，大家可以拿出自己最好的状态来参加此次测试，同时也可以验证之前的准备工作是否充分，希望同学们都能够取得好成绩！

教学提示： 教师作为"计时员"一起参与本次"现场测试"，同时在计时的过程中观察学生的跳绳动作，以及与同伴的合作配合能力。在"现场测试"的过程中学生遇到困难时，教师给予正确方向的引导，提高学生的问题解决能力。

▲ 活动四：设立班级达标线（建议4分钟）

教师🔊： 在"现场测试"中，老师发现同学们都非常棒，每个人都想跳出自己最好的成绩。测试结束后，需要大家根据达标线设立方法，对同学们的跳绳成绩进行统计分析，接下来就以小组为单位各自进行数据分析，确定最后的班级达标线。

> **问题**
>
> **教师🔊：** 经过大家的仔细计算，我们得出了班级达标线，那么如何将班级的跳绳成绩更加直观地表现出来，同学们有什么好的方法吗？（学生自由回答）

教师🔊： 同学们都说得非常好，可以用数学中"统计与概率"的方法呈现班级数据。比如，条形统计图就能够较好地呈现数据，反映班级的集体跳绳水平。

教学提示： 教师能够指导学生分析数据与制作数据图，同时观察学生的知识迁移和运用能力。

（四）放松整理小结（建议3分钟）

教师🔊： 同学们，让我们一起跟随音乐的节拍，调整呼吸的节奏，放松我们的全身，拉伸我们的肌肉吧。

教学提示： 教师带领学生做肌肉、韧带拉伸活动，并提示学生注意量力而行，有针对性地放松身体酸痛部位。

> **问题**
>
> **教师🔊：** 通过学习这一章节的内容，同学们有什么收获吗？（学生自由回答）

教学提示： 教师带领学生回顾本课时的主题，通过对活动开展情况的反思，提高学生的组织能力、临时反应能力和问题解决能力。

情境导入和驱动性问题

情境导入： 2021 年，北京市西城区印发《关于贯彻落实新时代学校体育工作的实施方案》，明确以跳绳等简单易行的运动项目为突破口，推动"跳动校园"系列活动，倡导学生即使是寒假和暑假，也坚持每日跳绳。这一实施方案的效果令人惊喜，2021 至 2022 学年，西城区大多数学生都掌握了跳绳技巧。从简单的双脚跳绳到花样跳绳、双人跳绳、集体跳绳，学生乐在其中，将这个项目的优势发挥到极致。实施以跳绳为核心的"跳动校园"项目一年以来，西城区学生跳绳项目优良率为 82.6%，在国家学生体质健康标准的 10 个项目中得分最高。

驱动性问题： 同学们请思考，你接触过花样跳绳吗？你觉得花样跳绳能够给自己体质健康带来这样大的改变吗？

场地器材

场地器材： 操场、跳绳、标志桶、足球、彩色粉笔等。

教学主要内容

■ 热身活动——"四人运货"小游戏

游戏设置：

▲教具：1. 跳绳（代表担架）；2. 足球（代表货物）；3. 标志线（代表起点）；4. 标志桶（代表折返点）。

▲规则：学生在标志线后成两路纵队，四人一组，标志线距离标志桶 30 米。学生用四根

跳绳组成"井"字形，每人抓住两根绳头，"井"字形中间放一个足球。第一组同学从标志线处出发向前跑动至标志桶处，沿逆时针方向环绕一圈折返回起点，随即与下一组同学击掌，排至队伍最后，直至队伍的最后一组同学完成，比赛结束。最后以"掉落次数少"为优先，若"掉落次数"一致，用时最短的队伍获胜。

注意事项： 在游戏过程中要注意安全，防止受伤。为了提高获胜的可能性，在跑动过程中应注意四人协作配合，拉紧跳绳，减少足球掉下的次数。

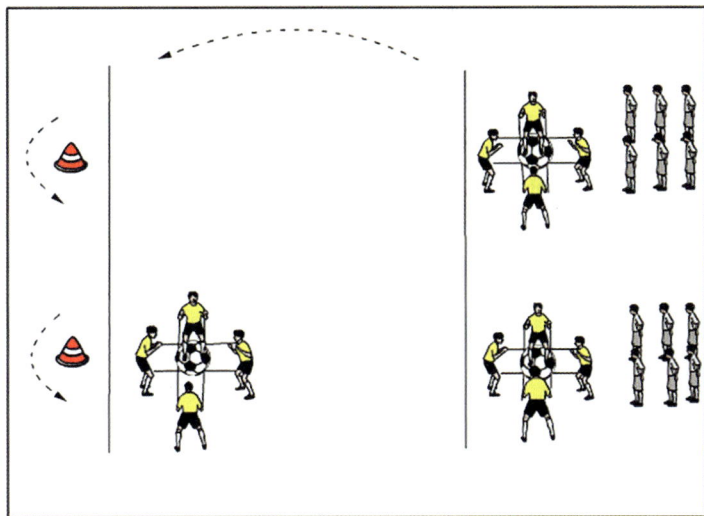

■ 学习花样跳绳基本动作

活动要求： 教师向学生简要讲解花样跳绳运动的发展史及其类别，并带领学生观察花样跳绳一级的八个动作：左右甩绳、并脚跳、双脚交换跳、开合跳、弓步跳、并脚左右跳、基本交叉正摇跳、勾脚点地跳。教师组织学生以小组为单位选择其中一个动作进行练习，最后每个小组集体进行 15 秒的展示。

花样跳绳介绍：

★ 花样跳绳的发展史：

西安是跳绳的故乡，也是花样跳绳的诞生地。中国花样跳绳创始人陕西"绳王"胡安民的父亲胡德寿，自幼跟随母亲学练"花式跳绳"，后将绳技传给儿子胡安民。1957 年，胡安民将"花式跳绳"更名为"花样跳绳"，之后又将"花样跳绳"绳技传给其子胡宏伟、女儿胡红霞及外孙女王旭姚，共计经历了 5 代 130 年的时间。花样跳绳是在传统跳绳的基础上得以继承和发展的，是对中国民间传统体育游戏跳绳的时代演变和现代转型，是对中国传统跳绳的艺术化演绎和特色升华。花样跳绳自诞生起，很快便得到了传播、交流与推广。陕西师范大学在 1959 年举办了我国第一个跳绳培训班。1993 年 12 月，全国第一家"跳绳协会"在西安师范学校成立。1999 年 8 月，世界第一所"跳绳艺术学校"在西安师范学校成立。2002 年 7 月，"陕西省第三届民运会"正式将花样跳绳列入比赛项目。

2003 年，"跃动·上海花样跳绳队"诞生于中华人民共和国第一所高等体育学府——上海体育学院，它专注于推广和传播花样跳绳，成立至今已多次荣获上海市优秀团队和全国花样跳绳比赛冠军，荣获世界青年跳绳锦标赛亚军和亚洲跳绳锦标赛冠军。当前花样跳绳已在世界各国形成良好的发展势头，不光成为大众健身和娱乐的好项目，而且也已成为世界各国的正式体育运动项目。

★ 花样跳绳的分类：

分类	项目	动作特点	动作结构	主导因素
计时计数类	30 秒单摇跳	速度性	单一	体能
	30 秒双摇跳			
	45 秒交互绳单摇跳			
	3 分钟单摇跳	耐力性	单一	体能
	连续 3 摇跳	力量耐力性	单一	体能
花样类	个人花样；同步	难美性	多元	技能
	花样；车轮花样			
	交互绳花样			
	绳网绳阵花样			

■ 制作板报宣传推广

智慧加油站：教师结合美术课程的设计制作内容，引导学生为学校设计花样跳绳板报并进行宣传推广，使更多的学生能够产生对花样跳绳的兴趣，营造学校积极参与体育锻炼的氛围。

活动要求：根据学校板报的数量将班级学生划分为几个小组，利用上课所学的花样跳绳的基本知识合作开展板报的设计制作。其中板报的设计需满足以下要求：

报头：要体现本次板报的主题，摆放位置应显眼，大小适宜，同时能够做到精致新颖。

版面设计：文字、图案所占比例平衡，切忌让插图喧宾夺主。

内容：要围绕着主题展开（如花样跳绳的类别、好处等），体现板报的实用性、艺术性和教育性，同时也可以适当增加一些小栏目（如英语角和健康角等）。

文字：工整清晰，字距、行距适当，篇与篇之间及板报四周要有空隙，颜色要雅致。

插图：要对版面起到美化、装饰的作用，颜色要鲜明、醒目，位置设计合理，内容要与主题相一致（可以设计一些花样跳绳基本动作的简笔画）。

● 教学过程示例 ●

（一）课堂常规（建议 3 分钟）

师生问好，教师进行课堂常规整队和考勤，检查学生着装是否规范，安排见习生。教师宣布本节课教学目标与内容,提醒学生在准备活动和整理活动中做好充分拉伸,在体能练习和体育游戏中要量力而行,保持合理距离,注意环境安全。

(二)新课导入(建议 3 分钟)

> **教师💭**:在本次活动中,绳子是用作锻炼的学习工具。在生活中这些跳绳还可以发挥其他作用,大家想一想跳绳可以用来做什么呢?(学生自由回答)

教师💭:同学们的想象力都非常丰富,我们可以用绳子捆绑轻物做搬运物体的接力游戏,可以用双脚交换跳的方式做"踏石过河"的游戏。绳子可以当作晾衣绳使用,也可以当作拔河比赛的工具绳。

(三)教学活动(建议 24 分钟)

▲ 活动一:热身活动——"四人运货"小游戏(建议 5 分钟)

> **教师💭**:下面我们把绳子当作运输工具,来进行一个运输货物的小游戏。同学们可以思考一下,怎么做才能使绳子发挥最大作用,减少货物在运输途中掉落?

教学提示:教师讲解具体的游戏规则,引导学生积极思考问题,提示学生在游戏过程中注意安全。

▲ 活动二:学习花样跳绳基本动作(建议 10 分钟)

> **教师💭**:同学们日常进行的跳绳训练会稍显枯燥乏味,为了提高同学们对跳绳的学习兴趣,花样跳绳是比较好的一种选择。那么,大家知道花样跳绳是怎么诞生的吗?

教学提示:教师讲解花样跳绳的发展历史,能够针对学生的疑问作出解答。

教师💭:了解了花样跳绳的发展历史,同学们也应该知道花样跳绳有哪些类别以及基本动作,下面跟着老师一起来学习更多花样跳绳的知识吧!

教学提示:教师讲解花样跳绳的类别,同时给学生播放花样跳绳一级动作的视频,使学生感受到花样跳绳的魅力。

教师🔊：接下来大家以小组为单位，任选其中一个基础动作进行练习，最后我们将进行集体展示，也希望同学们能够在练习过程中对花样跳绳产生兴趣。

教学提示：教师组织学生学练花样跳绳的基本动作，并在练习过程中进行巡逻指导，对动作标准的同学给予鼓励，对动作错误的同学进行纠正。

▲ 活动三：制作板报宣传推广（建议 9 分钟）

问题

教师🔊：通过老师的讲解与观看视频，同学们了解了花样跳绳的一些基本知识，能够发现花样跳绳是一项特别有意思的运动，为了使更多的同学加入到花样跳绳的队伍，我们可以做些什么呢？（学生自由回答）

教师🔊：同学们提出了很多宣传方式，如制作海报、广播宣传、设计黑板报和媒体宣传等，今天我们选择以板报的形式宣传推广花样跳绳。

教师🔊：在板报的设计过程中，老师也提出了一些要求，希望同学们能够好好利用这些要求使自己的板报更具完整性、创意性和观赏性。

教学提示：教师讲解板报制作的具体要求，为学生提供一些设计思路和方向，使学生能够更加基于科学性和传播性进行板报制作。

（四）放松整理小结（建议 5 分钟）

教师🔊：同学们，让我们一起跟随音乐和呼吸的节奏，放松我们的全身，拉伸我们的肌肉吧。

教学提示：教师带领学生做肌肉、韧带拉伸活动，并提示学生注意量力而行，有针对性地放松身体酸痛部位。

教师🔊：同学们在课上已经学习了一些花样跳绳的基本动作，大家都表现得非常好。老师也想考验一下大家的创作能力，在课后能以小组为单位进行花样跳绳动作的组合创编（任意选择其中四个基本动作串联为八个八拍，也可以选择其中一至两个八拍改编为其他动作；能用一根绳子或多根绳子进行车轮跳、绳网、绳阵等跳法，使整个表演更具层次性和观赏性），并进行练习，做好展示准备。

第三课时
创编花样跳绳组合动作，自我反思总结评价

🔶 情境导入和驱动性问题 🔶

情境导入： 疫情期间，以《本草纲目》为伴奏的健身操火遍全网，深受大家的喜爱。不久后，中国花滑选手也在社交平台晒出视频，内容是她利用《本草纲目》的歌曲节奏，开发各种花式跳绳的动作，她的这一创意结合得到了广大跳绳爱好者的称赞。

驱动性问题： 如何在花样跳绳基本动作的基础上结合音乐进行创编，使该项体育运动变得更有趣，同时又能兼顾健身性？

🔶 场地器材 🔶

场地器材： 操场、跳绳、橡皮泥、卡纸、彩色笔、评选表、反思评价表等。

🔶 教学主要内容 🔶

■ 花样跳绳组合动作创编展示与评选

活动要求： 以小组为单位依次上台进行展示表演，其他小组成员根据评选要求进行打分评价，所有小组展示完毕后根据评价分数选出心目中最好的一组花样跳绳创编组合，将自己的小组名称写在纸上，并写上你要投票的小组名称（除自己组以外的任意一组），同时将自己的选择理由写在纸上。

评选要求： 完整性、创新性、技术难度和美感，每项 25 分，共计 100 分。

统计票数： 选出 4 名同学为唱票人，一人负责核对票据的有效性，一人进行唱票，其他两人进行统计。最后按照有效票数进行排序，写出获得最高票数的小组。

评选表					
小组名称： 投票小组：					
	完整性	创新性	技术难度	美感	总分
第一组					
第二组					
第三组					
第四组					
……					

■ 跳绳达标赛奖章的制作与颁发

智慧加油站： 教师引导学生结合美术创作为本次跳绳达标赛设计、制作奖章，提高学生的动手操作能力和设计能力，让学生按自己的想法，以平面、立体或动态等表现形式表达所见所闻、所感所想。

活动要求： 根据奖项的设置以小组为单位进行，可选用卡纸、橡皮泥等材料进行平面或立体的奖章制作，奖章上需包含获奖者的姓名或小组名称，并结合其他工具和材料使整个奖章充满设计感和独特性。最后，每组派代表将小组设计的奖章颁发给获奖者，介绍设计的理由和特色之处。

奖章制作：

"最牛跳绳达人奖"可以由获"最佳创编奖"的小组进行设计；"最佳设计奖"可以由各自小组进行设计，最后小组之间互颁奖章；"最佳创编奖"可以由"最牛跳绳达人奖"同学所在的小组共同设计。

■ 自我反思与总结评价

智慧加油站： 教师组织学生谈一谈自己或所在小组在活动过程中的表现和收获，指导学生进行生生互评，在小组内说出组员或小组的表现（既指出做得好的方面，也指出不足之处），在分享的过程中培养自己的语言组织能力，提高自我评价和回顾反思能力。

活动要求： 本次活动以小组形式开展，共分为三个部分（自我反思总结、生生互评和对本次课程的建议），学生能够记录自己的反思与评价，并在小组内进行分享汇报，也能够记录对本次课程的建议并交给老师。

我的反思与评价	
自我反思总结	1. 我的收获： 2. 我的不足：
生生互评	1. 组员 1： 2. 组员 2：
对本次课程的建议	1. 2. ……

教学过程示例

（一）课堂常规（建议 3 分钟）

师生问好，教师进行课堂常规整队和考勤，检查学生着装是否规范，安排见习生。教师宣布本节课教学目标与内容，提醒学生在准备活动和整理活动中做好充分拉伸，在体能练习和体育游戏中要量力而行，保持合理距离，注意环境安全。

（二）新课导入（建议 2 分钟）

教师：花样跳绳是一种融合体操、舞蹈、技巧、武术、拳击、街舞等多种流行元素和音乐的艺术形式，结合力量与速度、花样与难度，逐步成为集健身、娱乐、观赏、竞技、表演等多功能于一体的优秀体育运动项目。这一运动不仅能够发展同学们的协调、灵敏等素质，而且能培养感知觉能力、想象力、创造能力以及自我调节能力，期待大家能够在本节课展示出自己对花样跳绳动作的创新。

（三）教学活动（建议 25 分钟）

▲ 活动一：花样跳绳组合动作创编展示与评选（建议 10 分钟）

教师：上节课老师为同学们布置了一个小任务，能够小组协作进行花样跳绳组合动作的创编，现在就是大家展示作品的时候，希望同学们在展示的过程中能保持自信，发挥出自己的最佳水平。

问题
教师：在正式表演之前，同学们需要确定一个评价标准，帮助大家对每个小组的作品展示进行评分，最后我们将根据得分进行颁奖，大家觉得可以从哪些方面来进行评价呢？（学生自由回答）

教师：确定了评价标准，接下来就以小组为单位依次上台进行展示吧！其余同学每看完一个表演就在打分表上写下评分。

教师：看了各个小组的创编动作，都非常有特色，并且具有创意性。下面我们进入唱票环节，根据票数确定"最佳创编奖"的获奖小组。

教学提示：教师讲解唱票要求，使学生快速、准确地将结果统计出来。根据最后结果对获奖小组给予表扬，同时对未获奖小组进行鼓励。

▲ 活动二：跳绳达标赛奖章制作与颁发（建议10分钟）

问题

教师：在前面的一些活动中大家都表现得非常出色，为了鼓励大家的积极性，我们需要对一些表现特别出彩的同学或小组进行颁奖，老师希望这个奖章可以由你们自己来设计和制作，同学们觉得我们应该设立哪些奖项？（学生自由回答）

教师：同学们提的建议都非常好，那我们最后就确定奖项为"最牛跳绳达人奖""最佳设计奖"和"最佳创编奖"。由于在板报的设计中，每个小组都表现得十分出色，也为学校进行了花样跳绳的宣传，因此给每个小组都颁发"最佳设计奖"。

问题

教师：在确定了奖项后，选用哪些材料进行制作比较合适？又由谁来设计和制作这些奖章呢？（学生自由回答）

教师：同学们的讨论都非常热烈，根据大家的建议，最后我们确定"最牛跳绳达人奖"由"最佳创编奖"小组进行设计，"最佳设计奖"由各自小组进行设计，"最佳创编奖"由"最牛跳绳达人奖"同学所在的小组共同设计，最后小组之间互颁奖章。下面同学们就开动脑筋，一起来进行奖章的设计与制作吧！

教学提示：教师引导学生确定奖章制作的各个细节，在制作过程中能够给予学生最大的发挥空间，培养其想象力和创作能力。

▲ 活动三：自我反思与总结评价（建议5分钟）

问题

教师：本次"跳绳达标赛"的活动即将接近尾声，同学们在本次活动中有什么收获吗？觉得自己在小组合作中发挥了什么作用呢？自己还有需要改进的地方吗？（学生自由回答）

教师🔊： 同学们都进行了自我反思，也认识到自己的优势和需要改进的地方，那大家想不想听一听其他同学对自己的评价呢？下面同学们可以结合大家在活动中的表现，在小组内说一说组员或者小组整体的表现，可以指出做得好的方面，也可以指出不足之处，给对方提一些建议。

教学提示： 教师应鼓励学生进行生生互评，做到同学之间彼此监督、互相促进。同时在评价过程中能够提高学生的分析能力、思维能力和语言表达能力。

问题

教师🔊： 听大家讲了很多同学之间的趣事，也互相进行了评价，那么老师也想听听同学们对本次活动的一些建议，大家觉得还有需要改进的地方吗？（学生自由回答）

教学提示： 教师对学生提的建议表示感谢，在之后的活动策划中积极考虑学生的想法和需求。

（四）放松整理小结（建议 5 分钟）

教师🔊： 同学们，让我们一起跟随音乐的节拍，调整呼吸的节奏，放松我们的全身，拉伸我们的肌肉吧。

教学提示： 教师带领学生做肌肉、韧带拉伸活动，并提示学生注意量力而行，有针对性地放松身体酸痛部位。

教师🔊： 通过本次跳绳达标赛，相信同学们学习到了很多，希望大家在今后的学习中也能够将课堂中的知识和生活联系起来，发挥想象去解决生活中的问题。

课后作业

健康知识小测试（fitness knowledge test）

一、判断题

30秒单摇跳绳属于体能主导类耐力性项目。（　　　）

二、选择题

花样跳绳有哪些健身价值?（　　　）

A. 增强体能和促进心肺功能

B. 提高速度、力量、耐力、灵敏、协调等综合素质

C. 预防疾病

D. 以上都是

跨学科知识作业（interdisciplinary homework）

运用信息科技中的"数据与编码"知识,进一步完善课上对跳绳比赛数据的分析,运用数据图形展示数据之间的关系并支撑自己的观点,使用数据展示因果关系、预测结果或表达想法,如同时呈现一组数据、每个数据项与平均数的差、每个数据项与最小值的差等。同时能够在原来达标线的基础上进一步划分出优秀、良好、及格与不及格的标准,进一步分析学生的跳绳水平。

体育活动作业（physical activity homework）

以小组为单位,利用绳子设计一个体育趣味小游戏,写出具体的游戏规则、场地器材及需要注意的事项,能够用简单的图示画出整个游戏过程。

游戏名称	
场地器材	
游戏目的	
游戏规则	
注意事项	
游戏图示	

教师自评与教学反思

姓名(　　　) 性别(　　　) 年龄(　　　) 职称(　　　) 任职年限(　　　)

教师教学效果自评				
类别	A. 优良	B. 较好	C. 有待提高	自评等级
课中问答	大部分学生能正确和完整地回答教师的提问,包括本节课所传授的知识和学过的知识。	大部分学生能较正确和完整地回答本节课所传授的知识。	大部分学生回答课堂教学知识不全面或回答错误。	(　　　)
课堂气氛	课堂气氛活跃,师生互动性强,大部分学生积极参加课堂讨论和体育游戏,有很好的分享、合作氛围。	课堂气氛一般,师生互动尚可,一半学生参加课堂讨论和体育游戏,有一定的分享、合作氛围。	课堂气氛沉闷,师生互动较少,少部分学生参加课堂讨论和体育游戏,缺乏尊重、分享、合作氛围。	(　　　)
作业反馈	大部分学生能完成教师布置的各项课后作业,作业表现优异。	大部分学生基本能完成教师布置的各项课后作业,作业表现尚可。	大部分学生不能完成教师布置的各项课后作业,作业表现较差。	(　　　)
教学反思				
课程核心素养落实	教学探索:　　　　　　　　　　　　　　　　　　　　　　　　　　　　　改进措施:			
跨学科知识融入	教学探索:　　　　　　　　　　　　　　　　　　　　　　　　　　　　　改进措施:			
教学方法应用	教学探索:　　　　　　　　　　　　　　　　　　　　　　　　　　　　　改进措施:			
授课中印象深刻的小故事				

教学拓展

　　本章的主题为"跳绳达标赛"，本课的核心任务是以筹划并顺利开展跳绳达标赛为主线，融入语文、数学、艺术和信息科技等学科知识，在教师引导下组织学生开展跨学科主题学习实践活动。教师组织学生筹划并确定跳绳达标赛前的准备工作，根据"现场测试"结果确定最后的班级达标线，学习花样跳绳的基本动作并进行创编，制作花样跳绳板报进行宣传推广，自主设计、制作奖章样式并颁发。在教学活动中，教师要组织学生进行自评和互评，提高学生的自我评价和回顾反思能力。本活动可以由体育教师独立实施，也可以协同其他学科（如语文、数学、艺术和信息科技等）教师一起完成。

知识窗——花样跳绳

　　◇ 花样跳绳包含12大类，60多套绳路，300多种跳法，适宜于广场集体表演。一般常见演练者多为"初级八套绳路"（适合初学和广场演练），即四个基本功、跳绳八节操、跳绳舞、行进跳绳和绳阵、健美跳绳操、跳长绳、跳双绳以及绳舞操。"初级八套绳路"常配以《跳绳歌》乐曲进行。

　　◇ 花样跳绳是近年来兴起的一项有音乐伴奏且较为时尚的运动，其种类丰富、花样繁多。它的开展不受场地、器材等限制，男女老幼皆可参与，便于普及推广，不仅具有非常好的健身效果，而且具备合作性、趣味性、健身性、挑战性、表演性等多种特性，已成为人们健身、娱乐的有效手段。

科学实证——不同跳绳方式对青少年身体健康水平的影响

　　传统跳绳是最常见的跳绳运动，注重在有限的时间内练习跳绳的频率，要求运动员尽可能多地跳绳。近年来，自由式跳绳作为跳绳运动的一种新形式，在学校中深受学生喜爱。自由式跳绳强调甩绳与跳绳之间的变化与互动，在限定时间内，选手可以周期性地调整甩绳动作。此外，自由式跳绳更加灵活和富有创造性，因为它包含了不同的元素，如音乐、舞蹈、武术和其他表演。两种跳绳方式（即传统跳绳和自由式跳绳）已经从娱乐游戏发展成为正式比赛项目，成为中国公立中学最受欢迎的体育活动之一。

　　Xiaofeng 等（2020）对 60 名学生进行了为期 12 周的跳绳课外活动干预（即自由式跳绳和传统跳绳）对中学生体能表现的影响研究，参与者被随机分为三组：自由式跳绳（N=20）、传统跳绳（N=20）和对照组（N=20）。身体健康测试，包括肌肉力量（立定跳远、右手握力和左手握力）、柔韧性、身体组成和骨密度（BMD）。结果发现，两个干预组的肌肉力量（立定跳远、右手握力和左手握力）有显著改善，只有自由式跳绳组的骨密度增加，自由式跳绳组柔韧性改善显著高于传统跳绳组。研究结果表明，以跳绳为基础的自由式跳绳课外活动比传统跳绳更能提高青少年的身体健康水平。

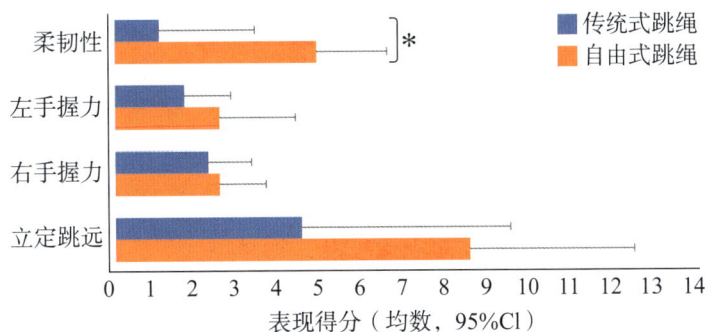

自由式跳绳与传统跳绳在体能成绩上的差异

注：星号表示干预组间差异显著，*p<0.05。

科技前沿——小学生智能跳绳及服务系统

跳绳作为一项对学生来说高度方便、负担得起和有趣味性的体育活动，被教育者认为是促进学生身体健康的一项可持续的课外体育活动。智能健身产品设计的蓬勃发展和运动游戏的出现，为体育教育和跳绳带来了新的可能：个性化指导、直观有趣的反馈、可视化的运动数据分析，但仍有很大的优化空间。为了保证运动数据采集的准确性和可访问性以及系统功能的完整性，最新研发的系统采用了一种软硬件结合的智能跳绳设备。考虑到孩子和家长在跳绳过程中的不同需求，这一设备配有两个终端：家长使用手机终端，孩子使用智能手表终端。终端软件的功能布局会因需求的不同而略有不同。

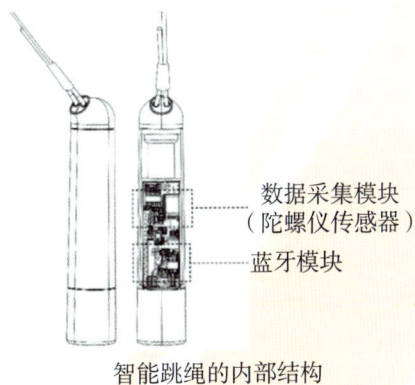

智能跳绳的内部结构

第十五章　非遗传承人

学科教学目标

认知目标： 能够知道我国非物质文化遗产的分类，了解濒危非物质文化遗产和非遗传承人背后的故事，认识保护非物质文化遗产的重要意义，了解我国传统体育非遗项目中的花毽知识，熟悉花毽项目的历史文化背景和具体的练习方法。

技能目标： 能够学会毽子操，配合音乐律动进行练习，学会花毽的盘踢、磕踢两种基本踢法，能够运用所学的动作进行简单的花毽比赛。

情感目标： 能够在课堂学习和课后体育活动环境中遵守规则、尊重老师、团结同学，在小组协作中展示出良好的沟通交流能力，并以积极拼搏、热情活泼的状态投入活动与比赛。

跨学科教学目标

> 没有文明的继承和发展，没有文化的弘扬和繁荣，就没有中国梦的实现。
>
> ——习近平

认知目标： 能够在欣赏传统美术"木版年画"和传统戏剧"皮影戏"的过程中，培养和提升艺术鉴赏知识，并通过结合道德与法治中民间艺术知识，在学习非遗项目分类的过程中了解我国的行政区域划分。

技能目标： 能够在进行花毽活动时感知音乐节奏和律动变化，熟悉英语中身体部位和方位词汇的表达方法，提高数学倍数的心算能力。

情感目标： 能够在丰富的教学情境中感受传统文化魅力，提高审美能力和交流互动能力，增强民族认同感、自信感和自豪感。

教学重点、难点与跨学科知识点

教学重点： 了解我国非物质文化遗产的种类和非遗传承人的故事，学习体育非遗项目花毽的历史文化背景，学习并展演毽子操，举行花毽比赛。

教学难点： 感受和欣赏非物质文化遗产，建立传承和保护意识，在相关的活动中学会沟通合作，并勇于表达自己的情感体验。

跨学科知识点： 融合传统美术"木版年画"和传统戏剧"皮影戏"等传统艺术形式，介绍相关历史文化知识；融合音乐《本草纲目》，学习毽子操，发展身体律动；融合数学与英语进行踢毽子的趣味练习；融合道德与法治中"多姿多彩的民间艺术"中的知识，引导学生观察并了解行政区划，在地图上寻找不同非物质文化遗产项目的申报地，完成花毽比赛。

课程地图

主题学习名称: 非遗传承人（小学水平二）			
学科	**艺术**	**音乐**	**语文**
课程目标	了解保护和传承非物质文化遗产的意义，了解我国传统体育非物质文化——花毽的故事，学习花毽技术动作并进行比赛，感受民族体育的魅力。		
关键问题	我们为什么要保护和传承非物质文化遗产？	如何传承体育非物质文化遗产——花毽项目？	我们如何传承非物质文化遗产？
内容	1. 观看非物质文化遗产宣传短片，根据图片了解正在消失的非物质文化遗产及非遗传承人的故事； 2. 观看体育非物质文化遗产花毽的技术及比赛视频，了解相关知识。	1. 跟随音乐《本草纲目》学习毽子操，进行热身活动； 2. 学习花毽的盘踢与磕踢技术动作，并结合英语和数学的相关知识进行趣味练习。	1. 巩固毽子操，感受《本草纲目》的律动，独立完成并展示毽子操； 2. 运用花毽的盘踢或磕踢技术，开展"非遗救援行动"的比赛； 3. 运用语文的表达与写作能力，回顾自己所学的非遗项目知识，填写非遗报告。
能力	鉴赏能力；情感能力；反思能力。	理解能力；实践能力。	表达能力；实践能力。

课程主题	核心素养指向
了解我国非物质文化遗产的相关知识与内容、非物质传承人的故事，学习花毽相关知识，掌握花毽的技术动作，围绕"非遗救援行动"的情境开展花毽比赛。	运动能力：通过毽子操和花毽的盘踢与磕踢技能练习，发展学生手眼脚协调能力和心肺功能。 健康行为：在练习过程中了解体育活动的安全注意事项，树立安全意识。 体育品德：感受民族传统体育的魅力，提高文化自信，增强保护和传承传统体育文化的责任感和使命感。

课程任务

统领性
任务

子任务1：寻找历史记忆，传承文明薪火
- 观看非物质文化遗产宣传短片
- 了解皮影戏、木版年画及其传承人的故事
- 了解我国非物质文化遗产的种类及项目
- 了解体育非物质文化遗产——花毽

子任务2：传承传统体育非物质文化遗产——花毽
- 了解毽子操，进行热身活动
- 学习花毽的盘踢与磕踢
- 进行花毽游戏
- 课后任务——了解自己"传承"的非遗项目

子任务3：我是非遗传承人
- 掌握并小组展示毽子操
- 开展"非遗救援行动"的花毽比赛
- 填写非遗报告

通过本章的学习，学生能够了解我国非物质文化遗产的相关知识与内容，了解非遗传承人背后的故事，欣赏非物质文化的魅力；学生能够学习花毽相关知识和技术动作，在"非遗救援行动"的情境中激发对非遗及历史文化的民族感情，认识到自己所肩负的传承责任。

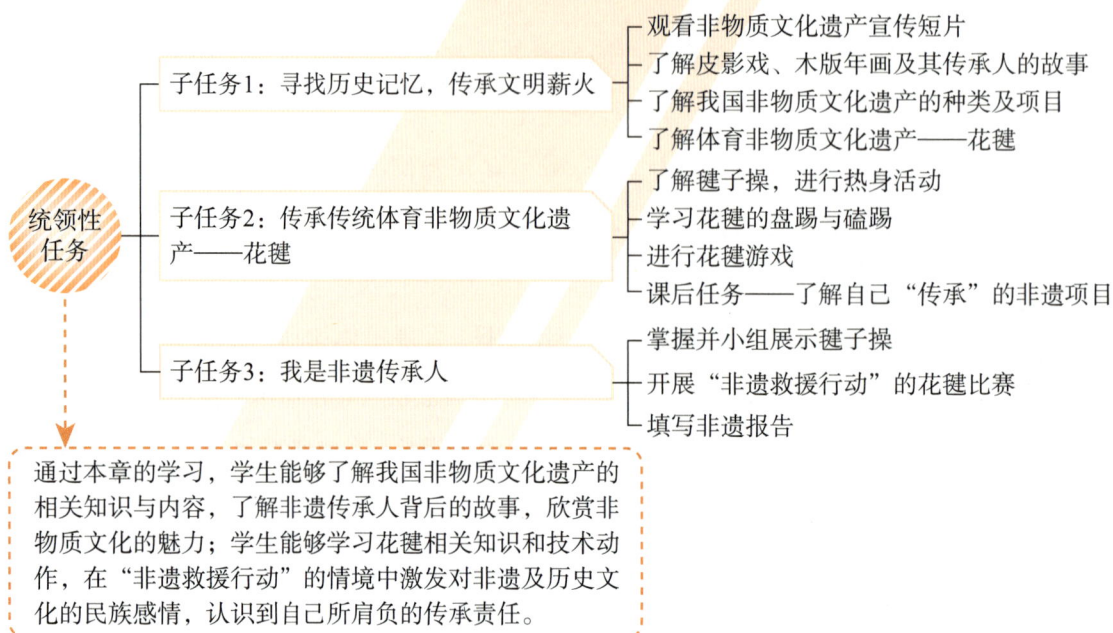

第一课时
寻找历史记忆，传承文明薪火

情境导入和驱动性问题

情境导入：《我在故宫修文物》《了不起的匠人》……这些年来，反映传统手工艺和古老民俗的纪录片被越来越多的年轻人关注。影像记录的方式让非物质文化遗产的表达方式越发鲜活。2018年6月7日，首届"文化和遗产自然日非遗影像展"在山西平遥县拉开帷幕。举办过平遥国际电影节的电影宫转身扎根于本土民俗手工艺，3天时间里，共有30部非遗纪录片在这里展映。随着传承人的生老病死，非遗也处在不断地流变当中。

驱动性问题：请同学们思考，在当代社会，是什么导致了这些非物质文化遗产的消失？

场地器材

场地器材: 多媒体教室、幻灯片、非物质文化遗产宣传视频、传统戏剧与传统美术图片、花毽技术视频与比赛视频等。

教学主要内容

■ 观看非物质文化遗产宣传短片

学生观赏《Hey 匠人·非遗保护》宣传片,了解濒危的唐卡绘画、青田石雕、皮影戏、贝雕、辽砚等非物质文化遗产,建立起有关非物质文化遗产的直观印象,产生探究非物质文化遗产的兴趣。

■ 了解皮影戏、木版年画及其传承人的故事

智慧加油站: 融合美术赏析,向学生展示皮影戏和木版年画相关作品,引导学生欣赏和感受中华传统文化之美。

● 传统戏剧——皮影戏

1. 皮影戏:皮影戏是我国产生较早的戏剧种类之一,也是一门古老的传统民间艺术。它以羊、牛、驴皮、纸等为基本材料,制作成能活动的形象造型(即影人),由艺人手执竹扦在幕后操作,通过光线的透视,配以演唱及丝竹鼓点的伴奏,在影窗上展现各式人物和故事。2011年,中国皮影戏入选人类非物质文化遗产代表作名录。

2. 皮影戏的传承:随着经济建设和现代化程度的不断提高,以及电视网络的普及和艺术形式的丰富,皮影戏与人演的戏曲一样,以不可遏制的趋势一天天衰萎,而市场的持续性收缩又使得皮影戏进入了恶性循环,皮影艺术的前景越来越黯淡。以辽宁凌源为例,全县原有皮影戏班 120 个左右,20 世纪 90 年代之后不断缩减,现在可以演出的戏班仅存 4 个,艺人不到 30 位,而 30 岁以下的艺人只有 2 位,其技艺与知名的老艺人无法相比。为了传承民族的优秀文化,保护像皮影戏这类古老的艺术形式,国家于 2011 年 2 月 25 日颁布了《中华人民共和国非物质文化遗产法》。此后,皮影戏得到了高度重视,多种皮影戏进入了国家级或省市级"非物质文化遗产名录",在法律庇护和财政经费的支持下,皮影戏不但减缓了衰萎的速度,而且显出了勃勃生机。

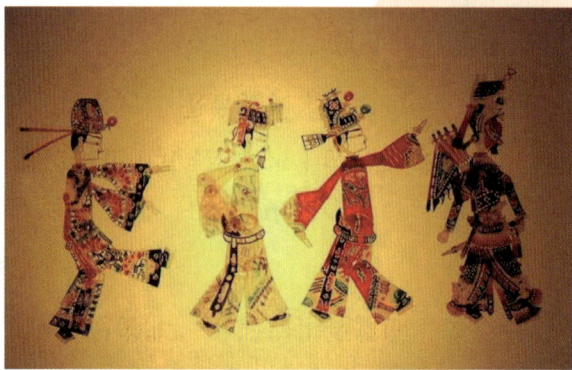

非遗传承人的故事：

王钱松是海宁皮影戏国家级非物质文化遗产传承人。从1979年开始，他发动斜桥7位老艺人组织了斜桥皮影戏班，开展海宁皮影戏抢救工作。30多年来，他一共绘制皮偶道具1000多件，可以演300多个皮影传统剧目。即使在病床上，他也依然坚持每天在病房绘制影偶，甚至在弥留之际仍然心心念念海宁的皮影保护事业，他在病榻上最后的嘱咐是"抢救皮影、整理剧目"。所幸，王老先生亲眼见证了海宁皮影戏加入世界非物质文化遗产的神圣时刻，皮影这门艺术得以千年薪火相传，这是对老人那颗热爱皮影的赤诚之心的最大慰藉。

● 传统美术——木版年画

1. 木版年画：木版年画是我国传统的民间艺术。它源于远古时代的原始宗教，孕育于汉、唐文化高度发展的过程，形成于北宋繁华的城镇市井生活，历经元、明、清诸代，通过不断发展、充实、提高，成为影响力最广、覆盖面最大、文化含量最密、流派最多、地域风格最丰富的一个艺术门类。它以吉祥、喜庆、欢乐、美好等为主题，画面情趣盎然。它记录了华夏民众的理想情感和审美趣味，成为中国百姓最为喜爱的民间艺术形式之一。

2. 木版年画的传承危机：由于社会生活发展的变化，当前中国木版年画的销售市场和生产都极度萎缩。比如，已有600年历史的佛山木版年画，迄今只剩下"冯均记"一家在苦苦支撑。古往今来，任何经济行业的繁荣都取决于市场的繁荣。当木版年画不能承载大众文化传播功能的时候，木版年画的经济生存空间就只剩下艺术收藏与研究这两块小众市场。随着木版年画因失去实用性而不再流行，它在不知不觉中也日渐淡出绝大多数百姓的生活而走向濒危。

非遗传承人的故事：

　　冯炳棠是第一批国家级非物质文化遗产项目——佛山木版年画代表性传承人，民间工艺美术家。冯炳棠出身于佛山著名的年画世家，耳濡目染之下，13岁的冯炳棠开始学习木版年画技艺，谁也没想到，这一做，就是七十年。面对木版年画的式微，冯炳棠没有轻易放弃，而是在工作中不断磨炼自己。经过在行业中的多年深耕，冯炳棠成了佛山唯一一个掌握年画全套制作工序的人，从雕版、印墨线、套印，到描金、开相、填丹，老先生都能熟练操作。

　　在许多人看来，年画只是节庆的点缀，而冯老先生却把年画视为自己的生命。他是年画艺术的守护者，更是非遗传承的领路人。这位与木版年画相伴一生的老人，不仅留下了"佛山民间艺术社木版年画作坊"，而且留住了佛山木版年画这项文化遗产的命脉。

了解我国非物质文化遗产的种类及项目

● 非物质文化遗产的概念

　　非物质文化遗产是指各族人民世代相传，并视为其文化遗产组成部分的各种传统文化表现形式，以及与传统文化表现形式相关的实物和场所。非物质文化遗产是一个国家和民族历史文化成就的标志，是优秀传统文化的重要组成部分。"非物质文化遗产"与"物质文化遗产"相对，合称"文化遗产"。

● 我国非物质文化遗产的分类

　　目前国家级名录将非物质文化遗产分为十大门类，其中五个门类的名称在2008年有所调整并沿用至今。十大门类分别为：民间文学、传统音乐、传统舞蹈、传统戏剧、曲艺、传统体育、游艺与杂技、传统美术、传统技艺、传统医药和民俗。

1. 民间文学

民间文学大部分产生于农耕文明时期，是在宗法家族制度背景下产生的中国民间文学作品。目前，已被收录的民间文学有 251 个项目。如白蛇传传说、梁祝传说、孟姜女传说、河西宝卷、古渔雁民间故事、永定河传说、杨家将传说等。

2. 传统音乐

我国传统音乐形式多样、内涵丰富，传递着各民族和各地区人民的音乐文化素养与审美情操。目前，已被收录的民间文学有 431 个项目，如河曲民歌、蒙古族长调民歌、巴山背二歌、川江号子、侗族大歌、古琴艺术、唢呐艺术等。

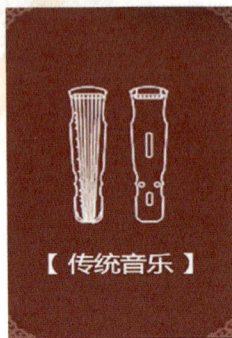

【民间文学】

【传统音乐】

3. 传统舞蹈

传统舞蹈是广大劳动人民所创造的、世代相传的，在日常生活场所表演的各种舞蹈，它是民族民间文化的重要组成部分。目前，已被收录的传统舞蹈有 356 个项目，如京西太平鼓、秧歌、龙舞、狮舞、苗族芦笙舞、傣族孔雀舞、黎族打柴舞等。

4. 传统戏剧

传统戏剧指的是中国各地域、各民族人民创造的传统戏曲艺术。它综合了文学、音乐、舞蹈、绘画、杂技、武术等元素，讲究唱念做打，具有很强的程式性和技术性。目前，已被收录的传统戏剧有 473 个项目，如昆曲、梨园戏、川剧、四平戏、秦腔、豫剧、京剧等。

【传统舞蹈】

【传统戏剧】

5. 曲艺

曲艺是中国民族民间各种说唱艺术的总称，是由民间口头文学和歌唱艺术经过长期的演化发展而成的一种独特的表演艺术形式。目前，已被收录的曲艺有 213 个项目，如苏州评弹、扬州评话、西河大鼓、温州鼓词、陕北说书、扬州清曲、龙舟说唱等。

6. 传统体育、游艺与杂技

传统体育由中华民族人民世代实践、产生、发展并流传至今。传统游艺是一种以消遣休闲、调剂身心为主要目的，而又有一定模式的民俗活动。传统杂技是历史悠久的表演艺术之一，是各种表演技艺的总称。目前，已被收录的传统体育、游艺与杂技有 166 个项目，如吴桥杂技、抖空竹、少林功夫、沧州武术、太极拳、蹴鞠、花毽等。

7. 传统美术

传统美术是广大民众创造的各种视觉造型艺术，大体上可分为民间绘画、民间雕塑、民间工艺、民间建筑四大类。目前，已被收录的传统美术有 417 个项目，如木版年画、藏族唐卡、剪纸、苏绣、青田石雕、建筑彩绘、彩扎等。

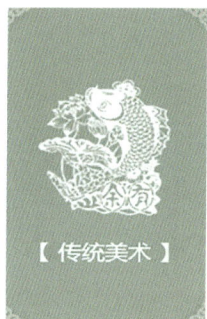

【曲艺】 　【传统体育、游艺与杂技】 　【传统美术】

8. 传统技艺

传统技艺是指历史上传承下来的手工业技术与工艺，包括工具和机械制作、烧造、织染缝纫、编织扎制、造纸等其他各类工艺。目前，已被收录的传统技艺有 629 个项目，如宜兴紫砂陶制作技艺、石湾陶塑技艺、景德镇手工制瓷技艺、南京云锦织造技艺、苗族蜡染技艺、苗寨吊脚楼营造技艺等。

9. 传统医药

传统医药主要指中医中药以及一些少数民族的传统医学药学，具有很高的科学认识价值和实践价值。目前，已被收录的传统医药有 182 个项目，如中医诊法、中药炮制技术、中医传统制剂方法、针灸、中医正骨疗法等。

10. 民俗

民俗是指流行于民间的风俗习惯，它蕴藏于民众生活之中，是民间传统文化的主要内容。目前，已被收录的民俗有 492 个项目，如春节、清明节、端午节、七夕节、重阳节、中秋节、秦淮灯会、傣族泼水节等。

【传统技艺】 　【传统医药】 　【民俗】

■ 了解体育非物质文化遗产——花毽

● 花毽的非遗知识

1. 入选时间：2011 年。

2. 花毽文化：毽子是中国一项流传很广，有着悠久历史的传统民间体育活动。经常进行这项活动，可以活动筋骨，促进健康。历史文献和出土文物表明，踢毽子源于我国汉代，盛行于六朝、隋、唐。宋代高承《事物纪原》记载："今时小儿以铅锡为钱，装以鸡羽，呼为毽子，三四成群走踢……"可见踢毽子的活动在我国古代民间颇受喜爱。

3. 花毽基本踢法：花毽有多个流派，动作多样，常见的有盘踢、拐踢、绷踢、磕踢等。

● 观看花毽技术视频及比赛视频

组织学生观看花毽多种踢法视频，了解花毽的几种常见踢法；观看花毽比赛视频，感受踢毽子这一传统体育活动的魅力。

教学过程示例

（一）课堂常规（建议 3 分钟）

师生问好，教师进行课堂考勤，介绍本课教学形式和注意事项，提醒学生在课堂中保持纪律，听从教学安排，并勇于思考、积极发言。

（二）新课导入（建议 5 分钟）

▲ 活动一：观看非物质文化遗产宣传短片

教师💬： 现在请同学们观看第一个视频，然后回答，视频里呈现的非物质文化遗产中有哪些是你有所了解，或者仅仅只是有所耳闻的项目？（学生自由回答）

教学提示： 教师播放《Hey 匠人·非遗保护》宣传片，使学生对非物质文化遗产的传承产生兴趣。

（三）教学活动（建议 24 分钟）

▲ 活动二：了解皮影戏、木版年画及其传承人的故事（建议 8 分钟）

教师💬： 现代化的社会，有许多非物质文化遗产正在面临消亡的危险。同时也有一些坚守非遗项目的传承人，用自己一辈子的时间去保护和传承这些濒临消亡的宝贵文化。现在请同学们跟老师一起来了解我国传统戏剧皮影戏和木版年画背后的传承故事吧！

教学提示： 教师讲述非遗传承人的故事，引导学生对非物质文化遗产传承的艰难困境产生共情与思考。

▲ 活动三：了解我国非物质文化遗产的种类及项目（建议 10 分钟）

教师💬： 非物质文化遗产是各种传统文化的一种表现形式，与物质文化遗产相对，合称"文化遗产"。根据中国非物质文化遗产网的名录划分，我们将其分成了十大类。现在请同学们跟随老师，一起来简单了解非物质文化遗产的十大类别吧！看看其中体育类的非物质文化遗产有哪些。

教学提示： 教师讲解非物质文化遗产的概念及类别，为之后的"非遗救援行动"情境比赛做好准备。但需要注意讲解重点，每个类别的介绍不用太过具体，也可配合多媒体教学设备，以视频、图片、音乐等形式向学生介绍，使学生获得更深刻的学习体验。激发他们的学习兴趣，为下一节课的花毽学习做好积极的情感准备。

▲ 活动四：了解体育非物质文化遗产——花毽（建议 6 分钟）

教师💬： 相信通过刚才的学习，同学们已经对我国非物质文化遗产有了一定的了解。现在请跟随老师重点了解我们体育的非物质文化遗产项目——花毽吧！

教学提示： 组织学生观看花毽不同踢法的视频，引导学生了解踢毽子需要手、眼、脚的协调配合。组织学生观看花毽比赛，引导学生感受踢毽子这一传统体育活动的魅力与激情，激发学生的兴趣，为下一节课的开展做好情感上的准备。

（四）结束部分（建议 3 分钟）

教师😊：通过本课的学习，相信同学们对非物质文化遗产有了初步的了解。虽然有些非物质文化遗产逐渐消失，但也有很多已经融入我们的生活之中，请同学们在课后思考和探寻，在我们身边的生活环境中，还有哪些非物质文化遗产？

教学提示：教师可引导学生通过观察、访谈、调查等形式，从传统节日、传统体育等方面探寻身边的非物质文化遗产。

第二课时
传承传统体育非物质文化遗产
——花毽

情境导入和驱动性问题

情境导入：疫情使人们的日常生活受限，但随之而来的是越来越丰富的居家健身形式。2022 年 4 月，以《本草纲目》作为背景音乐的毽子操火爆全网，掀起了一股健身热潮。毽子操不但由此走进了校园，甚至还通过新媒体传播走向了全世界。

驱动性问题：请同学们思考，为什么毽子操会火爆全网、受到广泛的喜爱？

场地器材

场地器材：花毽、音响、标志杆、非物质文化遗产项目卡片、地理图纸等。

项目主要内容

■ 了解毽子操，进行热身活动

智慧加油站： 教师通过播放音乐《本草纲目》，让学生通过歌词感受传统中医药文化的经典内涵和魅力，体验音乐律动和氛围，提高参与花毽运动的热情，更好地把握跳操节奏。

体能练习：

1. 左右盘踢

4×8拍，其动作要领：小腿向膝盖内侧弯曲、高踢，并用手掌拍打脚面内侧。

2. 高抬腿拍腿

4×8拍，其动作要领：挺胸收腹，两腿交替上抬，上抬位置以大腿与地面处于水平、大小腿成90度为标准，同时以异侧手掌拍打大腿。

3. 左拐踢

4×8拍，其动作要领：双手自然放至身侧，同手同脚进行。右腿侧踢时，核心收紧，髋关节外展，大小腿稍折叠，小腿向外侧上踢，同时右手拍打脚掌外侧。在拐踢时需要注意大腿的高度不能太低，保证膝关节处于稍低于臀部的位置。

4. 右拐踢

4×8拍，动作要领同上反向。

■ 学习花毽的盘踢与磕踢

智慧加油站： 教师结合英语中关于身体部位和方位的单词，以口令的形式引导学生练习，结合数学中的倍数和除法的知识，增强练习的难度和趣味性。

● 整体练习

1. 盘踢

练习者支撑腿微屈，大腿膝盖自然外摆，小腿发力上提，脚型控制平稳，脚腕内扣发力时用足弓处中间位置击打毽子。

练习步骤：（1）左右腿单腿练习，每踢1个用手接住，双腿各重复10次；（2）双腿盘踢练习，尝试左右腿交替踢1次、3次、5次。

2. 磕踢

练习者抬膝盖带起大腿，抬膝时脚尖点地下压发力，击毽点为膝盖前端的最平处。

练习步骤：（1）左右腿单腿练习，每磕踢1个用手接住，双腿各重复10次；（2）双腿磕踢练习，尝试左右腿交替踢1次、3次、5次。

● 分组练习

1. 两人一组，相对而站，根据教师发出的英文口令进行练习。

> foot：左右腿盘踢 1 次
>
> foot three：左右腿盘踢 3 次
>
> knee：左右腿磕踢 1 次
>
> knee three：左右腿磕踢 3 次
>
> left：使用左脚盘踢或磕踢 1 次
>
> right：使用右脚盘踢或磕踢 1 次

2. 十人一组，成圈站立，左手边同学报出任意一个能被 2—9 中某个数字整除的两位数，下一位同学 3 秒心算后根据相应数字进行盘踢或磕踢。

> 举例：
>
> 49 → 7
>
> 25 → 5
>
> 35 → 5、7
>
> 42 → 2、3、6、7

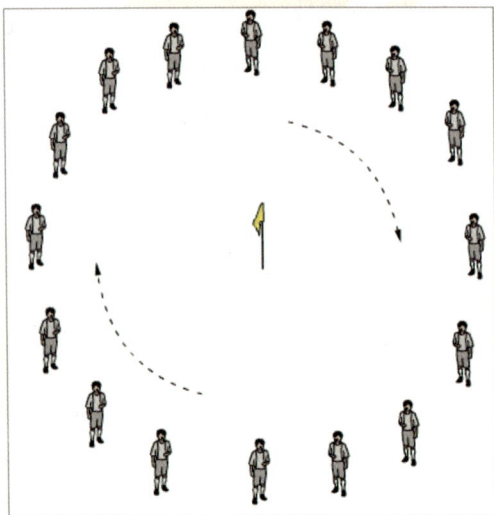

■ 进行花毽游戏

● 花毽游戏——口不对心

游戏分组： 20 人一组，围成大圈，以顺时针方向依次进行游戏。

游戏规则： 游戏者说出一个动作名称或动作部位，而实际踢毽方式需与口令不一致。在游戏过程中动作与上一位同学一样视为出局，动作与口令一样视为出局，衔接要快速，不宜停顿。

■ 课后任务——了解自己"传承"的非遗项目

智慧加油站： 教师结合《道德与法治》中多姿多彩的民间艺术知识，引导学生在地图上找到图片中非物质文化遗产申报地，能够在非遗文化和地理空间位置之间建立起积极的联系。

任务要求： 每个学生抽取一张纸片，上面写着一个非遗项目。在课后通过互联网、图书资料等途径，了解相关文化背景，并记住自己在完成任务时所获得的信息（主要查找渠道：中国非物质文化遗产数字博物馆）。

任务 1：查找该项目的非遗类别。

任务2：在地图中圈出该项目的申报地。

海宁皮影戏	苏州评弹	河曲民歌	石湾陶塑技艺	河西宝卷
京西太平鼓	铜梁龙舞	吴桥杂技	杨氏太极拳	……

教学过程示例

（一）课堂常规（建议 2 分钟）

师生问好，教师进行课堂常规整队和考勤，检查学生着装是否规范，安排见习生。教师宣布本节课教学目标与内容，提醒学生在准备活动和整理活动中做好充分拉伸，在体能练习和体育游戏中要量力而行，保持合理距离，注意环境安全。

（二）新课导入（建议 3 分钟）

问题

教师：同学们，你们认为有哪些因素使得毽子操突然火爆全网，甚至走红海外呢？

教学提示：引导学生发现疫情期间居家健身活动对人们身心健康的重要作用，并引入本课主题：我国传统体育项目——花毽。

（三）教学活动（建议 30 分钟）

▲ 活动一：了解毽子操，进行热身活动（建议 4 分钟）

教师：现在，我们一起来体验毽子操这项活动。请同学们跟随老师的动作，感受音乐的节奏，一起来进行热身活动吧！

▲ 活动二：学习花毽的盘踢与磕踢（建议 12 分钟）

教师：现在，请同学们观察老师的动作示范与讲解，一起来学习花毽的盘踢与磕踢。

教师：通过刚才的练习，相信大家对于这两种踢法有了初步的掌握，现在我们进行分组练习并提高难度，我们将结合身体部位和方位单词进行练习，请看老师示范！

教师：现在我们换一种玩法，十人一组，成圈站立，运用数学的倍数和除法知识进行练习，请看老师示范！

▲ 活动三：进行花毽游戏（建议 14 分钟）

● 花毽游戏——口不对心

教师📢：我发现同学们已经能够较好地掌握花毽这两种踢法了，现在我们一起来玩"口不对心"游戏，请同学们认真聆听并观察老师的示范与讲解，并按规则进行游戏。

（四）放松整理小结（建议 5 分钟）

教师📢：跟随音乐的旋律和呼吸的节奏，放松全身，拉伸我们的肌肉。

教学提示：教师播放英文音乐"How Many Fingers"，引导学生感受舒缓的音乐节奏，放松呼吸和肌肉。采用规定拉伸动作套路，分别进行颈、肩、背、手臂、腿部的放松。

问题

教师📢：通过本节课的学习，同学们有什么收获吗？（学生自由回答）

教学提示：教师带领学生回顾本课时的学习内容，引导学生回顾花毽活动的快乐时刻，激发学生对这一体育非遗项目的兴趣。

教师📢：请同学们在课后查找相关资料，了解自己所"传承"的非遗项目，下节课，我们每个人将成为一名优秀的非遗传承人，一起传承我国的非遗项目！

第三课时
我是非遗传承人

● 情境导入和驱动性问题 ●

情境导入：2008 年天穆村花毽队受邀在北京奥运会比赛间歇表演，成了当年唯一一支在奥运赛场上进行表演的民间体育队伍。2021 年 5 月，穆氏花毽入选第五批"国家级非物质文化遗产代表性项目名录"。穆氏花毽第四代传承人穆怀良说，为了培养后备力量，他们还组织撰写教学书籍和各项准则，经过几代人的努力，这一项目重新焕发了生机。现如今，穆氏花毽广为流传，吸引了一大批爱好者，在全国花毽项目中独树一帜。作为一种民间艺术运动，穆氏花毽传承的是腿法，凝聚的却是对传统文化的坚守与执着。

驱动性问题：大家想一想，我们能为保护和传承体育非物质文化遗产做哪些力所能及的事情？

场地器材

场地器材：操场、花毽、音响、教学白板、非遗项目贴纸、地理图纸、非遗报告单等。

项目主要内容

■ 掌握并小组展示毽子操

● 熟悉并掌握毽子操

1. 左右盘踢；

2. 高抬腿拍腿；

3. 左拐踢；

4. 右拐踢。

要求：每个动作 4×8 拍，感受音乐节奏，增强身体动作。

● 小组展示毽子操

10 人一组，自行组织队列队形，展示毽子操，小组各成员能够配合音乐，独立完成。

■ 开展"非遗救援行动"的花毽比赛

花毽比赛情境脚本：

作为新时代的学生，我们不仅要发展知识与技能，而且要肩负起传承中华优秀传统文化的责任。现在有许多非物质文化遗产逐渐淡出人们的视线，甚至濒临消亡。我们需要记忆，更需要活化传承，将我国宝贵的文化遗产发扬光大。

现在每个学生都拥有一张非遗项目的纸片，假定你们是这一项目的传承人，请运用本专题学过的非遗知识与技能，结合你们上节课课后搜集的项目类别及申报地信息，完成这一非遗项目的救援行动，将它成功地传承下去。

游戏设置：

▲游戏任务：运用盘踢或磕踢技术踢毽子，率先完成 30 个的同学跑至本组的白板区域，请将自己的非遗项目贴纸，贴到白板上地理图纸的相应地区里，并向老师报告这一项目属于哪一类别。

▲教具：1. 花毽：每人一个。

2. 非遗项目贴纸：每人一张，上面写着不同的非遗项目名称。

3. 贴有地理图纸的白板：红蓝小组各一块。

▲分组：全班按人数平均分为红蓝两组。

▲规则：1. 红蓝两组成队列站在标志线后，比赛开始时，各组两人同时在标志圈内踢毽子，率先完成30个者胜出；2. 胜者需跑至白板区域，在5秒内从地图上找到自己的非遗贴纸对应的地区，贴上自己的非遗贴纸并说出该项目的类别，老师检查无误，则算成功救援自己代表的非遗项目，为本小组争夺1分。比赛结束后，地图上贴纸更多的小组为胜方。

比赛示例：

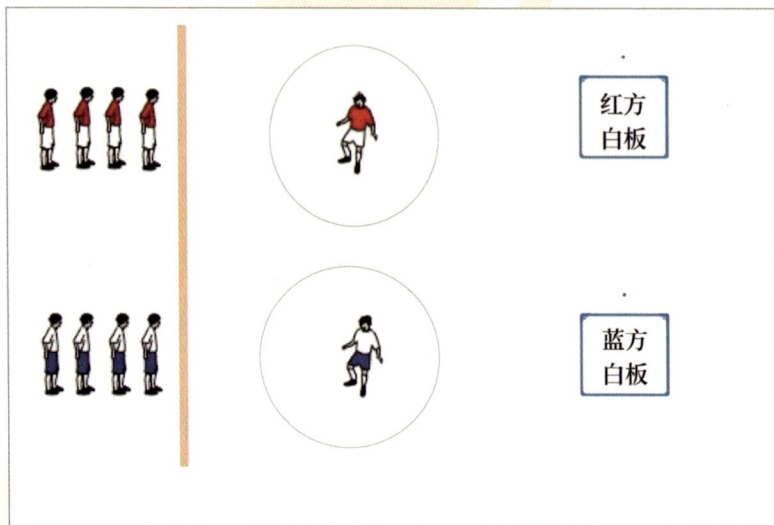

燃劲
体育

■ 填写非遗报告

小组交流讨论，任选以下一个问题进行思考，完成本课的非遗报告。

1. 为什么很多非物质文化遗产正在消失？你有什么保护非遗的好方法？

2. 为什么在当代社会，还有一些非遗传承人仍然愿意用一生坚守自己所保护的项目？

3. 作为学生，我们为什么要学习和了解非物质文化遗产？

非遗报告

姓名：　　　　　　　　班级：　　　　　　　　日期：

我"传承"的项目：

类别和申报地：

它有什么故事：

我们小组探究的问题是：

我们的看法与感想：

教学过程示例

（一）课堂常规（建议 3 分钟）

师生问好，教师进行课堂常规整队和考勤，检查学生着装是否规范，安排见习生。教师宣布本节课教学目标与内容，提醒学生在准备活动和整理活动中做好充分拉伸，在体能练习和体育游戏中要量力而行，保持合理距离，注意环境安全。

（二）新课导入（建议 2 分钟）

介绍天穆村花键队受邀在 2008 年北京奥运会比赛间歇表演的故事，介绍穆氏花键被列入"国家级非物质文化遗产代表性项目名录"的发展与经历。

教师：请同学们思考，作为学生，我们能为保护非物质文化遗产做哪些力所能及的事情？（学生自由回答）

问题

（三）教学活动（建议 27 分钟）

▲ 活动一：掌握并小组展示毽子操（建议 5 分钟）

教师🔊： 请同学们回忆上节课所学的毽子操，让我们感受音乐的节奏和身体的律动，独立完成毽子操，充分热身。

教学提示： 教师引导学生感知音乐节奏，完成毽子操的热身活动。

▲ 活动二：开展"非遗救援行动"的花毽比赛（建议 15 分钟）

教师🔊： 作为新时代的学生，我们应该肩负起传承中华优秀传统文化的责任与担当。现在，我们每个人都是小小非遗传承人，请同学们运用所学的非遗知识与技能，对自己所"传承"的非遗项目进行救援，将它成功地传承下去。

教学提示： 教师讲解比赛情境和比赛规则，组织学生按规则开展比赛。引导学生代入非物质文化遗产传承人的角色，在比赛中激发学生传承非遗的精神与热情。在比赛结束时，引导学生正确看待胜负，更多地关注自己所学到的知识和在比赛过程中获得的乐趣。

▲ 活动三：填写非遗报告（建议 7 分钟）

教师🔊： 请同学们进行交流与讨论，并完成自己的非遗报告。

教学提示： 教师引导学生积极交流与思考，引导学生对非物质文化遗产的困境进行反思，向老一辈的传承人学习，并提醒学生控制时间，撰写报告。

（四）结束部分（建议 3 分钟）

问题

教师🔊： 通过比赛，同学们有什么收获吗？（学生自由回答）

教学提示： 教师带领学生回顾本章节的主题，通过学习，唤醒学生的文化自信，提高学生对保护和传承传统文化的责任感和使命感，引导学生建立对祖国传统文化的情感联系。

课后作业

健康知识小测试（fitness knowledge test）

（多选题）某 24 岁女子连续跳了三天毽子操后，竟然出现黄体破裂，导致腹腔大量出血，所幸及时就医，才脱离生命危险。可见，做任何运动都不能操之过急，在踢毽子时我们也要充分考虑身体情况，应当注意（　　　　）。

A. 运动前进行充足的热身，尤其是脚腕踝关节及腿部肌肉的拉伸

B. 运动时穿合适的运动鞋，避免扭伤

C. 运动时注意各项动作左右交换练习，使肢体得到全面发展

D. 运动后进行充分放松，避免肌肉损伤，缓解肌肉酸痛

跨学科知识作业（interdisciplinary homework）

其实也有很多非物质文化遗产项目与我们的生活息息相关，请阅读语文课文中的《传统节日》，并查找资料，看看你找出了哪些非物质文化遗产项目？

春节到，人欢笑，贴窗花，放鞭炮。

元宵节，看花灯，大街小巷人如潮。

清明节，雨纷纷，先人墓前去祭扫。

过端午，赛龙舟，粽香艾香满堂飘。

七月七，来乞巧，牛郎织女会鹊桥。

过中秋，吃月饼，十五圆月当空照。

重阳节，要敬老，踏秋赏菊去登高。

转眼又是新春到，全家团圆真热闹。

我找到的非遗项目	
1	
2	
3	
4	
5	
6	
……	

体育活动作业（physical activity homework）

"传承非物质文化遗产，从我做起"，请尝试学习花毽中的拐踢技术，在下节课进行介绍和展示。

教师自评与教学反思

姓名（   ）　性别（   ）　年龄（   ）　职称（   ）　任职年限（   ）

教师教学效果自评				
类别	A. 优良	B. 较好	C. 有待提高	自评等级
课中问答	大部分学生能正确和完整地回答教师的提问，包括本节课所传授的知识和学过的知识。	大部分学生能较正确和完整地回答本节课所传授的知识。	大部分学生回答课堂教学知识不全面或回答错误。	（ ）
课堂气氛	课堂气氛活跃，师生互动性强，大部分学生积极参加课堂讨论和体育游戏，有很好的分享、合作氛围。	课堂气氛一般，师生互动尚可，一半学生参加课堂讨论和体育游戏，有一定的分享、合作氛围。	课堂气氛沉闷，师生互动较少，少部分学生参加课堂讨论和体育游戏，缺乏尊重、分享、合作氛围。	（ ）
作业反馈	大部分学生能完成教师布置的各项课后作业，作业表现优异。	大部分学生基本能完成教师布置的各项课后作业，作业表现尚可。	大部分学生不能完成教师布置的各项课后作业，作业表现较差。	（ ）

教学反思		
课程核心素养落实	教学探索：	
	改进措施：	
跨学科知识融入	教学探索：	
	改进措施：	
教学方法应用	教学探索：	
	改进措施：	
授课中印象深刻的小故事		

教学拓展

本章的主题为"非遗传承人"，本课的核心任务是引导学生了解我国的非物质文化遗产的相关知识与内容，了解非物质传承人背后的故事，学习花毽相关知识，并进一步了解花毽的技术动作，围绕"非遗救援行动"的情境开展简单的花毽比赛。本主题活动的目的是通过丰富的课堂形式，结合语文、艺术、音乐、数学等学科知识，使学生感受到非物质文化遗产的魅力，并激发他们对非遗及历史文化的民族感情，认识到自己所肩负的传承责任。

知识窗——非物质文化遗产

◇ 国务院先后于 2006 年、2008 年、2011 年、2014 年和 2021 年公布了五批国家级非物质文化遗产项目名录，共计 1557 项，按照申报地区或单位进行逐一统计，共计 3610 个子项。目前，我国入选联合国教科文组织非物质文化遗产名录（名册）项目共计 42 项。

◇ 非物质文化遗产分为十大门类，每个代表性项目都有一个专属的项目编号。编号中的罗马数字代表所属门类，如传统音乐类国家级项目"侗族大歌"的项目编号为"Ⅱ-28"。

◇ 国务院发布《关于加强文化遗产保护的通知》，并制定了"国家 + 省 + 市 + 县"共 4 级保护体系。

◇ 非物质文化遗产最大的特点是不脱离民族特殊的生活生产方式，是民族个性、民族审美习惯的"活"的显现。

科学实证——世界级非物质文化遗产太极拳的健身作用

2020 年 12 月，太极拳被列入联合国教科文组织人类非物质文化遗产代表作名录，这对促进太极拳的传播和普及有着重要意义。许多研究证明，太极拳对促进当代人身心健康、强健体魄方面有着重要作用。

徐明（1997）等在老年人太极拳运动前后心肺功能的变化研究中，发现太极拳对心血管功能有着积极影响，长期坚持太极拳运动的老年人肺活量（MIV）和心脏射血速度（VC）均显著大于对照组，可见太极拳运动对人体能产生较明显的长期效应，使老年人的心肺功能得以改善。研究表明太极拳运动确实能健身壮体，长期从事太极拳运动的老年人，运动中和运动后心率呈规律性的变化，有利心脏负荷能较好地适应运动强度，并形成一种固定的模式。

Zheng Y（2015）等研究了二十四式太极拳运动对 2 型糖尿病患者抑郁、焦虑情绪的影响，他们对中国浙江省温州市4家综合医院社区的436例2型糖尿病患者进行调查和干预，研究表明，结合二十四式太极拳的身心放松练习对2型糖尿病患者的抑郁、焦虑和血糖控制有显著作用。

此外，在认知功能方面，薛晨（2022）等基于神经电生理技术和脑成像技术研究了太极拳对老年人认知功能的影响。研究收集并利用磁共振成像（MRI）、脑电图（EEG）、功能性近红外光谱（fNIRS）观察太极拳对老年人认知功能相关脑区变化的影响，结果表明太极拳可通过重塑记忆、注意、执行等认知相关脑区的结构和功能来改善老年人的认知功能，延缓认知衰退。

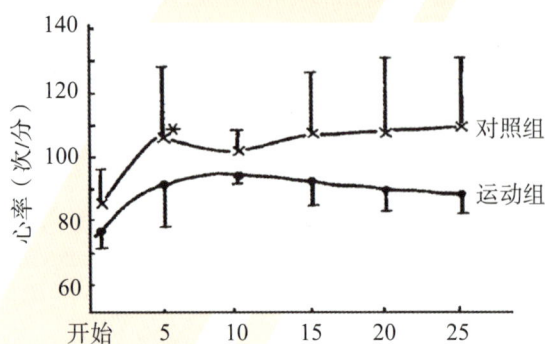

受试者在太极拳运动时的心率变化

科技前沿——科技赋能非遗

近年来，借助互联网、大数据、人工智能、VR、AR等新型前沿技术，传统文化的传承与弘扬取得了卓越成效。通过创新演绎与流行再造，传统文化开始与潮流体验进行有机融合。借鉴国外的先进创意、题材，各地纷纷挖掘既有文化资源，吸收传统文化精髓，通过构建全新文化IP，打造具有内涵的原创文化精品，不仅满足了大众日益增长的文化消费、精神需求，而且书写了非遗传统文化在新时代的无限可能性。

VR京剧体验区"数剧京韵"

VR虚拟现实"走进考古"

VR虚拟现实技术通过三维成像构建非遗原生态自然风貌环境，重现历史人文、民俗风情。利用智能手机、平板电脑等设备，非遗实体影像瞬间"活现"眼前，参与者能"身临其境"地进入古迹、遗址场景。而AR增强现实技术则是对真实场景进行3D化的模拟设置，实现智能交互作用，使得非物质文化更加立体。这在非物质文化遗产的应用的范围十分广泛，其具体体现在非遗的宣传方面，如文化景点发行的手册、图像等。

图书在版编目（CIP）数据

燃动：体育跨学科学习课程. 水平二 / 李有强，沈洪主编. — 上海：上海教育出版社，2023.7
ISBN 978-7-5720-2069-8

Ⅰ. ①燃… Ⅱ. ①李… ②沈… Ⅲ. ①体育课 – 中小学 – 教学参考资料 Ⅳ. ①G633.963

中国国家版本馆CIP数据核字(2023)第128185号

责任编辑　李千里　梁乐天
绘　　图　李知仪
封面设计　金一哲

燃动：体育跨学科学习课程（水平二）
李有强　沈　洪　主编

出版发行　上海教育出版社有限公司
官　　网　www.seph.com.cn
地　　址　上海市闵行区号景路159弄C座
邮　　编　201101
印　　刷　上海盛通时代印刷有限公司
开　　本　890×1240　1/16　印张 16.25
字　　数　364千字
版　　次　2023年7月第1版
印　　次　2023年7月第1次印刷
书　　号　ISBN 978-7-5720-2069-8/G·1859
定　　价　128.00 元

如发现质量问题，读者可向本社调换　电话：021-64373213